ŒUVRES
COMPLÈTES
DE MARMONTEL.
TOME VI.

CONTES MORAUX.

QUATRIÈME VOLUME.

DE L'IMPRIMERIE DE FIRMIN DIDOT,
IMPRIMEUR DU ROI, DE L'INSTITUT ET DE LA MARINE,
RUE JACOB, N° 24.

OEUVRES

COMPLÈTES

DE MARMONTEL,

DE L'ACADÉMIE FRANÇAISE.

NOUVELLE ÉDITION

ORNÉE DE TRENTE-HUIT GRAVURES.

TOME VI.

A PARIS,

CHEZ VERDIÈRE, LIBRAIRE-ÉDITEUR,

QUAI DES AUGUSTINS, N° 25.

1818.

Ah ! Ah dit-il, je vous y prends. d'où venez-vous ?

Il le Fallait

NOUVEAUX CONTES MORAUX.

IL LE FALLAIT.

On ne cesse de dire aux jeunes femmes combien délicate et fragile est la fleur de leur innocence, et combien glissant est pour elle le sentier du devoir et de l'honnêteté. On ne dit pas assez aux jeunes hommes combien pour eux les lois de la probité sont sévères, et dans quel labyrinthe de malheur et de honte un seul pas au-delà des bornes du vrai, du juste et de l'honnête, se trouve quelquefois les avoir engagés. Je vais en donner un exemple.

Un gentilhomme de Normandie, jeune, riche, d'une figure aimable, d'une valeur brillante, d'une loyauté reconnue, et jusques-là, d'une fierté, d'une délicatesse extrême sur l'article du point d'honneur, d'Orcilly, venait d'épouser la servante d'un vieux curé.

Cette mésalliance étrange avait tristement affecté la noblesse du voisinage. On ne pouvait pas croire qu'un homme aussi-bien né se fût rabaissé jusques-là. Cependant comme la haute estime dont il avait joui n'était pas tout-à-fait perdue, c'était plutôt par ménagement que par mépris qu'on s'abstenait de l'aller voir; et lui, trop fier pour mettre ses voisins mal à leur aise par sa présence, il ne se plaignait point d'en être délaissé; mais il n'en recherchait aucun.

Le comte de Gisors, dont on allait bientôt pleurer la perte comme un malheur public, Gisors, le plus intéressant de nos jeunes guerriers, Gisors, l'exemple et le modèle de la noblesse de son âge, vint de ce côté-là, dans le pays de Caux, voir, hélas! ces riches domaines qu'il ne devait point posséder. Il avait fait ses premières armes avec d'Orcilly, il l'aimait tendrement, il était pour lui plein d'estime. Il le citait souvent comme ayant dans le cœur toutes les vertus de Bayard; et c'était le louer comme il ambitionnait d'être loué lui-même. Il fut aussi affligé que surpris d'apprendre ce qu'on appelait sa folie. Il eut encore plus de regret de le savoir retiré du service, lui qui avait si bien fait ses preuves de valeur et de volonté. Cette faute est, dit-il, une suite de l'autre, je le sens bien; mais dans toute cette conduite, si opposée à son caractère, il y a quelque mystère que je ne conçois pas.

Lui écrire était embarrassant pour tous les deux; il l'alla voir.

D'Orcilly le reçut d'un air libre, aisé, naturel,

de l'air d'une ancienne amitié; et avec cette même cordialité, il lui présenta son épouse tenant entre ses bras l'enfant qu'elle allaitait. Celle-ci ne parut pas plus confuse que son mari : nul embarras dans son accueil, rien d'humble dans sa modestie, rien de gêné dans ses manières; une politesse aussi simple et aussi unie que si elle était née avec elle; et quand Gisors eut la bonté de caresser l'enfant, il observa dans les yeux de la mère une sensibilité mêlée de pudeur et de dignité dont il fut vivement ému.

Il vit bien que ni d'Orcilly, ni sa femme, ne croyaient avoir à rougir; et parmi les pensées qui s'offrirent à son esprit, celle à laquelle il se fixa, fut que madame d'Orcilly était une fille bien née que l'infortune avait réduite à l'état de servante chez quelque bon curé, et qui pouvait avoir encore quelque raison de cacher sa naissance. Il lui tardait de démêler le nœud de ce petit roman.

Après un dîner simple et bon, où les attentions les plus délicates se firent sentir sans étude, et avec cette liberté amicale et affectueuse qui ne recherche rien et ne néglige rien, madame d'Orcilly, prétextant les soins que demandait son nourrisson, laissa Gisors et son mari causer ensemble tête-à-tête.

Gisors commença par se plaindre de ce que, sans l'instruire de sa résolution, à son âge, avec l'assurance de faire son chemin, sur-tout sous un ministre, père de son ami, il avait quitté le service.

— Vous venez, lui dit d'Orcilly, de voir la cause de ma retraite. On peut encore servir l'état, lui dit Gisors, quoiqu'on soit marié. — Non pas, monsieur le comte, non pas quand on l'est comme moi. Je respecte l'opinion sur l'article de la naissance; la noblesse est un sentiment que j'ai toujours eu dans le cœur, et qui ne mourra qu'avec moi; et cependant j'ai fait un mariage qui répugne à ce sentiment; mais il est des situations où le vrai noble se dégrade, s'il craint de se mésallier; telle a été la mienne. Mes raisons, je ne les dis point; peu de gens voudraient les entendre: Vos camarades et les miens les trouveraient légères, car rien dans leur estime ne balance le point d'honneur. J'aurais essuyé, non pas des reproches (vous savez bien qu'on ne va point avec nous jusque-là), mais des froideurs et un accueil que je n'aurais pas mieux souffert. On m'aurait infailliblement vu de mauvais œil dans mon corps; et sans avoir droit de m'en plaindre, j'ai senti en moi-même que je m'en serais plaint. Je n'ai jamais aimé les querelles injustes; et je n'en veux jamais avoir où le tort soit de mon côté. En vivant retiré, je laisse à l'opinion tous ses droits et tout son empire. Mon estime, à moi, me suffit, et je ne la perdrai jamais. Enfin, monsieur le comte, en épousant une servante, j'ai fait ce que j'ai dû; en vivant obscur avec elle, je fais ce que je dois; et vous voyez que je suis content.

Puisque vous me parlez avec cette franchise, lui dit Gisors, je vais risquer d'être indiscret. D'abord, mon ami, je vous crois incapable d'avoir manqué aux bienséances de votre état sans quelque raison plus sérieuse et plus grave qu'un fol amour; et quoique madame d'Orcilly soit jeune et belle, et mieux que belle, ce n'est point ici, j'en suis sûr, un mariage d'inclination. Non, ce n'en est pas un, dit d'Orcilly; l'amour a pû le suivre, mais il ne l'a point précédé.

J'avais pensé, reprit Gisors, que l'état et le nom de votre jeune épouse pouvait être encore un mystère. — Non. Ma femme est tout simplement la fille d'un bon laboureur d'un village voisin de Mantes, et qui depuis a bien voulu, à ma prière, venir faire valoir mes biens. Il s'appelle Vincent Réné.

Je n'y conçois plus rien, dit le comte, à moins que.... Il n'achevait pas. A moins, dit d'Orcilly, qu'après l'avoir séduite, je ne me sois fait un devoir de l'épouser? Non, Louise ne fut jamais de celles qu'on épouse ainsi. Mon crime est à moi seul. Elle en était victime sans en être complice; et c'est ce crime d'un moment, ce crime involontaire que j'ai dû expier. Voici mon aventure, dont je ne déguiserai rien, hormis des noms que je dois taire, et que vous n'êtes pas curieux de savoir.

J'étais à la campagne, près de Paris, chez un homme, ou plutôt chez une femme de finance; car le maître de la maison n'en était guère que l'intendant. La femme était honnête, aimable et bienfaisante. Son unique malheur était de n'avoir point d'enfants; et pour s'en consoler elle était devenue comme la mère commune des orphelins du voisinage; mais elle avait plus particulièrement adopté une petite paysanne qui, dès l'enfance, avait perdu sa mère; et après avoir pris plaisir à l'élever et à l'instruire, elle venait tout récemment de la céder, pour femme-de-chambre, à sa sœur.

Sa sœur, madame d'Al**, mariée à un homme d'un état honorable, était une espèce de prude mystérieusement galante, et si adroite dans son manége, qu'aux yeux même de ses amants elle passait pour une vertu dont chacun d'eux s'attribuait la gloire d'avoir triomphé. J'eus cette gloire, comme un autre, et je crus l'avoir à moi seul. Je ne sais par quel art imperceptible pour tout le monde et pour moi-même elle sut m'attirer dans ses filets; mais je me trouvai son amant sans presque avoir songé à l'être.

La campagne est, comme vous savez, favorable à ces aventures; et dans cette maison tout y était commode. Des corridors tranquilles où, les lampes éteintes, on se communiquait sans bruit; des appartements divisés et distribués de manière à concilier pour les femmes la décence et la liberté; des gonds et des ressorts si doux et si liants que les portes étaient muettes; enfin vous savez jusqu'où va la prévoyance des architectes dans ces recherches délicates; celui de la maison n'y avait rien négligé.

Ainsi la nuit, à la faveur de l'ombre et du silence, je faisais la cour à ma prude; et le jour pas un mot, pas un signe, pas un regard d'intelligence d'elle à moi. Son honneur était un trésor dont j'étais le dépositaire; et il fallait que ce fût moi pour qu'elle me l'eût confié; encore ne pouvait-elle s'imaginer comment elle avait eu cette faiblesse; et ma probité seule pouvait justifier un si imprudent abandon.

Je répondais à cette confiance par la plus scrupuleuse attention sur moi-même; et un mois s'était écoulé sans que les yeux même les plus perçants eussent aperçu entre nous aucune apparence de mystère. L'heure où j'allais la voir était celle où sa jeune femme-de-chambre, Lise, dormait du sommeil de son âge, le plus calme et le plus profond. Je passais bien près d'elle, mais d'un pas si léger, qu'il n'aurait pas réveillé un malade. La dame elle-même avait soin de m'ouvrir doucement la porte, et de la refermer lorsque j'étais sorti.

Mais un jour (je dis bien, un jour, car l'aube nous avait surpris); ce jour donc et à l'heure où le corridor commençait à s'éclairer, je sortais de chez elle dans un négligé peu décent; lorsque tout-à-coup je me trouve vis-à-vis d'un jeune homme, frère de son mari, et le plus pétulant des étourdis de notre siècle. Il était en veste de chasse, un fusil sous le bras, et un chapeau rond sur les yeux. Il s'arrête et il me regarde. Ah! ah! dit-il, je vous y prends. D'où venez-vous? Qui? moi? lui dis-je tout interdit, je prends l'air; je ne sais ce que j'ai dans le sang; mais de toute la nuit je n'ai pu fermer l'œil. Je le crois, me dit-il; mais cette porte s'est ouverte, et je vous en ai vu sortir. Vous rêvez, lui dis-je en riant; et j'allais m'échapper. Doucement, me dit-il, en s'opposant à mon passage; il ne couche là que ma belle-sœur, et Lise sa femme-de-chambre; vous me direz donc, s'il vous plaît, chez laquelle des deux vous vous êtes introduit. Dans toute autre situation j'aurais appris à ce jeune homme à être moins pressant; mais quel bruit, quel éclat n'aurait pas fait notre querelle! Je pris le ton du badinage. Entre la dame et la servante, y a-t-il à balancer? lui dis-je. Le seul nom de madame d'Al** vous laisserait-il dans le doute? n'auriez-vous pas honte d'hésiter un moment? Convenez donc, insista-t-il encore, que cette friponne de Lise est chez ma belle-sœur l'objet de vos menus plaisirs. Allez, lui répondis-je, et faites bonne chasse, sans vous inquiéter de ce qui ne vous touche point, mais n'oubliez pas qu'à notre âge on se doit réciproquement et loyalement le secret. J'y compte, à charge de revanche. A ces mots, je me retirai, assez content d'avoir donné le change à ce curieux importun.

Quand je fus seul, je réfléchis au tour captieux et trompeur que j'avais donné à mes paroles; et j'y trouvai non-seulement de l'équivoque, mais du mensonge; car j'avais eu la coupable intention de détourner l'idée du rendez-vous sur cette pauvre Lise, qui dormait si innocemment. Cependant comme dans le monde on traite les jeunes personnes de cet état un peu légèrement, d'après les mœurs de la scène comique, je ne me fis pas un scrupule bien sérieux de ce moyen de sauver une femme dont l'honneur m'était confié. Je comptais bien d'ailleurs insister auprès du jeune homme pour en exiger le silence.

Mais il n'eut rien de plus pressé, au retour de la chasse, que d'aller faire une scène à sa belle-sœur; il m'avait vu sortir au point du jour de son appartement, il en avait vu refermer la porte sur mes pas; il voulait bien croire que Lise était l'objet du rendez-vous, comme je le lui avais fait entendre; mais j'étais doublement coupable d'avoir séduit cette innocente, et d'avoir exposé la femme de son frère aux bruits les plus déshonorants. Vous sentez qu'il avait beau jeu à se montrer inexorable sur un procédé malhonnête, et qui le touchait de si près. Il exigea de sa belle-sœur qu'elle me fît, sans bruit, me retirer d'une maison dans laquelle, dit-il, nous ne pouvions plus être ensemble.

La prude, sans affectation, prit le moment de la promenade, et ayant ralenti son pas pour se trouver seule avec moi : D'Orcilly, me dit-elle, vous tenez mon sort dans vos mains. Mon beau-frère vous a surpris; il m'a tout raconté. Heureusement pour moi vous avez eu l'adresse de lui persuader que c'était avec Lise que vous étiez d'accord; mais il n'en est que plus piqué et plus animé contre vous; car cette jeune fille, dont il est amoureux, lui tient rigueur, et il est indigné de vous croire heureux avec elle. Dans son dépit, il exagère un tort qu'il aurait bien voulu avoir lui-même; il dit que si tout autre que lui vous avait vu sortant de chez moi à cette heure-là, j'étais une femme perdue; et ce n'était pas Lise, c'était son frère et moi que vous auriez déshonorés. Et puis la maison de ma sœur profanée ! Et puis l'innocence de cette jeune fille indignement séduite !..... Enfin il exige de moi de vous engager à partir, sinon, dit-il, ce sera lui qui vous y engagera lui-même. Vous sentez de quelle importance il est pour moi que ceci se passe sans bruit. Vous êtes l'objet et la cause de ma criminelle imprudence. Sauvez-moi, je vous en conjure, et avant de vous engager à soutenir une querelle, évitez-la. Je vous ai confié mon honneur, mon repos, ma vie; et vous seriez le plus cruel des hommes si vous n'en étiez pas le plus prudent et le plus généreux.

Le sang me bouillait dans les veines de voir

un jeune fat prétendre me faire la loi. Cependant le bon droit était de son côté; et déja coupable envers son frère, j'allais encore l'être envers lui en usant du droit de l'épée. J'aimai mieux lui céder la place. Seulement j'exigeai qu'il gardât le silence sur tout ce qui s'était passé. Oh! ne craignez rien, me dit-elle; il m'a déja demandé lui-même d'avoir pitié de cette enfant, de lui pardonner sa faiblesse, et de ne pas la renvoyer. Il l'aime trop pour lui faire aucun mal; et en lui promettant moi-même d'user d'indulgence envers elle, je lui ferai jurer de garder le secret.

Je m'en allai donc le soir même, et appaisé par mon départ, le jeune homme ne songea plus qu'à justifier Lise aux yeux de sa maîtresse, voulant gager qu'elle n'était pas même confidente de mon audace, et m'accusant d'avoir voulu la surprendre dans le sommeil.

Mais moins persuadé qu'il ne feignait de l'être de l'innocence de cette infortunée, il voulut tirer avantage du secret qu'il croyait avoir à lui garder. Il devint donc plus familier et plus téméraire avec elle, se jouant des rigueurs qu'elle lui témoignait, voulant tourner en dérision sa modestie et sa sagesse, lui disant qu'il savait ce qu'elle avait dans l'ame, qu'elle n'était pas si sévère, si cruelle envers tout le monde, et qu'il croyait au moins valoir son favori du point du jour. Enfin, comme la pauvre enfant, interdite de ses insultes, le priait en pleurant de les lui épargner; croyant la confondre et la réduire en s'expliquant, il me nomma, se vanta de m'avoir surpris un matin sortant de chez elle, et de m'avoir fait avouer que je venais d'y passer la nuit.

Ce fut alors que se désolant, et prenant le Ciel à témoin de mon mensonge et de son innocence, elle parut dans sa douleur si éperdue et si hors de défense, que l'insolent voulut saisir le moment de tout décider. D'abord elle se défendit avec un courage modeste; mais il porta l'audace et l'impudence à un tel excès, que la plus douce et la plus timide des femmes connut pour la première fois l'égarement de la colère; et en s'échappant de ses bras, sa main lui laissa sur la joue la flétrissure du mépris.

Furieux et hors de lui-même, il oublia qu'il l'avait offensée, et se crut tout permis pour venger son affront. Dans la maison, il la dénonça comme une petite impudente, disant avoir la preuve de son libertinage, et racontant à qui voulait l'entendre l'aventure du corridor.

Il fallut la congédier. Ni ses larmes, ni ses serments, ni ce caractère si vrai, si touchant, si sensible, qu'avait son innocence, lorsqu'à genoux, les yeux et les mains vers le Ciel, fondant en pleurs, et attestant le Dieu de vérité, elle le conjurait de prendre sa défense; rien ne put prévaloir contre le témoignage du jeune homme, appuyé du mien. Plus d'un, peut-être, soupçonna le vrai de l'aventure, aucun n'osa le dire; et la bonne maîtresse de la maison, en pleurant, la laissa partir.

La malheureuse, en s'en allant, délibéra longtemps si elle ne devait pas venir m'accabler de ses plaintes, me reprocher son déshonneur, me demander l'éclatant témoignage que je devais à son innocence; mais je n'étais pas connu d'elle; et sans pénétrer le mystère, elle me crut capable de ces légèretés dont on accusait mes pareils; elle n'aurait donc fait, en paraissant chez moi, qu'autoriser le bruit de notre intelligence, et faire parler d'elle encore avec plus d'assurance et de malignité. Et comment l'aurais-je reçue? N'étais-je pas un de ces jeunes gens qui ne daignent pas croire à la vertu dans l'infortune, ou qui, s'ils y croyaient, n'en feraient aucun cas? Enfin, quand même j'aurais voulu me démentir pour elle, ce désaveu, qu'elle aurait mendié, aurait-il été cru sincère? Ne s'en serait-on pas moqué? Sage encore dans son désespoir, elle ne vint donc pas chez moi; mais du moins elle se donna le soulagement de m'écrire.

On vous accuse, me disait-elle dans sa lettre, d'avoir donné lieu par vos propos à un bruit qui me déshonore et qui m'a fait chasser de la maison où j'ai eu le malheur de vous voir. Vous, monsieur, à qui de ma vie je n'ai parlé, vous avez avoué, dit-on, que nous avions ensemble des rendez-vous la nuit. J'ai une extrême répugnance à vous croire capable de cette calomnie; mais si vous avez été assez cruel pour vous en faire un jeu, soyez-en puni, en apprenant que vous avez percé le cœur à une pauvre et honnête fille qui ne vous a fait aucun mal. Et elle avait signé : *La malheureuse et innocente Lise.*

Jugez, monsieur le comte, de ma situation, après avoir lu cette lettre, et combien grave devint le crime dont, jusqu'à ce moment, à peine m'étais-je accusé. Mais si mon premier mouvement fut de douleur et de compassion pour cette fille intéressante, le second fut d'indignation et de fureur contre celui qui s'était servi de mon nom pour la déshonorer. Je montai à cheval, et en arrivant dans le bois voisin de la maison où je l'avais laissé, je lui fis dire de s'y rendre. Il y vint, et on l'emporta corrigé, au moins pour quelque temps, de son indiscrétion et de sa pétulance.

Mais ma vengeance personnelle ne remédiait point au mal que j'avais fait à l'innocente Lise. Où lui répondre? Où la trouver? Je l'ignorais : sa lettre n'avait point de date.

Je présumai qu'elle serait allée cacher sa douleur chez son père. Je ne me trompais pas; mais le bruit de sa honte l'y avait devancée. Tout le village de Sailli, où elle était née, en était plein. Son père, homme sévère et brusque, indigné de se voir déshonoré, dans sa vieillesse, par une fille déshonnête, ne put soutenir sa présence, et la rebuta durement. Ses frères, non moins irrités, l'accablèrent d'injures.

Elle eut beau attester le Ciel, pleurer, et conjurer son père de l'entendre. Les bontés de la dame qui l'avait élevée faisaient sa condamnation ; et puisqu'une si douce et si bonne maîtresse l'avait abandonnée et honteusement renvoyée, elle l'avait trop mérité. Va, malheureuse, lui dit son père, va gagner ton pain loin de moi. Tu m'as meurtri le cœur : je ne veux plus te voir. Désolée, abattue, la pauvre fille était partie sans savoir où se retirer, ni ce qu'elle allait devenir.

Ce fut ce que j'appris à Serincour, près de Sailli, en m'informant si Lise, la fille de Vincent Réné, avait paru dans ce canton.

Aller trouver son père, me nommer, lui jurer que sa fille était innocente, l'appaiser, s'il était possible, par mes serments, par mes bienfaits, me parut le plus saint, le plus pressant de mes devoirs ; je me hâtai de le remplir ; mais mon âge et mes larmes, que Vincent prit pour celles de l'amour, ne lui laissèrent voir en moi qu'un séducteur au désespoir de ne pas retrouver chez lui celle qu'il poursuivait pour l'enlever encore. L'aîné de ses deux fils, debout à côté du vieillard, paraissait consterné ; mais l'autre regardait sa faulx pendue au mur, et il la regardait d'un œil farouche et menaçant. Le vieillard prévint sa colère. Allez, malheureux, me dit-il, avec un froid mépris qui m'accabla, retirez-vous, et laissez un père pleurer sa fille qui n'est plus, ou qui ne sera plus pour lui. Tout votre or (car dans ce moment j'en avais les mains pleines), tout votre or ne paierait point les larmes que vous nous coûtez.

A-la-fois accablé de honte, ravi d'étonnement, prosterné devant la vertu, je redoublai tous mes serments, je demandai qu'on assemblât le village pour les entendre. Ils ne vous croiraient pas, me dit le père. — Eh bien! vous, du moins, croyez-moi; je vous en somme, au nom de ce Dieu qui m'entend, et je vous en supplie au nom de la nature. Ah! mon père, s'écrie alors, d'une voix déchirante, une petite fille qui pleurait dans un coin, je vous le disais bien, que Louise était innocente. Ma pauvre sœur! elle m'a dit, en m'embrassant, qu'elle allait se noyer. Alors, de tous les yeux, comme des miens, des ruisseaux de larmes coulèrent.

Et si je vous en crois, me dit le vieillard subjugué par cette vérité dont le caractère est inimitable et l'ascendant irrésistible, c'est donc moi qui suis criminel! père trop malheureux! ma fille est innocente; et moi je l'ai réduite au désespoir! elle s'en est allée, comme une criminelle, chargée d'humiliation, accablée de ma colère! qui me rendra ma fille! qui nous rendra l'honneur?

Moi, l'honneur; j'en réponds, lui dis-je. Vous,

de votre côté, s'il en est temps encore, tâchez de sauver votre enfant; je ne tarderai pas à venir vous revoir. Alors, remontant à cheval, et semant à leurs pieds cet or qu'ils refusaient de prendre de ma main, je retourne à Paris, et j'écris à la prude qu'elle s'y rende incessamment.

Madame d'Al** me connaissait trop bien pour être sans inquiétude. La blessure de son beau-frère, que l'on croyait très-dangereuse encore, lui avait appris que j'avais à cœur l'injure faite à l'innocence; et le ton pressant de ma lettre acheva de l'intimider. Elle arriva, et j'allai la voir.

Madame, je ne sais, lui dis-je, par quel moyen réparer le tort que j'ai fait à une honnête fille; mais il faut qu'il soit réparé. Vous êtes encore entourée de gens que vous et moi nous avons induits en erreur; c'est à vous de les détromper. C'est à vous de désavouer et de démentir hautement les propos du jeune homme qui l'a calomniée; c'est à vous de faire venir ou d'aller vous-même chercher le père de cette innocente, d'assembler son village, et de leur déclarer qu'on a été injuste et barbare envers elle, que tout le temps qu'elle vous a servie, et jusqu'à ce temps-là, sa conduite a été sans tache; et qu'on ne l'a congédiée que pour complaire à un jeune insolent qu'elle avait rebuté.

Êtes-vous insensé, me demanda la prude, d'exiger de moi des bassesses, et de me demander mon propre déshonneur? Le mal est fait, et il est sans remède. J'en suis désespérée, comme vous croyez bien; mais est-ce à vous de vouloir m'en punir? Que pouvais-je opposer de plus que mon silence à celui qui disait avoir vu de ses yeux, et qui vous attestait vous-même! Il vous a compromis; vous en êtes vengé; il est mourant. Mais moi, quel est mon crime? De vous avoir aimé, d'avoir tout immolé à ce funeste amour; et cependant voyez à quoi vous voulez me réduire. Une jeune imprudente, pour quelque liberté qu'un étourdi prend avec elle, ose lui donner un soufflet. Dans son ressentiment, il publie ce qu'il sait d'elle, ou plutôt ce qu'il croit savoir. Il en raconte les détails; il dit que vous-même, pressé de lui éclaircir ce mystère, vous lui en avez assez dit pour ne pas l'en laisser douter. S'il revient à la vie, vous ne présumez pas qu'il démente ce qu'il a dit, ce qu'il a répété cent fois; et jamais son sang ni le vôtre n'en effacera l'impression. Mais quand même il reconnaîtrait qu'il a mal pris le sens de vos réponses, cessera-t-il d'affirmer qu'il a vu ce que vous ne pouvez nier? Et ne serez-vous pas réduit à m'accuser pour justifier cette fille? C'est elle ou moi; vous n'avez plus que le choix de votre victime; allez-vous me sacrifier? Sans doute il est cruel d'abandonner une innocente; mais son obscurité, l'éloignement, l'absence, la feront bientôt oublier. On pardonne tout à son âge; la faute qu'on lui attribue n'est, parmi ses pareilles, d'aucune conséquence; et vous pouvez, par vos bienfaits, la dédommager amplement. Au lieu que moi, dans mon état, avec un mari, des enfants, exposée aux regards du monde!... Ah! sans frémir, pouvez-vous penser au désespoir où vous m'allez réduire, et dans quel abyme de honte et de malheur vous me plongez?

Alors ses larmes redoublèrent, et l'horreur de ma situation s'accrut de l'horreur de la sienne; car il n'y avait point de milieu, et il fallait ou renoncer à justifier l'innocente, ou me résoudre à livrer la coupable au déshonneur et au mépris. J'insistai cependant. Non, madame, lui dis-je, ni son obscurité, ni tous les avantages que vous donnent sur elle votre fortune et votre état, ne justifieraient mon silence. L'innocence dans le malheur, dans un malheur dont je suis la cause, l'innocence calomniée par mon silence même, si j'étais assez lâche pour le garder, est à mes yeux ce qu'il y a de plus respectable et de plus sacré sur la terre. Je vous en avertis, il faut que Lise soit justifiée. Ou rendez-lui l'honneur, ou je le lui rendrai à quelque prix que ce puisse être. — Quoi! monsieur, au péril et aux dépens du mien! Qu'ai-je donc fait, grand Dieu! et à qui me suis-je livrée? Allez, monsieur, si vous osiez perdre une femme comme moi, vous seriez vous-même perdu. D'abord je vous démentirais, je vous dénoncerais comme un vil imposteur; et quand même l'on vous croirait, celui qui dans le monde déshonore une femme est un homme déshonoré.

Ce langage n'était pas fait pour m'attendrir; mais il n'en restait pas moins vrai que je n'avais que le choix du crime, et quand la vérité est aussi terrible, elle n'a pas besoin d'être touchante.

Dans le trouble et dans la tristesse où me plongea ce funeste entretien, n'ayant ni le courage de laisser une innocente sous le blâme, ni le courage de divulguer la honte de celle qui s'était abandonnée à moi, je me tourmentais à chercher quelque moyen possible de sortir innocemment de cet affreux détroit. Je n'en trouvai aucun. Un malaise profond, une inquiétude mortelle s'empara de mon ame; plus de repos pour moi, et en même temps plus de force, plus de fermeté pour agir. Cent fois je me déterminai pour être juste et vrai; et cent fois cette bonne résolution tomba comme brisée par la réflexion du mal que j'allais faire. Je ne crois pas qu'il soit possible d'imaginer un état d'angoisse plus cruel que l'était le mien.

Je brûlais de savoir si on avait retrouvé Lise. Je lui aurais parlé, je lui aurais tout dit, à elle et à son père; je leur aurais offert de payer mon silence à tel prix qu'ils auraient voulu. Rien ne m'aurait coûté pour obtenir ma grâce, et pour racheter mon repos. J'envoyai donc savoir si elle était retrouvée, et la triste réponse, qu'on n'en savait point de nouvelles, acheva de me consterner.

Vainement le devoir de mon état, en m'appelant aux armes, sembla venir faire à mes peines une diversion secourable; mes chagrins me suivirent, et ne m'abandonnèrent plus. Je n'avais vu la pauvre Lise qu'en passant; je n'avais fait même qu'une attention légère à sa jeunesse, à sa beauté; et dès-lors son image me fut présente jour et nuit, tantôt dans un état d'humiliation et de misère qui me déchirait l'ame; tantôt, et d'après les paroles de sa petite sœur, froide et livide sur le bord de la rivière où son désespoir l'aurait fait se précipiter.

Jusque-là, grâce au Ciel, les périls de la guerre ne m'avaient point épouvanté. Tant que j'avais été sans reproche, j'avais été sans peur; une vie innocente ne m'avait rien coûté à exposer pour le service de mon pays et de mon roi : en la perdant je n'aurais laissé aucun reproche à ma mémoire; et libre de remords, je me sentais dispos à mourir dans le champ d'honneur. Mais durant la campagne que nous fîmes alors, mon sang-froid ne fut plus le même. Un crime a laisser après moi sans expiation, fut pour mon cœur comme une lourde chaîne qui me tenait attaché à la vie. Cette pauvre famille, me disais-je à moi-même, va donc rester dans l'humiliation, dans l'opprobre! Plus de moyen pour elle de s'en tirer; plus aucun témoin qui dépose en faveur de l'honnêteté calomniée; les cris de l'innocence me poursuivront dans le champ de bataille, et l'œil de l'éternelle et suprême justice saura me discerner dans la foule des morts. Cette pensée toujours présente me rendit faible, inquiet et timide. Je ne laissai pas de donner bon exemple à ma troupe; vous en fûtes témoin. Mais plus d'une fois je sentis que durant le combat j'étais mal à mon aise; et je fus mécontent de moi.

La prise d'Ath ayant terminé la campagne, je vins chercher dans ma patrie le repos, non celui du corps, quoique bien fatigué d'insomnie et d'inquiétude, mais le repos d'une ame qui depuis six mois sans relâche souffrait le tourment du remords.

Dans le pays, encore à mon retour, aucune nouvelle de Lise (ou de Louise, comme l'avait nommée devant moi sa petite sœur): sa famille découragée avait cessé de la chercher en vain. Moi, sans me rebuter de même, je résolus de ne rien épargner pour retrouver ses traces. J'en avais un moyen facile et simple, et je n'y pensais pas; mais il vint s'offrir de lui-même.

Nos curés, toutes les semaines, se réunissent par cantons, pour consulter ensemble sur les affaires de leur état, et ils se donnent à dîner tour-à-tour. Le hasard, ou plutôt celui dont la sagesse dispose de tout dans la vie, voulut que le curé de mon village m'invitât à dîner, le jour où se tenait chez lui la conférence, et que dans ce dîner un simple badinage m'apprît ce que j'étais si impatient de savoir.

Les propos de table roulèrent sur la visite que l'archevêque venait de faire dans son diocèse. Chacun se loua des bontés de ce digne prélat. Mais les plus jeunes, s'égayant vers la fin du repas, se plaignirent un peu de sa sévérité sur l'article des gouvernantes. Il n'y a, dit l'un d'eux, que l'heureux curé de Clerval à qui on a passé une servante encore mineure.

Messieurs, répondit le vieillard, chacun de vous un jour obtiendra la même indulgence. Quand monseigneur l'archevêque a paru s'étonner du jeune âge de ma servante, je lui ai représenté qu'entre elle et moi nous avions cent ans accomplis. Je vous promets qu'il sera satisfait de cette règle de bienséance, quand vous pourrez lui en dire autant. Au reste, ne plaisantez point sur la jeunesse de Louise : c'est le privilége des anges d'être jeunes ; et en vérité, c'en est un.

Ils convinrent tous qu'en effet sa beauté, son air, son regard, le caractère de pudeur et d'innocence empreint sur son visage, avait quelque chose d'angélique. Ce n'est rien, leur dit le vieillard, et si vous connaissiez les vertus de son ame, cette bonté, cette douceur, cette compassion active et secourable, cet oubli d'elle-même, ce tendre et vif regret de n'avoir pas plus de moyens de soulager les malheureux !... Ah ! mon village aurait perdu un rare et précieux trésor, si l'on m'eût obligé de me séparer de Louise ! Et moi, jamais, je vous l'avoue, je ne m'en serais consolé.

Dieu ! si cette Louise était la mienne, dis-je en moi-même ! Et je demandai à mon curé quel était l'âge de celui de Clerval. Soixante-dix-neuf ans sonnés, me dit-il. Sa Louise avait donc vingt-un ans; et c'était l'âge que la mienne pouvait avoir. Je demandai bien vite au bon vieillard lui-même si elle était née sur sa paroisse. Il répondit que non; qu'il ne savait pas même en quel lieu, et de qui elle avait pris naissance; qu'il ne connaissait d'elle que son malheur et ses vertus.

Monsieur, lui dis-je au sortir de table, vous nous avez fait là un portrait si intéressant, que vous devez trouver tout naturel en moi le désir d'en voir le modèle. Quand il vous plaira, me dit-il, vous le verrez chez moi; et vous y serez bien reçu. Il y a, repris-je, un air de roman dans sa destinée. De roman, non, mais de miracle, répondit le vieillard; et si je vous disais comment s'est opéré cet effet de la providence, vous l'adoreriez avec moi. Ah ! ne différez pas, lui dis-je vivement. Et lui, touché de mon impatience, il eut la complaisance d'y céder sur-le-champ. Nous étions seuls, loin des convives, dans le verger du presbytère; nous nous assîmes à l'ombre des pommiers, et il commença son récit.

Un samedi soir, que, selon ma coutume, j'étais dans mon église, entendant à confesse les bonnes femmes de mon village, une jeune personne, modestement vêtue, se présente à son tour, et me fait, comme je vous l'ai dit, la confession d'un ange : jamais avec tant d'humilité, je n'avais vu tant d'innocence. Après l'absolution, que je lui donnai de bon cœur, je la vis au pied de l'autel : c'était là qu'elle m'attendait; et lorsque je passai pour m'en aller, elle vint à moi. Monsieur le curé, me dit-elle en voulant me donner sa bourse, voilà quarante écus que je dépose dans vos mains, la moitié destinée à soulager les pauvres, l'autre à prier pour moi et pour le repos de mon ame. Et pour le repos de votre ame, repris-je avec étonnement! — Oui, pour le repos de mon ame.

Alors, en l'observant avec attention, je crus apercevoir dans le son de sa douce voix, dans le tremblement de sa main, dans la pâleur de son visage, sur-tout dans son regard douloureusement attendri, les indices de quelques peines qu'elle ne m'avait point confiées. L'état où je vous vois, lui dis-je, n'est point votre état naturel : vous avez l'air souffrant; votre ame est abattue. Vous sentez-vous malade assez pour croire que vous touchez à votre fin? Malade : non, mais malheureuse; et le chagrin, me répondit-elle, est mortel comme la douleur. Ma chère enfant, lui dis-je, dans l'affliction où vous êtes, je ne vous laisse point aller. Venez chez moi. Je veux vous parler, vous entendre; je veux savoir de vous quel est ce malheur, ce chagrin que vous m'avez caché, et qui vous fait mourir. Monsieur le curé, me dit-elle, le chagrin n'est pas un péché : voilà pourquoi je n'ai pas voulu, à confesse, vous affliger du mien. Ce que je puis vous dire, c'est qu'il est sans remède, et ne finira qu'avec moi. N'en demandez pas davantage. Je pardonne, vous le savez, à tous ceux qui m'ont fait du mal. Je leur pardonne aussi ma mort, et je vous prie de publier qu'on n'en doit accuser personne. Quoi! lui dis-je, serait-ce une mort volontaire? Oui, volontaire; et dans une heure, s'il plaît à Dieu, mon ame sera devant lui. — O Ciel! qu'auriez-vous résolu? — De finir ma misère, d'ensevelir ma honte, de me noyer : c'est pour cela que je suis venue à confesse. Ah! ma fille; gardez-vous bien d'attenter sur vous-même, lui dis-je, avec effroi; c'est le seul crime irrémissible. Ces mots la firent tressaillir d'étonnement et de terreur. Quoi! me demanda-t-elle, en me donnant la vie, un Dieu si bon ne m'aurait pas permis de m'en délivrer, si j'étais assez malheureuse pour ne pouvoir plus la souffrir? Elle me dit ces mots d'un air à me pénétrer l'ame.

Un désespoir si froid, si doux et si paisible n'en était que plus effrayant. Je vois, lui dis-je, que sur l'un des plus saints de nos devoirs vous êtes dans l'erreur. Suivez-moi. Je veux vous instruire. Elle obéit; et je trouvai en elle un cœur humble, un esprit docile. Mais quand je l'eus persuadée qu'il n'appartenait qu'à Dieu seul de disposer du don qu'il nous fait de la vie, je la vis fondre en larmes et tomber dans l'abattement.

Je ne dois, me dit-elle, ni ne veux accuser personne. Je ne me permets pas de vous dire, ni d'où je viens, ni qui je suis; mais le Ciel m'est témoin que je n'ai rien à me reprocher d'indigne d'une honnête fille; et cependant je suis déshonorée, rebutée par ma famille, désavouée par mon père, et chassée de sa maison, sans qu'il me reste, hélas! seulement l'espérance de me tirer de l'abyme où je suis; car le seul homme qui aurait pu rendre témoignage à mon innocence, m'a refusé cette justice. Ah! bon jeune homme, s'écria-t-elle, je sais pourquoi tu ne veux point parler : je te pardonne ton silence; mais si tu peux savoir les maux que tu me causes, tu dois être bien malheureux! Jugez, monsieur le comte, de l'impression de ces mots sur mon cœur.

Alors, poursuivit le curé, par les motifs sublimes de confiance et d'espérance que j'avais à lui présenter, je commençai à relever un peu cette ame faible et désolée.

Votre situation, lui dis-je, est cruelle, je le sens bien : mais est-elle aussi accablante que vous l'imaginez? D'abord votre innocence est une fidèle compagne, qui, en vous suivant dans le malheur, doit l'adoucir. C'est beaucoup, mon enfant, de n'avoir rien à se reprocher. Hélas! c'est tout pour moi, dit-elle. — Et puis, le tort qu'on vous a fait peut n'être pas irréparable. Attendez tout d'un Dieu de justice et de vérité. Il sait, quand il lui plaît, chasser et dissiper tous les nuages du mensonge. En attendant, vous avez pour témoins, ce Dieu, votre conscience, et moi.

Ah, mon charitable pasteur! s'écria-t-elle en me baisant les mains, vous daignez donc me croire et m'estimer, tandis qu'ailleurs on me méprise! Mettez le comble à vos bontés. Puisque vous voulez que je vive, devenez mon refuge; laissez-moi me cacher auprès de vous; laissez-moi vous servir avec un zèle tendre, avec un saint respect, avec un amour filial; jusqu'à ce que le Ciel me rende un père, daignez m'en tenir lieu. J'y consentis avec une sensible joie; et ce fut ainsi que Louise, associée à ma vieille servante, la remplaça, lorsque je la perdis. Vous la verrez encore bien triste : le même chagrin la consume, mais lentement et en silence; et son ardeur à nous servir, mes pauvres malades et moi, la vivifie et la soutient.

Troublé, attendri, pénétré d'admiration et de douleur de ce que je venais d'entendre, je dissimulai autant qu'il fut possible l'agitation de mon ame, pour me donner le temps de consulter avec moi-même, et de bien méditer ma résolution.

Deux jours après, j'arrive, je descends de cheval à la porte du presbytère, au moment où Louise enfin, dans l'épanchement de son ame, confiait à son bon curé le récit de son aventure, et tâchait d'adoucir le crime de ce silence impitoyable que sa lettre n'avait pu vaincre. Ah! disait le vieillard, que ce jeune homme ressemble peu à celui que j'ai vu chez mon voisin, le curé d'Orcilly! d'Orcilly! s'écria Louise..... Au même instant, je frappe, on vient m'ouvrir; et c'est Louise que je vois. Son étonnement fut extrême. Ah! monsieur, me dit-elle en tremblant, est-ce vous? Et qui vous amène? Le Ciel et mes remords, lui dis-je; et à ces mots je la vis chancelante, aller tomber de défaillance dans la salle où était le curé, en s'écriant : C'est lui! c'est lui!

Quoi! monsieur, que viens-je d'entendre? dit le vieillard; *c'est vous!* dit-il. — Oui, c'est moi qui suis le coupable; c'est moi qui viens auprès de vous m'accuser, me justifier, et vous consulter l'un et l'autre sur les moyens de réparer un crime involontaire qui fait le tourment de mon cœur. Tandis que je parlais, le curé était occupé à secourir cette faible victime, qui, dans le tremblement convulsif qui l'avait saisie, semblait expirer sous mes coups.

Enfin, lorsqu'elle ouvrit les yeux, et qu'elle eut repris l'usage de ses sens : Pardonnez, monsieur, me dit-elle, l'émotion que vous m'avez causée. Ce n'est point de la haine : non, je ne vous hais point; je ne veux de mal à personne; je n'accuse que mon malheur. Alors elle laissa échapper quelques larmes. Mais, reprit-elle, en regardant le vieillard avec des yeux pleins de tendresse, il me reste un père indulgent, un Dieu consolateur, une conscience tranquille; ceux qui m'ont diffamée sont bien plus à plaindre que moi.

Je tombai à ses pieds; et les yeux attachés sur elle, je vis cette jeunesse, cette fleur de beauté qui naguère était si vermeille, je la vis ternie et fanée. Ah! me dis-je à moi-même, c'est donc là mon ouvrage? Alors lui adressant la parole et à son bon curé : Ma situation, leur dis-je, ne vous est pas connue. Je vais à tous les deux vous en confier le secret sous le sceau de la religion; et je leur racontai ce qui s'était passé. Vous voyez à-présent, poursuivis-je après mon récit, quelle est la cause de mon silence, et que je suis réduit au choix ou de me taire, ou de laisser tomber le blâme sur une autre. M'y voilà résolu, si vous m'y condamnez. Non, me dit-elle, non. Que le Ciel m'en préserve! Une famille honnête! un mari! des enfants! ce serait un malheur horrible, et je ne veux point le causer. Seulement, reprit-elle, si mon père, mon pauvre père pouvait savoir que je suis innocente, ah! mon cœur serait soulagé. Il le sait, répondis-je, et vos frères aussi.

Je les en ai bien assurés. — Et ma petite sœur Colette, en est-elle persuadée? — Oui, plus que personne, lui dis-je; et même avant que de m'entendre, elle répondait à son père de l'honnêteté de sa sœur. Chère enfant, s'écria Louise, tu ne croiras donc pas avoir en moi le honteux exemple du vice! eh bien! monsieur, c'en est assez. Apprenez-leur de même que le Ciel m'a offert un refuge honnête et tranquille, que je sers le plus doux, le plus respectable des maîtres, que je suis inconnue au monde, et qu'ils n'auront plus à rougir en entendant parler de moi.

Et vous, monsieur, demandai-je au curé, qui avait laissé parler Louise, dites-moi votre sentiment. Ma fortune est considérable? et si, par mes bienfaits, je puis...... Non, dit-il en m'interrompant, son père et ses frères sont nés dans un état où le travail, la tempérance, et la santé, tiennent lieu de richesses. Pour elle, grâce au Ciel, rien ne lui manque, hormis un bien qu'elle préfère à l'or, et dont tout l'or du monde ne la dédommagerait pas. — Ah! que ne puis-je le lui rendre! — Qui vous en empêche? — Faut-il que j'accuse ou du moins que je laisse accuser une femme qui.... Non, me dit-il, les faiblesses du cœur sont pour celui qui en est l'objet la plus intime des confidences, et de tous les secrets le plus inviolable : jamais, pour rien, un honnête homme ne se permet de le trahir. — Que voulez-vous donc que je fasse?

Un assez long silence précéda sa réponse; mais se voyant pressé de s'expliquer, il me dit enfin: Si Louise était née votre égale, que feriez-vous? — Ah! pouvez-vous le demander? Mais vous savez de quelle opinion je suis l'esclave dans mon état. — Oui, je le sais; mais si Louise était la fille d'un homme de fortune, et qu'elle eût pour dot un trésor, cette opinion si sévère ne composerait-elle pas? Et n'a-t-elle jamais fléchi? Oui, trop souvent, lui dis-je; et pour excuse j'aurais plus d'un exemple. — Eh bien! monsieur, eh bien! la vertu, l'innocence, l'honneur à réparer, sont-ils des motifs moins puissants que les calculs de l'avarice? Et si l'opinion est assez dépravée pour préférer l'utile à l'honnête et au juste, la probité n'oserait-elle s'affranchir de l'opinion? Vous cherchez le repos de l'ame, vous le cherchez de bonne foi; vous ne le trouverez jamais, non jamais, je vous le prédis, qu'avec elle, au pied de l'autel. On n'en croira pas moins, lui dis-je, qu'en effet j'ai commencé par la séduire, et que c'est là le tort que j'ai cru devoir réparer. — Oui, mais sa conduite et la vôtre démentiront cette croyance. Respectez votre femme; et j'ose vous promettre qu'elle se fera respecter. Au reste votre conscience interroge la mienne; la mienne lui répond; c'est à vous seul de décider. Je sais qu'il vous faut du courage pour suivre mon avis; mais ce courage en vaut bien un autre; car c'est celui de l'honneur véritable et de l'éternelle équité.

Voilà, monsieur le comte, quel a été mon juge; et au fond de mon cœur j'ai trouvé sa sentence si saintement irrévocable, que je n'en ai point appelé.

Mon digne ami, lui dit le comte de Gisors, je m'en vais rejoindre l'armée. Il ne m'est pas permis d'y publier les motifs de votre conduite; mais si l'estime dont on m'honore peut m'y donner quelque ascendant sur les esprits, je vous promets de vous les concilier tous. J'attesterai, sans m'expliquer, que la faiblesse, la séduction, l'amour même, n'ont eu aucune part dans la résolution de votre mariage; qu'il n'y a rien de plus noble et de plus généreux que ce qui l'a déterminé; qu'enfin tout loyal gentilhomme eût fait à votre place ce que vous avez fait. Si l'on refuse de m'en croire, vous continuerez, mon ami, de vivre obscur et pour vous-même; mais si, sur ma parole et sur mon témoignage, l'estime de vos camarades vous est rendue toute entière, j'obtiendrai de mon père, et j'exige de vous que vous repreniez votre poste. Je ne veux point que la patrie soit plus long-temps privée d'un homme tel que vous.

D'Orcilly, qui ne demandait qu'à la servir, s'y engagea sans peine. Sans peine aussi Gisors changea l'opinion défavorable à son ami. La droiture, la probité, la véracité de Gisors, étaient parmi ses frères d'armes comme l'oracle de l'honneur. D'Orcilly, leur dit-il, vous est connu; personne n'a plus à cœur que lui le sentiment de sa naissance; mais par un sentiment plus respectable encore, il l'a fait taire : *Il le fallait*, je l'en estime davantage, et je l'aurais fait comme lui; car le premier de nos devoirs à tous, c'est d'être justes; il l'a été; et c'est ainsi qu'il est beau d'être noble.

Tremblante, égarée, éperdue, elle se précipite, écarte le fer de mon sein, et tombe dans mes bras, en me criant grâce et pitié.

Les Solitaires de Murcie.

LES SOLITAIRES
DE MURCIE.

J'avais pour ami un Suédois si heureusement organisé, si sensible aux beautés de l'art et à celles de la nature, que lorsqu'il nous rendait les impressions qu'il en avait reçues, ses récits ressemblaient aux rêveries d'un poëte. Dans la vie et les mœurs des hommes, le beau moral était pour lui une source de voluptés; mais lors même qu'il en était le plus charmé, son émotion était paisible comme les songes d'un doux sommeil; c'était de lui qu'on pouvait dire alors qu'il était dans l'enchantement. Son ame était ravie, ses sens étaient calmes; son langage seul exprimait l'ivresse où il était plongé; encore dans son langage même, l'hyperbole avait-elle de la naïveté. On ne concevait pas, dans une ame exaltée, cette douceur inaltérable; on avait peine à se persuader qu'un ravissement si tranquille au dehors fût sincère; et moi, tout accoutumé que j'étais à le voir tous les jours le même, un naturel si singulier ne laissait pas de m'étonner. Mais j'observais que ces élans de sensibilité, ces mots involontairement sublimes qui lui étaient familiers dans les émotions du plaisir, ne lui venaient jamais pour exprimer ses peines; la douleur dans son ame était silencieuse, intérieure et profonde, c'est le caractère de la mélancolie d'exhaler doucement la joie et de renfermer la douleur; ce caractère était le sien.

Ministre de la cour de Suède à celle de Madrid, le comte de Creutz avait parcouru ces belles provinces d'Espagne dont les deux mers baignent les bords; et dans ses lettres, il m'en avait parlé comme d'un pays romantique; mais lorsqu'il revint à Paris, il me les décrivit avec plus de détail et encore plus d'enthousiasme. Je me plaisais à voir son imagination embellir sa mémoire, et je lui demandais comment, si les peintures étaient fidèles, on n'allait pas en foule habiter ces heureux climats : Ah! me dit-il, c'est que les hommes sont des plantes, et qu'ils prennent racine au lieu où ils sont nés.

Un jour que je le plaisantais sur l'air poétique et fabuleux qu'il donnait aux descriptions de la Grenade et de la Murcie : Que serait-ce donc, me dit-il, si je vous racontais ce qui m'y est arrivé? Vous diriez bien, c'est un roman; ce ne serait pourtant que la vérité toute simple.

Je le pressai, comme vous croyez bien, de me conter son aventure, et il ne me fit point languir.

Je parcourais lentement, me dit-il, les fertiles confins de ces belles provinces, incertain si j'étais plus attiré par les charmes de celle que je venais voir, que retenu par les délices de celle que j'allais quitter; lorsque dans un village appelé Molina, peu éloigné de Carthagène, j'entendis parler d'un sauvage qui, depuis neuf ans, vivait seul sur l'une des montagnes qui bordent le vallon où serpente la Ségura. Ce solitaire, me disait-on, est jeune encore; il a l'air sombre et triste; mais quoiqu'une barbe touffue et des cheveux épais laissent à peine voir les traits de son visage, ce que l'on en découvre, et un air de noblesse qu'on remarque dans sa stature et dans ses mouvements, font soupçonner que ce n'est pas un homme du commun. Il n'est guère accessible que pour un paysan d'un village voisin, lequel va prendre dans sa cabane les aromates qu'il a cueillis, et va les vendre à Carthagène. C'est du produit de ce petit négoce que le solitaire tire sa subsistance; et il y ajoute la culture d'un jardin qu'on dit être fort curieux par la variété des simples qu'il y a rassemblés.

J'ai fait dans ma jeunesse, continua mon Suédois, une étude particulière de l'histoire de la nature; car son sein est de tous les livres le plus intéressant pour moi; et en botanique, j'ai pour maître notre célèbre Linnéus. Encore tout plein de ses leçons et de l'amour qu'il m'avait inspiré pour cette science attrayante, je me sentis un vif désir de voir le sage solitaire qui en faisait sa richesse; et prétextant d'avoir à faire emplète d'une collection de plantes, je m'acheminai vers le sommet de la montagne qu'il habitait. Là, pour ne pas l'effaroucher, dès que j'aperçus sa cabane, je renvoyai le guide qui m'y avait conduit.

La cabane était située entre deux cimes de la montagne, et le jardin occupait l'espace du vallon qu'elles enfermaient. Le solitaire y travaillait lorsque je m'avançai vers lui. Il témoigna quelque surprise de me voir; et d'un air grave, mais accueillant, il me demanda quel dessein pouvait m'amener dans ce lieu. Je suis, lui dis-je, un étranger qui voyage dans ces contrées; j'aime la botanique, et je compose une collection des aromates de vos climats. J'ai appris que vous en faisiez une étude savante et un petit commerce, je viens vous demander la préférence sur les négociants à qui vous les vendez. Sage solitaire, ajoutai-je, peut-être l'homme illustre qui a bien voulu m'instruire dans la science que vous aimez, ne vous est-il pas inconnu : je suis disciple de Linnéus.

O merveille de la science! d'une extrémité de ce monde à l'autre, la renommée fait à un homme des admirateurs, des amis; son nom seul fait chérir, honorer ses disciples; son école est par-tout où ses lumières peuvent s'étendre; le respect qu'il inspire est comme une espèce de culte; et vous allez voir à quel point de vénération ce culte peut aller.

Heureux mortel, me dit le solitaire, vous qui, sans doute, né dans le même climat que le vrai Salomon du nord, avez pu le voir et l'entendre, si vous le revoyez encore cet oracle de la nature, dites-lui que sur l'autre bord du continent, on l'écoute et on le révère; dites-lui que dans les montagnes où long-temps ont régné les Maures, sur les confins de la Grenade et de la Murcie, un solitaire fait ses délices de ses écrits.

Ce langage à mon tour m'émut d'étonnement. Je parcourus avec le botaniste ce jardin où il rassemblait tous les trésors du règne végétal; nous herborisâmes ensemble sur la pente de la montagne; il parut me trouver instruit, me consulta même plus d'une fois en déférant à mes lumières; et après une assez longue promenade, il me proposa de venir me reposer dans sa cabane.

Un mur de terre, enceint d'une haie vive et couvert d'un toit de ramée, en formait l'édifice; pour meubles, j'y vois au-dedans une table et deux siéges grossièrement taillés; une natte pour lit; quelques vases d'argile; quelques outils de premier besoin, comme une scie et une hache; dans un coin une épée, et une dague pendant au mur à une écharpe de trois couleurs; et sur une tablette les volumes de son herbier, et quelques livres, parmi lesquels il me fit remarquer les ouvrages de Linnéus, en l'appelant son grand consolateur. Ce mot fut un trait de lumière, car la consolation suppose quelques peines à soulager.

Je lui demandai si dans sa solitude, où tout m'annonçait une vie si austère et si dure, il pouvait être heureux? Heureux, non, me dit-il, mais le moins malheureux qu'il est possible qu'on le soit à ma place. Je voulus savoir si, dans la résolution qu'il avait prise de vivre seul, il n'était pas entré de la misanthropie. Non, me dit-il, les hommes n'ont été envers moi ni malfaisants, ni même injustes; je n'ai pas le droit de les haïr; et il me fit de sa patrie l'éloge le plus vrai, le plus noble, le plus touchant. J'imaginai qu'il avait eu quelque querelle avec le saint-office; je lui en parlai pour éclaircir ce doute. Non, me dit-il, mes sentiments religieux sont purs, ils sont inaltérables; et quant aux superstitions que je n'ai pas, je n'en parle jamais. L'inquisition et moi n'avons jamais eu rien à démêler ensemble.

Comme il y avait dans sa gravité une douceur mêlée de tristesse qui m'attachait de plus en plus, je le priai de me pardonner l'inquiétude que sa situation me causait; et isolé, comme je le voyais, je parus craindre que bien souvent il ne manquât du nécessaire. Il m'assura que son industrie et les services d'un habitant du village voisin lui procuraient abondamment une subsistance frugale et saine, et suffisaient de même à ses autres besoins. Je ne suis pas, lui dis-je, ami de la mollesse; mais dans la vie dont vous semblez content, je trouve, je l'avoue, une excessive austérité. Cette natte pour lit, pour chevet cette pierre!... Plût à Dieu, reprit-il, que sur ce lit aucun souvenir ne vînt tourmenter mon sommeil! il serait assez doux encore. Vous avez donc éprouvé de bien grands malheurs, insistai-je? Oui, dit-il, de bien grands, et dont j'ai été seul la cause. Si ce sont des revers de fortune, lui dis-je, à votre âge on revient de loin, et si par mon crédit je puis contribuer... Il m'interrompit en tirant de dessus la tablette où étaient rangés ses livres, une boîte pleine de dattes, de figues et de raisins secs; et à côté d'une urne pleine d'eau, me faisant voir un pain : Étranger, me dit-il, l'homme qui sait vivre de peu, ne compte pas au nombre des malheurs les disgrâces de la fortune. Ah! mon condisciple, lui dis-je en l'embrassant, vous y comptez au moins les peines de l'amour?

A ces mots, son visage reprit la gravité qu'il avait eue en m'abordant; et par un moment de silence interrompant ce dialogue, il ouvrit son herbier et me pria d'y voir ce qui pouvait me convenir.

Je sentis vivement que je venais d'être indiscret en mettant le doigt sur sa plaie. Je ne fis pourtant pas semblant de remarquer la diversion brusque qu'il faisait à mes questions; et parcourant avec lui le recueil des simples qu'il avait classés suivant la méthode de Linnéus, je me donnai le temps de rassurer sa confiance effarouchée.

Après nous être occupés ensemble des fruits de ses études : Oui, le sage d'Upsal saura dans peu, lui dis-je, qu'il a dans ces montagnes un digne et fidèle disciple; et vos nouveaux trésors seront mis sous ses yeux. Mais envoyé de la cour de Suède à celle de Madrid, je suis encore pour deux ans en Espagne; et Linnéus ne me pardonnerait pas de ne vous avoir vu qu'une fois. Je me propose, avant de m'éloigner de Carthagène et de Murcie, d'en parcourir les environs, et je ferai quelque séjour à Molina, au pied de ces montagnes. Permettez-moi de revenir m'instruire auprès de vous, et faire un choix des plantes que ce climat produit.

Ma cabane est ouverte, me répondit le solitaire, pour le disciple de Linnéus; mais qu'il se souvienne que dans cette cabane, je veux vivre et mourir inconnu au monde; et qu'il me jure qu'ame vivante, pendant son séjour en Espagne, ne l'entendra parler de moi. Je lui en fis le serment; et après quelques heures d'entretien, nous nous séparâmes comme deux amis qui auraient passé leur vie ensemble, avec le regret de nous quitter et le désir de nous revoir.

Ma chaise m'attendait au bas de la montagne. J'y remontai tout occupé de ce que je venais de voir, de ce que je venais d'entendre; et je retournai dans mon village, la tête pleine des idées qu'une curiosité impatiente faisait éclore en foule, sans qu'il me fût possible de savoir à laquelle je devais me fixer. Ce que j'en résumais, c'est que mon solitaire avait été malheureux par l'amour, et que des souvenirs cruels le poursuivaient dans sa cabane. Mais dans quel esprit, et pourquoi s'était-il réduit à la vie du plus rigide anachorète? Sa piété n'était point celle d'un cénobite; et sa religion, comme il me l'avait dit, n'avait rien de superstitieux. A son âge (car il ne pouvait guère avoir plus de trente ans), le premier mouvement d'une ame profondément blessée, ou flétrie par le chagrin, est de chercher la solitude; mais s'y fixer avec une résolution si tranquillement décidée; mais, au bout de neuf ans, s'y tenir sans ennui, sans regret, sans inquiétude, et vouloir y vivre et mourir éloigné des hommes qu'on ne hait pas, et oublié d'une patrie dont on ne parle qu'avec éloge! Tout cela me semblait peu naturel; j'y cherchais une cause, et je ne l'imaginais pas.

Deux jours après, j'allai le revoir. J'essayai de le ramener à ce premier instinct de sociabilité dont nous a doués la nature, et à ce besoin mutuel qu'ont les hommes de vivre ensemble. Ce besoin, me dit-il, n'en est plus un pour moi; et une vie solitaire est la seule qui me convient.

Ne prenez pas, lui dis-je, pour une curiosité vainement indiscrète, celle qui, dans mes réflexions, me semble vous importuner. Les circonstances qui déterminent votre résolution, peuvent être locales; et peut-être, ailleurs qu'en Espagne, aimeriez-vous mieux vivre en société avec des gens de bien, que de rester ici réduit à l'isolement d'un sauvage. Si cela est, dites-le moi. La Suède, sous un climat tout différent du vôtre, ne laisse pas d'avoir ses charmes : un ciel froid, il est vrai, mais pur durant six mois; après cela, six mois d'un printemps, d'un été, d'un automne délicieux, où les nuits séparent à peine les jours les plus sereins, les plus beaux jours de la nature; un soleil sans nuage, et qui, par la douceur de son influence durable, semble vouloir nous consoler de la longueur de son absence, l'activité d'une végétation que hâte sa lumière et qu'elle rend féconde; l'impatience que semble avoir la terre d'en aspirer tous les rayons pour réchauffer son sein; la diligence avec laquelle on y voit les germes éclore, et les moissons croître et mûrir; enfin l'air le plus sain qui se respire sur le globe, et la vigueur que son ressort y communique aux plantes, aux animaux, sur-tout à l'homme; tels sont les avantages de ce climat que vous croyez disgracié par la nature. Non, mon ami, nulle part l'homme n'est plus actif et plus robuste, nulle part il n'est plus heureux; et le bonheur, qui parmi vous est comme une fleur faible, délicate et fragile, est une plante vivace et forte parmi nous. Vous le verrez fleurir sur le bord de nos lacs, sur le gazon de nos prairies; vous y verrez la gaieté bondir dans les danses de nos pasteurs et de leurs fidèles compagnes; vous les verrez ces lacs, couverts de barques pleines de nos jeunes amants, et vous entendrez les rivages de ces petites mers où se répète l'azur du ciel, vous les entendrez retentir de chansons où l'amour se mêle avec la joie; car nos villageois sont poëtes. Mais au sein même de la liberté dont, sur sa bonne foi, jouit cette jeunesse, vous verrez l'innocence et la pudeur naïve régner comme dans l'âge d'or. C'est pour nous seuls au monde que cet âge se réalise, ou plutôt qu'il s'est prolongé. Nous avons des provinces où, de temps immémorial, la même pureté de mœurs s'est conservée inaltérable. Les habitants de ces campagnes exercent religieusement les antiques devoirs de l'hospitalité, car ils vivent dans l'abondance. Leurs usages, leurs habitudes, leurs vêtements, rien n'a changé. Ils sont laborieux, justes et bons, comme l'étaient leurs pères. A peine ont-ils besoin de lois, leurs mœurs en tiennent lieu. C'est là que je m'engage à vous transplanter dans deux ans. J'oserais presque dire que je suis aimé de mon roi; au moins le suis-je de ses enfants, et sur-tout de celui qui doit lui succéder au trône; il n'y a pas au monde un plus honnête homme que lui. Ils s'empresseront tous à vous procurer un asyle; vous leur serez recommandé par Linnéus et présenté par moi. C'est ce que je puis vous offrir; et jusqu'à mon retour, je puis encore, sur le premier navire qui partira de Carthagène, vous donner le moyen d'aller m'attendre en France, où je ferai quelque séjour. Voyez si votre solitude vous promet, vous assure un avenir plus doux.

Tandis que je parlais, le solitaire, attendri jusqu'aux larmes, mais tristement recueilli en lui-même, avait les yeux attachés sur les miens. Non, me dit-il enfin avec un lent et profond soupir, non, c'est dans ces climats que son ombre est errante; je ne forcerai pas son ombre à me suivre au de-là des mers. Que ne sais-je où est son tombeau, c'est sur la pierre de ce tombeau que j'irais reposer ma tête; c'est la terre qui couvre cette cendre adorée que j'arroserais de mes pleurs. Je ne veux point m'éloigner des bords où elle a respiré, je veux qu'elle m'y voie expier, par une mort lente, le crime d'un funeste amour. Alors, tout me fut expliqué, et à mon tour je restai abattu dans un triste et morne silence.

Je vous en ai trop dit pour ne pas achever, reprit-il; et puisque je trouve en vous une ame noble, un cœur compatissant, un ami sûr, je veux, avant que le chagrin achève de me consumer, me soulager du poids du remords qui m'oppresse. Souvenez-vous, monsieur, qu'après le Ciel, vous êtes mon seul confident.

Mon nom est Maurice Formose; je suis né à Zamore, dans le royaume de Léon; fils unique, privé d'un père qui me laissait des biens considérables, et livré à moi-même dans l'âge où la plus orageuse des passions commence à menacer, je voyageais avec l'inquiétude d'un cœur qui n'aime rien encore, mais qui sent le besoin d'aimer, lorsqu'à Séville, dans l'un de ces spectacles où, voltigeant autour d'un taureau furieux, la jeunesse espagnole fait gloire d'exercer et son adresse et son courage, je me trouvai placé au-dessous d'un groupe de femmes éblouissantes de parure, mais au milieu desquelles une jeune personne, avec moins d'ornements, les effaçait comme l'aurore efface les étoiles. Je la vis, je ne vis plus qu'elle, et l'un de ses regards abaissés sur mes yeux, ayant percé jusqu'à mon ame, acheva d'y allumer ce feu qui ne devait s'éteindre qu'à mon dernier soupir. Il fallut cependant dissimuler mon trouble, et fixer à regret ma vue sur le spectacle du combat.

Bientôt, après quelques préludes qui n'avaient fait qu'aiguillonner la fougue du taureau, parut dans l'enceinte un jeune homme, qui l'attaquant avec audace, le blessa de ses javelots, et l'irrita au point que l'animal bondissant de furie, venait à lui tête baissée. Il l'évita; mais de l'élan qu'il avait pris pour lui échapper, il fut renversé sur l'arène. Froissé du coup, il allait être foulé sous les pieds du taureau. Au même instant, un cri s'élève avec ces mots : *Ah! mon frère! mon frère!* C'est elle-même qui l'a poussé, ce cri déchirant pour mon ame. Je me tourne, et je vois ses mains, ses yeux levés au Ciel, et l'effroi peint sur son visage. M'élancer, franchir la barrière, et l'épée à la main, m'exposer à toute la fougue du taureau, fut pour moi le temps d'un éclair. Je le provoque, je l'attire, et je donne au jeune homme le temps de s'éloigner. D'autres combattants me succèdent; et n'étant ni armé, ni vêtu pour entrer en lice, je vais sur l'amphithéâtre me remettre à ma place.

Les spectateurs me surent gré d'un mouvement involontaire; mais j'en reçus dans l'instant même un prix bien plus touchant pour moi que tous leurs applaudissements. Cette aimable sœur du jeune homme que j'avais secouru, s'incline, et d'un air, d'une voix, d'un regard qui m'aurait payé de la plus pénible victoire, elle daigne me rendre grâces. Ah! tout mon sang, lui dis-je, versé pour vous, madame, ne mériterait pas cet excès de bonté.

Le lendemain matin, son frère, don Léonce de Vélamare, à peine remis de sa chûte, vint me voir, et me dit, de la part du marquis son père, qu'il désirait de m'embrasser. Je ne rappelle ces détails que pour vous faire voir par quel sentier glissant je suis descendu dans l'abyme.

Je me rendis à cette invitation, avec un tremblement de joie que vous concevez mieux que je ne puis vous l'exprimer. La famille était assemblée, et Valérie, qui n'avait plus de mère, y parut au milieu des femmes de son sang. Tous les yeux attachés sur moi, semblaient jouir de ma présence; toutes les voix me bénissaient. Valérie elle seule, les yeux baissés, et le visage couvert d'une vive rougeur, gardait un silence modeste; mais son sein, sous le voile, s'élevait, s'abaissait d'un mouvement qui décelait assez l'agitation de son cœur. Hélas! l'infortunée avait, ainsi que moi, reçu le coup fatal qui nous a perdus tous les deux.

Son père, Alphonse de Vélamare, homme brave et superbe, me parut moins touché du salut de son fils unique, qu'il appelait un étourdi, que du courage avec lequel, sans autres armes que mon épée, j'étais allé à son secours. Il me demanda si c'était la première fois que j'étais entré dans l'arène; et comme je lui répondis que c'était là mon coup d'essai, il me donna fièrement l'accolade, comme à un brave et digne chevalier. Ce fut cette formule d'accolade chevaleresque qui, en exaltant nos esprits, fut la cause de nos malheurs. Ah! mon ami! vous allez voir comme une passion naissante se saisit des idées qui peuvent lui servir d'excuse ou d'aliment.

Dès ce jour, il me fut permis d'aller de temps en temps rendre des devoirs au marquis. J'espérais inutilement, mais j'espérais toujours de trouver près de lui sa fille; et en attendant je cultivais l'amitié du jeune Léonce; car il me parlait de sa sœur, et mon unique soulagement au déplaisir de ne pas la voir, était d'entendre parler d'elle. Il se plaisait à la louer sans ménagement, sans réserve, sans se douter, hélas! du mal qu'il me faisait.

Tantôt c'était la beauté de son ame, son intéressante candeur, son naturel sensible et tendre, son aimable ingénuité; tantôt c'était la grâce familière qui se mêlait négligemment à tous les charmes de sa figure. Alors ceux de ces charmes que l'innocente sécurité d'une jeune sœur laisse entrevoir aux yeux d'un frère, m'étaient peints comme à demi-nuds; et dans ce miroir si dangereux pour mon imagination brûlante, je la voyais des yeux pénétrants de l'amour.

J'avouai à son frère qu'il lui devait la vie, et que le cri perçant qu'elle avait fait entendre, en le voyant étendu sur l'arène, m'avait fait, sans réflexions, m'élancer pour le secourir.

Il me répondit que sa sœur s'en était aperçue, et qu'elle ne lui parlait de moi qu'en m'appelant son chevalier. Son chevalier, lui dis-je, serait bien glorieux si elle daignait lui permettre de porter ses couleurs! Vraiment, c'est bien le moins qu'elle vous doive, me dit-il, et je ne doute pas qu'elle n'en soit flattée.

Il lui rendit notre entretien; et dans cette faveur, dont elle ne sentait ni le prix ni la conséquence, elle ne vit que le simple gage de la reconnaissance qu'elle croyait devoir au libérateur de son frère.

Je reçus donc, par les mains de Léonce, trois rubans, l'un de couleur fauve, l'autre ponceau, et l'autre azur. Le premier, lui dit-elle, est de la couleur du taureau dont il vous a sauvé; le second exprime le feu du courage qui l'animait; l'autre, azuré comme le ciel lorsqu'il est sans nuage, exprime les vœux que je fais pour que mon chevalier n'ait que des jours sereins..... Sereins, grand Dieu! ah! ce fatal présent les aurait troublés pour la vie.

L'émotion avec laquelle je le reçus se modéra si bien, que mon jeune ami n'y put voir qu'un amour-propre sensiblement flatté de cette faveur innocente. Cependant j'osai souhaiter qu'à mes couleurs elle eût ajouté ma devise. Vous n'y entendez rien, me dit-il; ce fut toujours au chevalier lui-même de choisir sa devise, et à sa dame de l'agréer. Vous lui en offrirez donc l'hommage, répliquai-je; et parmi les devises que je proposerai, vous lui donnerez à choisir? Je lui en remis trois écrites de ma main.

Pour un moment toute ma vie.
Tout pour la gloire et pour l'amour.
Loyauté, amour et constance.

Mon imprudent ami se fit un jeu de ma chevalerie; et sa sœur, encore plus naïve, trouva tout naturel de choisir ma devise, puisque j'avais pris ses couleurs. Hélas! à son insu peut-être, son cœur en décida le choix; et avec la même innocence, gardant les trois devises écrites de ma main, elle renvoya, écrite de la sienne, celle qu'elle avait préférée.

Loyauté, amour et constance.

Vous la voyez cette devise, me dit Formose, en dépouillant son bras, vous la voyez tracée sur ce tissu de ses cheveux; et le billet où l'écrivit sa main est enfermé sous cette agate, qui sert d'agrafe au bracelet. J'y conserve un écrit plus précieux encore; c'est tout ce qui me reste d'elle; je l'emporterai dans le tombeau.

Je fus ravi de ce premier succès, continua le solitaire; mais mon ravissement eut l'air d'une folie, dont mon ami ne fit encore que s'amuser. Me voilà chevalier, lui dis-je, il n'y manque plus que l'armure; et je l'aurai. Mais dans quelle fête héroïque, dans quel tournoi ma jeune dame me verra-t-elle armé de pied en cap, monté sur un beau palefroi, le corps ceint d'une écharpe, et le casque ombragé d'un panache de ses couleurs; un taureau d'or sur ma cuirasse, et sur mon écu, ces trois mots qui sont gravés à jamais dans mon cœur : *Loyauté, amour et constance?*

C'est dommage, me répondit Léonce, toujours en badinant, que les tournois ne soient plus de mode; le temps en reviendra peut-être. En attendant, tout ce que je puis faire pour notre nouvel Amadis, c'est de lui procurer la gloire de caracoler avec moi, le long des murs du jardin de mon père, sous les fenêtres d'un pavillon où quelquefois son Oriane vient prendre l'air après le coucher du soleil.

Ni lui, ni moi, ni elle-même, nous ne vîmes pour elle, dans cette cavalcade, qu'un simple amusement; mais pour moi, le plaisir de passer sous ses yeux, paré de ses couleurs, était d'un prix inestimable; et mon ami eut encore l'imprudence de lui dire avec quelle ardeur j'en avais pressé le moment.

Rien de plus plaisant, lui dit-il, en lui parlant de ma folie. Je crois qu'il va courir le monde pour chercher à rompre des lances à la gloire de ta beauté. Son armure n'est pas finie, le taureau d'or et la devise ne sont pas encore ciselés; mais demain au soir, si tu veux, tu le verras en équipage chevaleresque, faire avec moi des courses devant ton pavillon. Elle accepta d'un air riant cette dangereuse entrevue, à condition cependant que je ne serais pas instruit de sa présence, et que les jalousies du pavillon seraient fermées : rempart faible et fragile que se réservait sa pudeur.

Monsieur, reprit Formose, comme en s'interrompant, dans aucun pays de l'Europe les femmes n'ont plus de fierté, plus de dignité, qu'en Espagne; mais pensez au soleil brûlant qui luit sur elles comme sur nous; pensez à la gêne irritante où leur jeunesse est retenue; songez de plus que, devant un père violent, sévère, inflexible, et dont le seul regard faisait baisser les yeux à ses enfants, Valérie, toujours tremblante, goûtait pour la première fois le plaisir de soumettre un cœur dont elle avait admiré le courage, et d'exercer sur lui l'empire de l'amour et de la beauté; enfin, considérez cette simplicité naturelle à son âge, qui, de son estime pour moi, écartait toute défiance, et jusqu'au soupçon du danger; vous lui pardonnerez d'avoir été sensible et trop sensible à mon amour.

Nous voilà donc, Léonce et moi, montés sur les plus beaux chevaux qu'eût vus naître l'Andalousie; lui en écharpe et en plumet blanc, et moi tout brillant des couleurs de mon aimable souveraine, passant et repassant vingt fois sous les murs de son pavillon. Je savais qu'elle était présente; j'osai désirer davantage; et attristé de voir que mes regards sollicitaient en vain les jalousies de s'ouvrir : Léonce, dis-je en soupirant, le temps n'est plus où la dame la plus sévère honorait au moins d'un regard le chevalier qui faisait gloire de se vouer à son service; on dédaigne aujourd'hui l'hommage de sa foi.

Ce reproche blessa le cœur de Valérie, et malgré sa résolution, elle ouvrit la grille et parut. Chevalier, me dit-elle d'un air noble et modeste, pourquoi nous croyez-vous injustes? Et pourquoi prenez-vous une timidité naturelle à mon âge pour un oubli de vos bienfaits? Serais-je assez dénaturée pour n'avoir pas du plaisir à voir celui à qui je dois la vie de mon frère? Est-ce donc par mépris ou par ingratitude que je vous ai permis de porter mes couleurs?

Ah! madame, lui dis-je, en m'avançant sous la fenêtre du pavillon, pardonnez un moment de douleur et d'impatience, et n'humiliez pas celui qui a si peu fait pour vous encore, en lui parlant de ses bienfaits. Vous me voyez tout éclatant des marques d'une estime qu'au prix de tout mon sang j'aurais voulu payer. Ajoutez à tant de faveurs celle de recevoir l'hommage d'une vie qui ne serait plus rien pour votre chevalier, si vous n'aviez pas la bonté de vouloir qu'elle fût à vous.

Eh bien! ma sœur, s'écriait Léonce, en se moquant de moi, t'ai-je dit que tu avais la gloire de ressusciter Amadis?

Bon jeune homme, à quoi pensais-tu? qu'avais-tu fait? et dans quel piége tu nous attirais l'un et l'autre?

Chevalier, me répondit-elle, en imitant, avec une grâce naïve, le langage de l'ancien temps, les droits que vous avez acquis à ma reconnaissance et à mon estime me sont chers et sacrés. J'accepte votre hommage; et je prendrai toujours au bonheur du vaillant dom Maurice Formose le même intérêt qu'à sa gloire.

A merveille! reprit Léonce : on dirait qu'elle sait par cœur le langage des vieux romans.

Après m'avoir répondu ces mots d'une voix dont le charme avait fait tressaillir mon cœur, elle nous salua, et la jalousie, en se fermant, la fit disparaître à ma vue.

Cette scène innocente, dont le frère et la sœur ne s'étaient fait qu'un badinage, allait bientôt nous devenir funeste à tous les trois. Insensé celui qui badine avec un fer brûlant ou des flèches empoisonnées! Plus insensé celui qui se fait un jeu de l'amour!

Après un moment de silence, poursuivit le comte de Creutz, mon solitaire reprit ainsi :

Non, ce n'est point du pouvoir de l'amour que l'on se joue impunément; c'est lorsqu'il est le plus naïf et le plus ingénu, qu'il est le plus à craindre.

Ce sentiment, bientôt devenu sombre et silencieux dans mon ame, ne voulut plus avoir pour confident que son objet; et dès-lors c'était de moi-même que j'aurais dû me défier; car du moment que l'innocence songe à dissimuler, ce n'est déja plus l'innocence. Je laissai donc mon ami se moquer de ma folie chevaleresque; mais je m'occupai des moyens de faire connaître à sa sœur que rien n'était plus sérieux.

La jeunesse est naturellement vaine et présomptueuse, et dans l'inquiétude où j'étais de savoir si réellement j'avais touché le cœur de Valérie, se mêlait déja la pensée qu'il y avait plus que de l'estime et que de la reconnaissance à ce qu'elle avait fait pour moi.

J'espérais donc qu'après la scène du pavillon, elle reviendrait plus souvent rêver à la fenêtre d'où elle avait vu son chevalier; et tous les jours, à la même heure, au même lieu, j'allais l'attendre; errant comme une ombre plaintive, et mille fois levant les yeux vers la fenêtre, où je m'étais flatté de la revoir. L'impitoyable jalousie se tint fermée durant un mois. Enfin elle s'ouvrit; et par pitié, Valérie daigna paraître avec Thérèse, sa suivante affidée.

C'est donc ici, mon chevalier, votre promenade assidue? me dit-elle d'un air touchant. Ces mots m'apprirent que sans paraître, elle m'avait du moins aperçu quelquefois; ils me firent entendre aussi que je pouvais, devant Thérèse, parler à Valérie, comme un chevalier à sa dame; et ce fut le ton que je pris.

Oui, madame, lui répondis-je, c'est ici que je viens rêver, si toutefois on peut appeler rêverie une seule pensée dont rien ne nous distrait, et dont toute l'ame est remplie. — Cette pensée unique est la gloire, sans doute? — Oui, madame, la gloire qui nous rend dignes du bonheur, la gloire qui peut seule justifier les vœux d'une ame élevée et sensible, la gloire à qui jamais un noble cœur n'a résisté; ce serait d'elle que je voudrais faire l'étoile de ma destinée. Mais, hélas! elle semble échapper à qui la poursuit; elle se refuse long-temps aux vains désirs de la jeunesse; et lorsque enfin elle se laisse atteindre, il n'est plus temps; le seul prix qu'on lui eût demandé a passé dans les mains d'un autre; et tout ce qu'on a fait pour la gloire est perdu pour l'amour. Ce mot, qui m'échappait pour la première fois, me fit monter le feu au visage. Valérie, plus innocente, l'entendit sans rougir. Vous faites là, mon chevalier, des réflexions bien sérieuses, me dit-elle; je vous conseille de ne pas vous y abandonner. Je pense, moi, que l'espérance est la compagne du courage; et j'exhorte mon chevalier, qui ne peut rien vouloir que de noble et de juste, à ne désespérer de rien. Ensuite, changeant de propos, et faisant l'éloge de ce beau ciel et de ces belles campagnes qui se déployaient à ses yeux; je les quitte à regret, dit-elle, car c'est mon unique plaisir.

Mon amour, ou, si vous voulez, mon amour-propre, expliqua de son mieux tout ce que je venais d'entendre; et je m'en retournai, l'esprit tout occupé des plus douces illusions : ces mots sur-tout, *l'espérance est la compagne du courage*, restèrent gravés dans mon cœur.

Le lendemain, à la même heure, je revins dans le même lieu; mais la grille resta fermée. Le jour suivant, j'y revins encore, et la grille s'ouvrit enfin; mais Thérèse, qui parut seule, m'accabla de tristesse en me parlant ainsi : Chevalier, dona Valérie, au nom de ce qu'elle a de plus cher, vous conjure de vouloir bien changer de promenade, et de ne plus revenir seul sous les murs de ce pavillon. Elle dit, et ferma la grille sans me donner le temps de lui répondre. Je me retirai consterné. Ah! plût au Ciel, qu'abandonné à ma douleur sans espérance, celle qui la causait m'y eût laissé succomber!

Je passai une nuit cruelle. Qu'était-il arrivé? avais-je attiré quelque plainte, quelque reproche à Valérie? avais-je fait couler ses pleurs? Mais non, sans autre cause, elle-même, ou Thérèse, avait pu s'alarmer d'une apparence de rendez-vous, et redouter les bruits qui pouvaient s'en répandre. Cette réflexion m'appaisa; et j'approuvai en gémissant une si sage prévoyance. Cependant plus d'intelligence entre nous, plus aucun moyen de nous communiquer nos sentiments et nos pensées; qu'allais-je devenir? J'adorais Valérie, et il fallait renoncer à la voir.

Telle était la situation de mon esprit et de mon ame, lorsque je vis entrer chez moi Léonce avec un air content. Mon ami, me dit-il, je viens vous confier une nouvelle intéressante. C'est un secret que j'ai surpris, et que je n'ai pas même encore dit à ma sœur. Il est question pour elle de la plus grande affaire.

De quelle affaire? lui demandai-je avec un effroi que je m'efforçai de cacher. Vous connaissez peut-être, me dit-il, Ferdinand d'Ovandès, fils unique de l'un des hommes les plus riches de la Castille, les plus en crédit à la cour? — Eh bien? — Et bien; ce don Ferdinand est l'époux que mon père donne à ma sœur.

A ces mots, le coup dont mon cœur se sentit frappé fut si rude, que je ne pus le soutenir. Un éblouissement soudain, une pâleur mortelle, en suivirent l'atteinte. Je frémis, je tombai défaillant, presque inanimé. Léonce vit couler de mon front une sueur froide, et en me parlant, il s'aperçut que je n'entendais plus sa voix. Mes yeux étaient fermés, ma bouche livide et glacée, et mon souffle, presque insensible, fit craindre à mon ami de me voir éteint dans ses bras. Malheureux! pourquoi daignas-tu me rendre la lumière? Que ne me laissais-tu expirer encore innocent?

Dès qu'il m'eut fait reprendre mes esprits, je prétextai d'abord un accident tout naturel; mais je ne pus lui en imposer; et voyant qu'il n'avait que trop bien pénétré le secret de mon désespoir : Oui, mon ami, lui dis-je en l'embrassant, c'est le coup de la mort que vous venez de me donner. Mon cœur en est meurtri; je n'en reviendrai pas. Je vais mourir loin de Séville. Recevez mon dernier adieu.

Ciel! dit Léonce en frémissant, de quel malheur je suis la cause! Si ma sœur le savait, elle qui est si sensible et si reconnaissante de ce que je vous dois! Oh non! qu'à jamais elle ignore le mal qu'elle vous fait, elle serait trop malheureuse. Eh quoi! sans y penser et par un simple badinage!... C'est donc une terrible passion que l'amour! Mais enfin que prétendiez-vous? La mériter, lui dis-je, par des actions louables, savoir d'elle si, en obtenant l'aveu de votre père, je pouvais me flatter de l'aveu de son cœur; et, avec un nom et des biens qui ne sont pas à dédaigner, oser aspirer à sa main.

Pourquoi donc vous désespérer, me dit-il? Parlez à mon père. Je sais qu'il vous estime; il n'est pas insensible à ce que vous avez fait pour moi; et peut-être en votre faveur changerat-il de résolution. Vous pensez bien que j'en serais ravi; et ma sœur elle-même ne s'affligerait pas que vous eussiez la préférence.

Il faut, lui dis-je, mon ami, l'engager encore une fois à venir dans son pavillon, et me laisser sous sa fenêtre causer un moment avec elle. C'est son cœur que je veux consulter. Il y va de ma vie, vous venez de le voir; et puisque vous me l'avez rendue, vous voulez me la conserver. Obtenez donc de votre aimable sœur qu'elle daigne m'entendre; et ne lui dites pas qu'on lui destine un autre époux.

Valérie céda sans peine à la prière de Léonce; et Thérèse elle-même, instruite de mes intentions, voulut bien ne pas nous gêner. J'étais seul, elle parut seule; et en voyant ouvrir la jalousie, je crus me voir ouvrir les cieux. Quel charme l'amour malheureux qui espère d'être consolé, ajoute encore, dans ces moments, à la vue de ce qu'on aime! Jamais Valérie à mes yeux n'avait paru si belle: c'était comme l'étoile qui, au moment du naufrage, rend l'espérance aux matelots.

Non, lui dis-je, il n'est pas possible d'exprimer le soulagement que me cause votre présence. Mais autant le bonheur de vous voir m'est sensible, autant les heures que je passe loin de vous, sont pénibles et douloureuses. C'est un tourment inconcevable que celui d'en compter tous les moments, sans pouvoir en presser le cours. Je les compte bien, moi, dit-elle, et je n'ai pas votre courage. Un mot comme celui qui lui échappait, m'aurait dédommagé d'un siècle de tourments.

Je redoublai les expressions les plus vives, les plus touchantes de l'amour qu'elle m'inspirait; et j'allais en tremblant la supplier de me permettre de la demander à son père. Ce fut elle qui me prévint, tant son cœur était ingénu. Formose, me dit-elle, la fidèle Thérèse et moi nous avons réfléchi que notre intelligence exposerait ma renommée, si elle avait l'air d'une aventure ou d'une intrigue de roman. Vous m'aimez, je le crois, Léonce me l'assure. Il me serait cruel de rendre malheureux celui à qui nous devons tant. Mon père aurait perdu sans vous un fils, son unique espérance, le seul héritier de son nom. Je sais quelle est votre naissance. On dit aussi (ce qui me touche moins) que votre fortune y répond. Profitez de vos avantages; et que je puisse, aux yeux du monde, être aussi glorieuse que je serai contente d'aimer dans mon époux mon noble et vaillant chevalier.

Idolâtre de ses bontés, je lui promis de hâter ma demande, puisqu'elle voulait bien m'en donner le courage; et là finit cet heureux entretien.

Léonce m'indiqua les personnes à qui son père se rendait le plus accessible; et qui pouvaient avoir quelque crédit auprès de lui. J'en trouvai dans le nombre qui m'étaient alliées; je les intéressai, et je les fis agir.

Le marquis reçut froidement, mais poliment ces ouvertures. Il fit avec hauteur, mais avec bonté, mon éloge. Il ajouta que mon alliance était de celles dont personne n'avait le droit de ne pas s'honorer; qu'il ne pouvait que me savoir gré d'aspirer à la sienne; qu'il me croyait l'ame élevée et capable d'accroître encore l'éclat du nom de mes aïeux; mais que l'établissement de sa fille était pour lui l'objet des plus mûres réflexions; et pour se décider il demanda du temps.

Cette réponse n'était pas bien favorable; mais aussi n'était-elle pas absolument décourageante : le caractère du marquis la rendait même assez flatteuse; car il n'était prodigue ni de louanges, ni d'estime. Enfin comme il ne laissait pas de me revoir avec sa bienveillance accoutumée, Léonce et moi, nous nous persuadâmes qu'il avait pu vouloir ne prendre qu'un délai pour dénouer l'autre engagement; et avec moins de confiance, Valérie et Thérèse le pensaient comme nous. De là l'intimité de notre intelligence et celle de nos entretiens. Ceux de la promenade, s'ils devenaient fréquents, donnaient prise à la médisance. Thérèse, qui, dans cette crainte, les avait interdits à sa jeune maîtresse, trouva plus prudent elle-même de nous voir sans nous exposer aux regards malins des passants : nouveau pas vers le précipice.

J'avais la liberté d'aller voir mon ami : le jardin nous était ouvert; et personne dans le palais n'épiait notre promenade. Le pavillon était au bout; et à quelques moments d'intervalle, Valérie avec sa compagne, pouvait s'y rendre par un détour. Fussions-nous même aperçus ensemble, la présence de mon ami, la surveillance de Thérèse écartait assez toute apparence de mystère. Ainsi, de piége en piége, mon funeste sort m'entraînait.

Rien de plus innocent que la douceur de nos entretiens dans ce pavillon solitaire : la gaieté même de Léonce en respectait la modestie. Mon amour avait l'air du culte, la tendresse de Valérie ne quittait jamais un instant le voile d'une pure et simple amitié : mes regards n'étaient pas moins timides que mon langage; les siens ne se levaient sur moi que pour me rendre grâces des vœux que je faisais au Ciel, pour qu'elle fût aussi heureuse qu'elle était belle. Mais à qui serait confié le soin de son bonheur? Serait-ce à moi? Je n'osais le croire. Léonce était plus confiant. Les mots d'estime et de bienveillance qui échappaient à son père, lorsqu'il parlait de moi, l'accueil qu'il me faisait encore après et depuis ma demande, le gré qu'il savait à son fils de cultiver mon amitié, toutes les lueurs d'espérance que chacun de nous recueillait, et que nous amassions comme dans un trésor, semblaient se réunir pour nous faire une douce et dangereuse illusion. Ainsi l'idée de l'hymen épurait toutes nos pensées et communiquait à l'amour la chasteté de ses désirs et la sainteté de ses vœux.

Mais, fatigué d'une passion qu'il fallait réprimer sans cesse, et qui, tous les jours plus ardente, s'irritait davantage d'être captive dans mon sein, je crus du moins permis de faire plaindre à Valérie un cœur qui faisait sur lui-même de si cruels et de si longs efforts; et j'espérai d'obtenir grâce, si un billet tombé dans sa main lui exprimait bien timidement tout ce que j'avais à souffrir, pour attendre en silence la résolution de son père, sans oser la solliciter.

J'arrivai triste au pavillon. Léonce me pressa de lui en dire la cause. Je répondis qu'il m'était impossible de m'expliquer, mais que j'avais en effet sur le cœur un poids dont j'attendais avec impatience le moment de me soulager; et bientôt, profitant du trouble et de l'inquiétude où ces mots avaient mis sa sœur, je risquai le billet fatal.

Je vais succomber à mes peines, lui écrivais-je, et ce n'est qu'à vous que mon cœur peut les confier. Consolez-moi, rassurez-moi : soyez mon conseil et mon guide. Et en essayant de lui peindre les tourments de l'incertitude où me laissait le long silence de son père, je lui avouais que de tous les malheurs qui pouvaient menacer ma vie, le seul que je n'avais ni le courage de prévoir, ni la force de soutenir, était le refus de sa main.

Fille trop généreuse et trop sensible, hélas ! j'ai su depuis qu'elle avait arrosé ces caractères de ses larmes. O Dieu! dit-elle, il a sauvé mon frère, il s'est lui-même exposé pour nous à un danger mortel; et si mon père le refuse ou tarde à le calmer, il va s'abandonner au plus effrayant désespoir. Allons à son secours. Elle me répondit, et sa réponse fut, comme elle, ingénue, sensible et sage.

Ne pressez rien, me disait-elle en finissant. Mon père est absolu, il serait offensé de votre impatience. Laissez-lui décider votre sort et le mien. Imitez le respect et le silence de sa fille; imitez aussi son courage, et conservez cette *constance* que me promet votre devise, et qui honore également l'amour heureux et l'amour malheureux.

Je répondis par des transports d'ivresse et par des protestations de dévouement, d'obéissance, d'abandon à ses volontés; mais en lui confiant le soin de ma conduite, j'établis entre nous cette relation furtive, cette fatale intimité, qui est le plus dangereux des piéges de l'amour.

De son côté, la raison, la bonté, les vertus simples de la nature, et tous les charmes de l'innocence; du mien, les sentiments les plus passionnés, les plus vives inquiétudes, les plus impatients désirs; tout ce qui peut éclore d'une imagination brûlante et d'un cœur enflammé : telles étaient ces lettres, que nos deux mains d'intelligence se glissaient tour-à-tour, à l'insu de nos deux témoins. Vous pensez bien que ce feu dévorant que respiraient les miennes, pénétrait insensiblement jusqu'à l'ame de Valérie, et que son esprit quelquefois devait se ressentir du délire du mien.

Persuadé qu'elle m'aimait avec sa tendresse ingénue, persuadé que je l'aimais avec le respect le plus saint et l'ardeur la plus violente, nous étions déjà si flattés, si ravis de nos espérances, qu'il n'était point de destinée au monde dont nous eussions été jaloux : il n'était permis qu'à nous seuls d'être plus heureux que nous-mêmes. Mais cet enchantement fut bientôt dissipé.

Un jour je vis venir à moi Léonce inquiet et troublé. Mon ami, me dit-il, je ne sais quel chagrin a saisi tout-à-coup ma sœur. Je viens de la laisser dans un abattement extrême. Thérèse et moi nous l'avons inutilement pressée de nous ouvrir son cœur. Obstinée au silence, c'est à vous, nous dit-elle, à vous seul qu'elle veut parler. Mon père va sortir; ses chevaux étaient mis; nous serons libres; venez la voir.

Lorsque nous arrivâmes, Valérie avec sa compagne, était dans le jardin. Elle fit signe de la main à son frère de me mener au pavillon, et peu d'instants après, s'y étant rendue avec Thérèse : Laissez-moi, leur dit-elle d'un air froid, sombre et calme, laissez-moi seule avec don Maurice ; j'ai à lui révéler ce que lui seul encore doit savoir.

Et quand nous fûmes sans témoins : Vous m'avez promis, me dit-elle, d'être soumis à mes volontés ; voici le moment de l'épreuve. J'ai deux efforts pénibles à exiger de mon amant ; mais avant que de m'expliquer, j'attends de lui le serment le plus saint de m'obéir, quoi que je lui commande.

Je vous entends, lui dis-je ; il faut vivre et ne plus vous voir. Vous ne pouvez plus être à moi ; on vous donne à un autre ; et vous voulez, cruelle, que je vous perde sans mourir ! Non, je ne ferai point cet horrible serment.

Alors son cœur se déchira, et ses yeux fondirent en larmes. Formose, me dit-elle, il est trop vrai : mon père me l'a prononcé cet arrêt de ma destinée. Demain, Ferdinand d'Ovandès doit arriver. Dans huit jours je serai sa femme. C'est un dernier adieu que j'ai voulu vous dire en vous apprenant mon malheur. J'ai craint que si mon frère allait vous l'annoncer, un mouvement de désespoir ne vous fît commettre un grand crime. Hélas ! ils ne sont plus à moi, ces jours qu'il m'eût été si doux de rendre heureux ; mais ils me seront toujours chers : et si vous y attentez, souvenez-vous, Formose, que vous attentez à ma vie ; vous percez deux cœurs au lieu d'un. Je puis survivre à mon malheur, puisque mon devoir m'y condamne; mais à votre mort, non, je n'y survivrai pas.

Je l'écoutais avec une douleur muette, sans pleurer et sans respirer. Mon cœur était serré, mes yeux étaient arides, un feu ardent avait séché mes larmes et dévorait mon sang.

C'en est donc fait, lui dis-je, d'une voix étouffée, Ovandès vous obtient! On le préfère à moi! Ovandès sera votre époux! Vous ne m'avez donc pas aimé, vous ne m'aimez donc plus, vous m'avez trompé, Valérie! Moi, je vous ai trompé, cruel, s'écria-t-elle! Avez-vous le courage de tourner dans mon cœur le poignard dont il est frappé? Suis-je à moi? suis-je libre? Est-ce moi qui me donne? Si ce n'est pas moi, répliquai-je, que vous trompez, ce sera donc..... Elle m'interrompit. Homme impitoyable, dit-elle, accablez-moi, rendez-moi vile et coupable à mes propres yeux, vous le pouvez; mon fol amour vous a donné sur moi ce funeste avantage; mais j'ai assez long-temps à vivre et à souffrir, pour expier une faiblesse. Obéir à mon père est le premier de mes devoirs. Le Ciel fera le reste. Oui, le Ciel, je l'espère, me donnera la force.....— De m'oublier. — Il le faut bien! — De m'oublier, vous! m'écriai-je; et à ces mots je tirai mon épée, pour me percer le cœur. Tremblante, égarée, éperdue, elle se précipite, écarte le fer de mon sein, et tombe dans mes bras, en me criant grâce et pitié!

Ah! quelle révolution se fit tout-à-coup dans nos ames! Figurez-vous, dans le désordre de la douleur, son sein pressant mon sein; son visage inondé de larmes, appuyé sur ma joue, et bientôt sous nos lèvres, nos sanglots, nos pleurs confondus. Ah! sous nos lèvres, la douleur, l'effroi, le désespoir, que dis-je? le respect, la pudeur, l'innocence, tout expira. Je jette un voile sur mon crime.

Ce crime d'un moment, ce crime que j'expie par des souvenirs déchirants, par des larmes intarissables, parut avoir changé le caractère de Valérie; et à sa timidité naturelle succéda tout-à-coup la plus étonnante résolution.

Formose, me dit-elle, lorsque nous fûmes revenus de notre égarement, je suis à vous, je ne serai jamais qu'à vous. Ah! ton père, lui dis-je, ton inflexible père, le plus haut, le plus absolu, le plus violent des hommes, ton père en menaçant commandera. — Mon père n'obtiendra jamais l'impossible; le crime l'est pour moi. Il n'obtiendra jamais que de vos bras je passe dans les bras d'un autre. A ces mots, se blessant la main, elle me signa de son sang le serment de n'avoir jamais d'autre époux que don Maurice Formose. Il est là, me dit-il, en montrant son bracelet, il est là, ce gage sacré de son amour; je me blessai de même, et je signai, comme elle, le serment, hélas! inutile, de vivre et de mourir l'époux de Valérie de Vélamare. Dès-lors nos esprits et nos cœurs reprirent un calme perfide, et j'allai rejoindre Léonce.

Mon ami, lui dis-je, vos craintes n'étaient que trop bien fondées, vous n'étiez que trop bien instruit. Le mariage de votre sœur est décidé avec Ovandès, il arrive; et monsieur le marquis, votre père, vient de l'annoncer à sa fille. Voilà le coup mortel qu'il s'agit de parer.

J'en suis, comme vous, désolé, me répondit Léonce froidement; et vous savez avec quelle joie je vous aurais vu préféré; mais la volonté de mon père est une loi pour nous, et une loi inviolable. Que voulez-vous? C'est un malheur; mais il est sans remède; et quand mon père parle, c'est à nous d'obéir. Au reste, le mari qu'il donne à ma sœur lui convient. Ferdinand réunit une haute naissance, une immense fortune, une figure distinguée, et la plus brillante valeur. Ma sœur eût été plus heureuse avec vous, je le crois; mais j'espère qu'avec un tel époux elle sera heureuse encore. Ces mots me déchiraient le cœur.

Et moi, j'appréhende, lui dis-je, qu'elle ne le soit pas. Consultez-la vous-même; et si son cœur répugne à cet hymen, mon cher Léonce, au nom de la nature, au nom de l'amitié, tentez tous les moyens possibles d'en dissuader votre père. Ce discours parut l'offenser.

Ma sœur, me dit-il, est bien née, et je présume, ne vous déplaise, plus favorablement que vous de son cœur et de sa raison. Mais quand même elle aurait l'éloignement que vous lui supposez pour le choix qu'aura fait son père, je vous préviens que ce n'est pas à lui qu'on fait changer de résolution; que sa parole est irrévocable; et que s'il l'a donnée, nulle puissance au monde ne l'y ferait manquer. Il n'y a donc plus pour Valérie d'autre parti à prendre que celui de l'obéissance, ni pour vous, s'il faut vous le dire, que celui de l'absence et de l'éloignement. J'ai été imprudent moi-même de trop compter pour vous sur des espérances légères; mais il est temps encore de remédier au mal que ma complaisance aura fait; et pour votre repos, pour celui de ma sœur, je vous demande votre parole de ne plus la revoir, et de rompre avec elle toute espèce de relation.

Rien n'était plus juste, sans doute, mais l'amour, l'amour éperdu se laisse-t-il imposer des lois? Je ne m'attendais pas, lui dis-je, à trouver l'amitié si tranquille et si froide dans le cœur de Léonce. Je vois combien les peines de son ami le touchent peu, et combien le courage de me voir malheureux lui devient commode et facile. Je lui rends grâces de ses conseils; et quant à ses défenses, je ne lui connais pas le droit de me les prononcer. Comme il prenait, pour me répliquer, un air colère et menaçant, je me retirai sans l'entendre.

Le lendemain, j'appris qu'Ovandès venait d'arriver, et que la porte du palais de Vélamare m'était fermée : précaution que le marquis aurait pu trouver inutile, mais que son fils sans doute avait prise pour lui.

J'appris aussi, par un billet que m'écrivait Thérèse, les plaintes que Léonce avait faites à Valérie de l'audace de ma réponse. Celle de Valérie, en me justifiant, fut courageuse avec douceur; mais ce courage l'abandonna lorsqu'il fallut soutenir l'entrevue de l'époux qu'on lui présentait, et trois jours d'une fièvre ardente ayant mis sa vie en danger, elle fit appeler un saint religieux pour lui confier les chagrins dont son ame était accablée. Mon père, lui dit-elle, après lui avoir tout avoué, j'ai pu être faible; mais jamais, non jamais je ne serai fausse et perfide; et quelque amer que soit le regret de ma faute, la cause en est vivante dans le fond de mon cœur. Ce serait donc trahir deux hommes à-la-fois que de passer dans les bras de l'un, le cœur plein de l'amour dont je brûle pour l'autre. Je n'aurai point cette bassesse. Obtenez de mon père, ou qu'il m'ôte la vie, ou qu'il m'envoie dans un couvent.

Cet homme vertueux et sage en avait assez entendu pour croire possible un malheur que n'avait point prévu l'innocence de Valérie. Il usa si bien de l'ascendant que lui donnait son caractère, que Vélamare, soit pour laisser la santé de sa fille se rétablir un peu, soit pour ne pas être accusé de faire violence à sa vocation, céda et consentit à différer son mariage.

Cependant mon rival était reçu avec une froideur qui le blessait mortellement : non qu'il fût amoureux ; mais parmi nous l'orgueil n'est pas moins jaloux que l'amour. Ce fut à moi qu'il imputa ce qu'il appelait son injure ; et il résolut d'en tirer vengeance. Par quelle voie avait-il appris que je pouvais être la cause du mauvais succès de ses vœux ? Léonce aurait-il eu l'imprudence de l'en instruire ? Je l'en ai soupçonné, peut-être injustement. Quoi qu'il en soit, au moins est-il vrai que Léonce oublia de m'avoir aimé ; et dans un accès de colère, il alla jusqu'à seconder le ressentiment d'Ovandes.

Plus d'un mois s'était écoulé sans que le marquis de Vélamare eût pris encore sur le sort de sa fille aucune résolution. Elle avait persisté dans son humble prière d'être mise dans un couvent ; et vous savez combien les idées religieuses ont chez nous de force et d'empire. Lorsqu'une fille a déclaré que Dieu l'appelle, le pouvoir paternel lui-même se permet rarement de résister à cette voix. Vélamare opposait une volonté ferme à la volonté de sa fille, mais il n'osait pas la contraindre ; ainsi tout restait en suspens, lorsqu'un soir Thérèse elle-même, enveloppée dans une mante, vint me trouver avec la frayeur d'un criminel échappé du supplice.

Maurice, me dit-elle, il n'est plus temps pour

ma malheureuse maîtresse de se retirer dans un cloître. Venez la voir. Elle est désespérée; et au risque d'être perdue, elle vous attend au jardin. Nous vous tendrons des cordes que nous avons nouées en échelons pour y monter.

Je m'y rendis à la faveur d'une nuit à demi-obscure; je trouvai Valérie dans la plus profonde désolation. Mon ami, me dit-elle, il faut la nuit prochaine nous échapper. C'est mon unique espoir. Soyez ici demain à la même heure. Il ne s'agit plus ici de ma vie, mais de celle de votre enfant.

Ah! monsieur, vous avez aimé, reprit Maurice en s'adressant à moi? — Oui, je connais l'amour. — Avez-vous été père? — Hélas! non. — Je ne puis donc pas vous faire concevoir l'impression que fit sur moi cette parole, *votre enfant*. Tout ce que la nature et l'amour peuvent inspirer de plus animé, de plus tendre, je le dis à ma femme, pour lui rendre un peu de courage; et en la quittant, je promis que le lendemain, à la même heure, je serais sous le pavillon, avec ma voiture de poste, et deux chevaux plus vîtes que le vent.

Cadix, un navire, et la France, nous allaient mettre en sûreté. Espérance trompeuse! Il était loin de nous, ce repos dont je la flattais.

En m'en allant, soit que Léonce eût épié sa sœur, soit qu'Ovandès m'eût fait observer et suivre moi-même, à peine avais-je fait cent pas au de-là des murs du jardin, lorsqu'à la lueur incertaine du croissant de la lune, je vis deux hommes qui m'attendaient. A l'instant l'un des deux s'avance, jette à bas son manteau, et sans me dire un mot, fond sur moi l'épée à la main. Je me défends : il s'abandonne; et bientôt se sentant percé : Ah! traître, dit-il en tombant! Je crus à cette voix reconnaître Léonce; jugez quelle fut ma douleur! Le second lui succède; et au frémissement de rage qu'il fait entendre en m'attaquant, je vois bien que c'est mon rival. Il fond sur moi tête baissée, il me presse, il m'atteint au bras dont je tenais l'épée. Furieux à mon tour, je la lui plonge dans le sein; il reste baigné dans son sang. Je cours au pavillon pour déterminer Valérie à descendre, et à s'échapper avec moi cette même nuit; elle n'y est plus. L'échelle est retirée, les volets sont fermés. J'appelle; aucune voix ne me répond.

Sanglant, troublé (et peut-il ne pas l'être, l'homicide même innocent?) j'allais retourner sur mes pas. L'horreur de retrouver ces deux corps percés de mes coups, m'arrête et me fait prendre une route opposée. Seulement, pour que les blessés ne restassent pas sans secours, j'envoyai deux hommes du peuple vers l'endroit où j'avais, disais-je, entendu le bruit d'un combat.

La nuit ne fut pour moi qu'un long supplice. Meurtrier, malgré moi; et forcé d'être ravisseur, je me voyais, par un enchaînement de crimes, tous involontaires, je me voyais en proie à la fureur de deux maisons puissantes; je voyais devant moi les fers, l'opprobre, l'échafaud, et plus horrible encore le déshonneur, la honte, le désespoir de celle qui, sans moi, adorée dans sa patrie, n'aurait eu que des jours brillants de gloire et de bonheur. Quelle fatalité! quelle effroyable destinée!

Quand le jour vint me luire, j'envoyai le plus sûr de mes valets, Francisque, observer, écouter ce que l'on disait dans Séville. On ne parlait, parmi le peuple, que du combat de nuit, où Ferdinand Ovandès avait été laissé mort sur la place, et Léonce de Vélamare très-dangereusement blessé. Par qui? pour quelle cause? on ne le disait point encore, et durant ce long jour je ne fus point nommé.

Vous concevez dans quelle inquiétude et quelle impatience, tout occupé des apprêts de ma fuite, je devais attendre la nuit, et l'heure de me rendre au pavillon. Je m'y rends. Le moment arrive; on ne vient point. L'heure s'écoule; personne ne paraît. La frayeur me saisit. Je tâche cependant de ranimer mon espérance. Je me tiens immobile; et respirant à peine, j'écoute et n'entends aucun bruit. Les heures se succèdent dans ces longues angoisses, et toujours le même silence règne dans les jardins. Mes chevaux semblaient, comme moi, frémir et frissonner de frayeur et d'impatience. Enfin, jusqu'à l'aube du jour, le pavillon resta fermé.

Rien de plus dangereux pour moi que de retourner dans Séville. J'y rentrai cependant; et pouvais-je m'en éloigner sans emmener avec moi Valérie? J'employai toute l'activité de Francisque à découvrir ce qui s'était passé dans le palais de Vélamare, mais inutilement : un silence morne et impénétrable régnait dans ce palais. Les gens en étaient consternés; et l'effroi que leur inspirait la douleur sombre et menaçante de leur maître, les rendait eux-mêmes farouches. On aurait dit que Vélamare était servi par des muets; il nous fut impossible d'en tirer aucune lumière.

Je ne laissai pas de veiller la nuit suivante encore autour du pavillon. Mais mon attente, également trompée, ne fut qu'un tourment inutile. Réduit au désespoir, je roulais dans ma tête les plus violents moyens de tenter l'impossible, lorsque je vis entrer chez moi l'homme religieux dont m'avait parlé Valérie comme de son fidèle et pieux confident.

Formose, me dit-il, éloignez-vous, fuyez, passez les mers, ne restez pas encore une nuit dans Séville. Demain vous seriez arrêté, et vous seriez perdu. Léonce a revu la lumière, il respire, et il va parler. Il respire! Ah! dis-je, mon père, le Ciel en soit loué! Mais moi, pour m'éloigner, savez-vous ce qu'il faut que je laisse, et dans quel état?—Je le sais; mais elle est captive, enfermée avec sa compagne; il leur est impossible de s'échapper. Juste Ciel, m'écriai-je! et vous voulez que je pense à moi! — C'est elle qui le veut, et c'est elle qui vous l'ordonne. — Ah! si vous savez tout, puis-je l'abandonner? — Que feriez-vous pour elle en vous perdant? Elle est gardée à vue; elle est sous les yeux de son père. — Eh bien, c'est aux pieds de son père que, dans mon désespoir, j'irai tomber. — C'est là ce qu'elle vous défend. Vous ne connaissez pas l'inexorable Vélamare; il vous ferait traîner de ses pieds sur un échafaud. Pensez de quelle horreur il serait saisi pour un homme qui s'avouerait et le meurtrier de son fils et le séducteur de sa fille. Ah! loin d'en espérer pour vous ni pitié, ni clémence, tremblez et frémissez de la violence où, peut-être, il s'abandonnerait contre son propre sang! J'écarte cette horrible idée. Mais ce que je dois vous prédire, c'est que, si Valérie vous sait pris, traîné dans les fers, condamné au supplice, elle en mourra sur l'heure; et c'est vous qui l'assassinez. — Et si je l'abandonne, que devient-elle, ô Dieu! — Oui, c'est Dieu qu'il faut implorer, c'est à lui qu'il faut recourir; et c'est ce Dieu toujours présent et secourable que je vous promets pour appui. Mon espérance, à moi, ajouta-t-il, c'est d'obtenir d'abord que Valérie soit en sûreté dans un cloître. Là je prendrai soin de pourvoir au secret de sa délivrance. Mais il faut pour cela le temps de laisser appaiser dans l'ame de son père un premier accès de douleur.

Saurai-je au moins par vous, lui dis-je, quelle sera sa situation, ce que vous aurez fait pour elle, et si je puis moi-même venir à son secours? Vous saurez tout; comptez sur moi, me dit cet homme charitable, je vous serai fidèle; et je vous le promets par tout ce qu'il y a de plus saint. Adieu donc, mon père, lui dis-je en pleurant et en l'embrassant, c'est à vous que je la confie; ne l'abandonnez pas. Vous saurez où je suis.

Devancer à Cadix le bruit de mon combat, et sortir de la rade sur le premier navire qui mettrait à la voile, aurait été le parti le plus sage; et c'était l'avis de Francisque. Mais partir de ces bords avant que de savoir ce que devenait Valérie! Mettre un abyme entre elle et moi! Je ne pus m'y résoudre, et mille morts présentes ne m'y auraient pas déterminé. Eh bien, prenons, me dit Francisque, vers les montagnes de Grenade, un chemin qui, par des détours, nous menera dans la Murcie. C'est là que je suis né. Mon père y vit encore, il vous y donnera l'asyle. Là du moins vous serez bien sûr de n'être point trahi.

Je suivis ce conseil; et retiré chez le vieillard, je renvoyai Francisque me servir à Séville auprès du bon religieux. Mais celui-ci n'avait plus d'accès dans le palais de Vélamare. Soit que l'on se doutât de notre intelligence, soit qu'on le soupçonnât d'affermir Valérie dans la résolution de se retirer dans un cloître, il n'était plus admis près d'elle; et tout ce que je pus savoir de lui, c'est qu'inutilement il avait insisté pour obtenir de la revoir.

Francisque en revenant m'apporter sa réponse, m'apprit en même temps que mon procès était instruit et poursuivi à toute outrance. Vélamare et Léonce n'y étaient point nommés; l'honneur de Valérie leur avait imposé silence; mais le père de Ferdinand, l'implacable Ovandès, désespéré de la mort de son fils, en pressait la vengeance avec des transports de fureur. Je ne sais quels témoins, ceux-là mêmes peut-être que j'avais envoyés au secours des blessés, déposaient contre moi, et ma fuite achevait de me convaincre aux yeux des juges. Ma mort fut prononcée, et mes biens envahis.

Ah! le Ciel m'est témoin que ce ne fut point là, pour moi, le coup le plus sensible. Mais que devins-je, un mois après, lorsque Francisque me rendit ce que lui avait fait entendre mon fidèle Hiéronimite! Non, mon ami, lui avait-il dit, n'attendez plus rien de mon zèle; je n'ai à vous donner sur le sort de ma pénitente que de tristes pressentiments. Ce dont je suis certain, c'est qu'elle n'est plus enfermée dans le palais de Vélamare; qu'elle n'est pas même à Séville; que personne n'y sait ce qu'elle est devenue; qu'elle n'est dans aucun des couvents qui me sont connus. Hélas! où est-elle donc, lui demanda Francisque avec effroi? Le religieux leva les mains, baissa la tête, et dit : Demandez-le à son père; c'est un secret sans doute entre le Ciel et lui.

Grand Dieu! reprit Formose, ce père impitoyable, instruit de l'état de sa fille, blessé dans son honneur, outré de douleur et de rage, aura-t-il... Je n'ose achever. C'est cette image horrible qui me poursuit dans mon désert. Moi, j'aurais donc été la cause de la mort de cette innocente! Moi, la cause d'un parricide! Ah! mon ami, trouverez-vous à-présent que cette natte, que cette pierre brute, que cette vie obscure et solitaire ait trop de dureté pour la tête proscrite qui a causé tant de maux? Voilà pourtant quel est mon sort; voilà quel a été le fruit d'une passion que je croyais si louable, si vertueuse, jusqu'à l'instant fatal où, comme enveloppé dans les filets du crime, il ne m'a plus été possible de m'en dégager.

Francisque, à la mort de son père, quitta Séville, où il avait perdu l'espérance de me servir, et revint me trouver dans cette solitude. C'est lui qui m'a aidé à construire cette cabane. Il vit auprès de moi, dans le hameau voisin, rendu à son premier état; et c'est lui qui pourvoit aux besoins d'une vie qu'un juste et cruel repentir consume, hélas! encore trop lentement. Ainsi parla le solitaire.

J'essayai de lui faire entendre que son malheur pouvait n'être pas tel que le lui présentait une sombre mélancolie; qu'un père en dérobant sa fille à tous les yeux, avait pu vouloir à-la-fois lui sauver la vie et l'honneur; qu'il était affreux de penser que la douleur, même la plus atroce, eût fait de Vélamare le bourreau de son sang; qu'il le calomniait; qu'il se calomniait lui-même en attachant à la faiblesse la plus involontaire et la plus pardonnable, le remords des plus noirs forfaits. Ah! monsieur, me dit-il, n'eussé-je à m'imputer que sa honte, ses larmes, ses chagrins dévorants, et l'amertume affreuse dont elle a dû être abreuvée, et cette langueur consumante qui a dû la conduire au tombeau, serais-je assez barbare pour me les pardonner?

Je vis que, pour calmer une imagination si violemment tourmentée, il fallait du temps, et je le priai de permettre que le confident de ses peines vînt les soulager quelquefois, les partager du moins, s'il ne pouvait les adoucir.

Je suis né, poursuivit mon aimable Suédois, avec un sentiment d'orgueil dont je m'accuse, mais que je me pardonne; c'est de me croire, dans le malheur, plus courageux que mes amis. Quand je suis affligé, mon ame se retire, et je n'ai besoin de personne; mais lorsque c'est mon ami qui souffre, je crois toujours qu'il a besoin de moi.

Du moment que Formose m'eût confié ses peines, je n'eus plus de repos que je ne fusse auprès de lui; et tantôt en atténuant les torts qu'il se reprochait à lui-même, et dont il faisait son supplice, tantôt en le flattant d'espérances confuses, j'étais sans cesse à manier les plaies de son cœur, pour y faire couler quelque adoucissement.

Un jour, après un violent orage, le ciel ayant repris la sérénité pure qui lui est naturelle dans cet heureux climat, j'allai revoir mon solitaire. Je le trouvai tout occupé d'un jeune enfant de l'âge de l'Amour, et aussi beau que lui. Mon sauvage l'avait enveloppé dans son manteau, et il me le fit voir tout nu. Adonis, à neuf ans, n'offrait pas un plus beau modèle; c'étaient les grâces de l'enfance dans toute leur délicatesse; c'était la nature idéale dans toute sa perfection. Je n'ai rien vu de si divin. Mon ravissement fut extrême.

Quelle est cette merveille, demandai-je à Formose? Hélas! c'est, me dit-il, un petit paysan que je viens de sauver des eaux; ses vêtements sont là qui sèchent au soleil; l'orage était passé, mais la rivière était enflée; et cet enfant, une ligne à la main, était à l'autre bord. Moi, selon ma coutume, j'allais herborisant sur la pente de la montagne. Je l'aperçois sur la pointe d'un roc qu'avait mouillé la pluie; je l'y vois comme suspendu, immobile et tout occupé de l'hameçon qu'il suivait des yeux. Le pied lui glisse, il tombe et roule dans les eaux. Le courant l'entraînait: je m'y jette, et nageant vers lui, je l'atteins, le saisis, l'amène vers le bord, l'enlève dans mes bras, et tout évanoui je l'emporte dans ma cabane. Lorsqu'il s'est vu ranimé dans mon sein, il m'en a bien remercié, le pauvre enfant; mais il est désolé d'avoir perdu sa ligne, que sa mère, dit-il, avait filée de ses cheveux.

Elle doit être belle, mon petit, votre mère, lui demandai-je en le caressant? Oui, monsieur, me dit-il, elle est bien belle; mais elle est pâle; et cela m'afflige; car j'entends dire que lorsqu'on est si pâle, on va bientôt mourir; et si je la perdais, je serais bien à plaindre! Après m'avoir donné son lait, c'est elle encore qui me nourrit. — Aimable enfant!... ainsi vous n'avez plus de père? — Hélas! non. J'ai perdu mon père dès le berceau; je ne l'ai jamais vu; je n'ose pas même en parler; car dès que je le nomme, je vois ma mère toute en pleurs... Tenez, la voilà qui m'appelle et qui me cherche à l'autre bord. Elle est inquiète de moi. Mon Dieu, oui, elle est inquiète! elle lève les mains au Ciel. Elle me croit noyé. Ah! rendez-moi bien vite mes vêtements, que je m'habille et que je paraisse à ses yeux.

Mon bon ami, me dit Formose, votre chaise est là-bas. Faites-moi le plaisir de rendre son enfant à cette mère désolée. Allez, cher enfant, lui dit-il, allez la retrouver; aimez-la bien, et le plutôt possible, rendez-lui tous les soins qu'elle aura pris de vous.

O Dieu! si Formose avait su quel était cet enfant qu'il pressait dans ses bras! s'il avait su que cette mère qu'il voyait éplorée à l'autre bord, était sa chère Valérie! Oui, mon ami, c'était Valérie elle-même. Je vous le cacherais en vain; vous l'avez déja pressenti.

Dès que l'enfant fut habillé, je descendis avec lui la montagne; et en le montrant à sa mère, je lui fis signe que la rivière n'étant pas guéable dans cet endroit, nous allions la passer plus haut.

Lorsque nous fûmes dans ma chaise, son fils et moi, je voulus le faire parler; et d'abord je lui demandai quel était son nom? — Hyacinthe. — Celui de sa mère? — Pauline. — Celui de son père? — Marcel. — Si sa mère avait quelque bien? — Hélas! non, me dit-il; elle n'a ni champ, ni prairie, ni verger, pas même un troupeau. — Et de quoi vivez-vous? — Du travail de ses mains, et des mains de ma bonne amie. — Vous avez donc une bonne amie? — Oui, monsieur, qui vit avec nous, et qui soulage bien ma mère dans les petits soins du ménage. — Et quel est leur travail? — De filer la laine et la soie; et pour amusement, de faire, en paille et en osier, les plus beaux ouvrages du monde. Moi, je commence à me rendre utile; je prends au lacet des oiseaux, des poissons à la ligne; c'est tout ce que je puis. Mais lorsque je serai plus fort, j'espère mieux aider ma mère. Je serai berger, bûcheron, laboureur, que sais-je? Ah! monsieur, il me tarde bien de nourrir ma mère à mon tour.

Je demandai si elle était contente de son état.

Il répondit qu'elle faisait semblant de l'être; mais qu'elle se cachait de lui pour pleurer avec son amie; souvent même, en le caressant, les larmes lui échappaient; et quelquefois aussi elle poussait de gros soupirs, en pressant de ses lèvres une boîte de paille, tissue de sa main, et sur laquelle étaient écrits des mots que je n'entends pas, disait-il, mais qu'elle m'a promis de m'expliquer un jour. — Les avez-vous retenus ces mots? — Oui; très-bien; les voici : *Loyauté, amour, et constance.* Juste Ciel, m'écriai-je! Et lui, en souriant du cri qui m'échappait : Vous êtes donc bien étonné, me dit-il, qu'à mon âge un enfant retienne trois mots? Que diriez-vous si je vous récitais l'histoire du petit Moïse, et celle d'Isaac, et celle de Joseph, que je sais par cœur toute entière, et sur-tout celle de ce petit pauvre Ismaël, que ma mère ne peut entendre sans me baigner de ses larmes? Je sais pourtant bien tout cela.

Chaque mot confirmait l'indice de la devise de Formose; cependant, comme dans l'esprit de la galanterie espagnole, cette devise n'avait rien de singulier, ni de bien rare, ce n'était qu'un signe équivoque; et j'allai rêvant au moyen de mieux éclaircir ce mystère, sans laisser échapper moi-même rien qui décelât mon secret. Si c'est elle, disais-je, il faut que je l'amène à me faire sa confidence; et si ce n'est pas elle, il faut qu'elle n'ait rien appris de moi.

En remontant le bord de la rivière pour trouver un gué sûr, je voyais de l'autre côté la bonne mère qui cheminait pour venir au-devant de nous. Je passai; et lorsque je remis entre ses bras son cher enfant : Ah! monsieur, me dit-elle, vous me rendez la vie. Et par quel accident mon fils s'est-il trouvé à l'autre bord? L'enfant lui-même raconta son aventure. J'étais noyé, lui dit-il enfin, lorsqu'une espèce de sauvage, hideux à voir, mais plein de bonté dans le cœur, s'est jeté à l'eau pour me sauver, m'a pris, m'a emporté mourant dans sa cabane, et a fait pour me ranimer tout ce qu'il aurait fait si j'avais été son enfant. C'est lui, dès que je vous ai vue, qui a demandé à ce bon seigneur de me ramener près de vous. Hé quoi, dit-elle, il m'a donc envié le plaisir de lui rendre grâces! Il est, repris-je, un peu farouche. Peut-on l'être, dit-elle, avec tant de bonté? Et ne devrait-on pas se laisser voir à ceux à qui on a fait tant de bien? Je vis, comme lui, solitaire, mais il me serait doux d'exprimer ma reconnaissance à l'homme secourable qui m'a sauvé mon fils. Bonne mère, lui dis-je, il saura vos regrets, il y sera sensible; et avec moi, lui-même (car je le vois souvent; nous sommes tous les deux herboristes), oui, lui-même il viendra vous voir. En attendant, permettez-moi de vous accompagner jusqu'à votre hameau. Ma chaise m'attendra au bas de la montagne.

Interdite et embarrassée, elle me suppliait de n'aller pas plus loin. Je voulus doucement vaincre sa résistance. J'ai bien de la peine, lui dis-je, à quitter mon petit ami. Ce bel enfant m'a inspiré pour lui un intérêt sensible. Il n'est pas né pour vivre obscur dans un hameau; et j'ose lui prédire de nobles destinées. Oui, j'ose annoncer à sa mère qu'il fera quelque jour sa gloire et son bonheur.

Il n'est point de gloire pour nous, me dit-elle en baissant les yeux; il n'est pour moi d'autre bonheur que la paix de ma solitude.

Pourquoi, lui dis-je? *L'espérance est la compagne du courage.* (Ces mots la firent tressaillir.) Et savez-vous, continuai-je, ce que le Ciel destine à votre fils; si en se montrant dans le monde aussi vertueux qu'il est beau, il s'annonce pour vouloir faire *tout pour la gloire et pour l'amour?* (Son émotion redoubla, et ces paroles furent comme un aimant pour elle).

Monsieur, me dit-elle, mon fils vous inspire pour lui des sentiments dont je suis confuse; et vous me parlez à moi-même un langage qui me surprend. Puisque vous voulez bien m'accompagner jusqu'au hameau, je vous supplierai de me dire ce qui vous fait oublier ainsi l'humble état où vous me voyez. Je répondis que pour savoir que cet état n'était pas le sien, il ne fallait que la voir et l'entendre.

Ce n'est pas en Espagne, répondit-elle, que

l'air et le ton du village diffère assez de celui de la ville, pour ne pas s'y tromper souvent. Dans l'infortune même, l'homme conserve ici sa noblesse et sa dignité. Oui, je l'ai remarqué, lui dis-je, mais jamais aussi-bien que dans ce moment.

En effet, elle me reçut sous l'humble toit de sa demeure avec la même bienséance que si elle avait été dans le palais de Vélamáre. Ce n'était point l'orgueil que l'infortune abaisse; ce n'était point non plus l'humilité du repentir; c'était une fierté simple, douce et modeste, qui cédait au malheur, mais sans y succomber. Il me semblait voir, dans l'éclipse d'une grande fortune, un limbe de clarté rayonner autour du nuage.

Dans sa chaumière, la pauvreté se cachait sous l'air de l'aisance. Les meubles les plus simples y étaient luisants de netteté, ou éblouissants de blancheur. Son amie auprès d'elle, avait un air d'égalité plus composé que naturel; la familiarité de son langage et l'aisance de ses manières, dissimulaient mal son respect; Valérie ne déguisait pas mieux sa supériorité sur elle; et j'aurais distingué la dame et la suivante au soin même qu'elles prenaient de s'assimiler devant moi. Cette compagne avait nom Ursule. Mais il était possible qu'Ursule fut Thérèse; et c'en était assez pour achever de m'éclaircir : je n'aurais eu qu'à les bien peindre l'une et l'autre aux yeux de Formose. Mais ce n'était pas encore lui que je devais avoir pour confident; il était en péril; et je me défiais d'un amour qui pouvait le trahir et le perdre encore. C'était la mère d'Hyacinthe que je voulais réduire à se dévoiler à mes yeux.

Lorsque nous fûmes seuls : Pardonnez, me dit-elle, au désir que vous m'inspirez de savoir qui vous êtes, d'où vous venez, et par quelle aventure vous vous trouvez dans nos hameaux.

Je lui répondis sans détour, qu'envoyé de la cour de Suède à celle de Madrid, je profitais de mes loisirs pour voyager dans ces belles provinces; et, en lui parlant de ma patrie : c'est aussi parmi nous, lui dis-je, qu'on trouve dans les cœurs *Loyauté, amour et constance*. Sa dissimulation ne put tenir à ce nouveau trait de clarté. Ah! monsieur, me dit-elle, mon fils vous a parlé; vous me répétez ses paroles! — Il est vrai qu'il m'a dit les avoir lues sur une boîte merveilleusement travaillée; mais il ne m'a pas dit ce que renfermait cette boîte; cependant je crois le savoir; car dans nos régions du nord, nous sommes tous un peu devins. Vous vous faites un jeu de m'inquiéter, reprit-elle; et je m'étonne qu'avec un air si vrai de s'intéresser au malheur, on se plaise à le tourmenter. Ah! que le Ciel venge sur moi, lui dis-je, le malheureux que j'aurais voulu rendre plus malheureux encore? Non, je n'aurai jamais cette barbare impiété. Je le respecterais, le malheur dans le crime même; combien ne m'est-il pas sacré dans l'innocence et la vertu!

combien, dans la candeur et dans la bonne-foi d'un cœur ingénu, tendre et faible, ne m'intéresserait-il pas! Ah! ce cœur tendre et faible vous est connu, s'écria-t-elle; je suis trahie: — Non, vous ne l'êtes pas; n'en ayez aucune frayeur. — Eh bien, dites-moi seulement ce que vous croyez que contient cette boîte. — J'y vois de sacrés caractères, mais j'y vois des traces de sang. — O Dieu! tous mes secrets sont divulgués. — Non, madame, ils ne le sont pas; ils sont scellés sous une agathe, et gardés sous d'étroits liens de ces beaux cheveux que je vois. — Ainsi vous savez tout. Ah! s'il vous est connu, le seul dépositaire du secret de mon ame, il sait donc où je suis? C'est lui qui vous envoie? Où est-il? est-il en sûreté?

Madame, nous avons, lui dis-je, des confidences à nous faire, et je suis presque sûr que nos deux secrets n'en font qu'un; mais comme il est à vous, et qu'il n'est pas à moi, c'est à vous, à vous seule d'en soulever le voile. Ma confidence serait coupable si elle devançait la vôtre. C'est à vous de me prévenir.

Eh bien! me dit-elle en tremblant, que voulez-vous savoir de moi? — Votre nom. — Valérie. — Et le sien? — Don Maurice. — C'est donc Thérèse que je vois auprès de vous? — C'est elle-même. — C'en est assez. Ne perdez pas l'espérance de le revoir. — Ah! n'est-il pas encore sous le glaive des lois! Où l'avez-vous laissé?

sait-il en quel lieu je respire? — Il ne sait rien, il est encore menacé, fugitif; une seule imprudence le perdrait, vous, perdrait vous-même; et je crains celles de l'amour. Restez ici inconnue au monde; et que, dans son exil, le plus passionné, le plus fidèle des amants, ignore quel est votre asyle. En vous servant, je veux vous savoir l'un et l'autre en sûreté contre vous-mêmes. Je vous réunirai quand il en sera temps. Mais dites-moi, pour l'en instruire, par quelle espèce de prodige vous avez pu échapper, comme lui, au malheur qui vous poursuivait.

Vous devez savoir, me dit-elle, en quel état il m'avait laissée. Si le souffle du vice avait un seul instant souillé l'ame de Valérie, si elle avait seulement pu prévoir le péril où le délire de la douleur et de l'amour la fit tomber, elle n'aurait pas le courage de soutenir l'humiliant regard d'un homme instruit de son malheur; mais un malheur aussi involontaire ne peut être un crime à vos yeux; au moins ne l'est-il pas aux miens. En m'accusant d'une faiblesse si cruellement expiée, ma conscience n'a point calomnié mon cœur; et ce cœur accablé de peines s'est du moins épargné d'injurieux remords. Je ne rougis point d'être mère. Je sais quelle rigueur a dû subir ma renommée au tribunal des mœurs et de l'opinion; une fuite, un enlèvement, sont des faits que le monde juge; il a dû me croire coupable, et je ne me plains point de sa sévérité; mais le fond de mon ame, c'est le Ciel, mon amant et moi, qui avons seuls le droit de le juger.

Ce n'est pas moi, lui dis-je, qu'une ame aussi noble, aussi belle, doit craindre de trouver injuste; et devant moi, l'amante de Formose, la mère d'Hyacinthe peut parler sans baisser les yeux.

Vous n'ignorez pas, reprit-elle, l'événement de ce combat, où, sous les murs du jardin de mon père.... — Oui, je sais tout ce qui s'est passé hors du palais de Vélamare, jusqu'à l'évasion de Formose.

Eh bien! dans ce palais où mon frère était expirant, mon père égaré, furieux, ne méditait que la vengeance, et redoublait les ordres les plus pressants pour découvrir le meurtrier.

J'avais vu mon frère indigné de la réponse de Formose à la défense de me voir; et s'il osait l'enfreindre, je l'avais entendu me menacer de l'en punir. L'heure, le lieu, les combattants, tout m'assurait donc bien que Formose était l'inconnu, et qu'il n'était pas l'agresseur. On ne le nommait pas, on parlait seulement d'amour, de jalousie, de querelle entre deux rivaux; et j'étais soupçonnée d'avoir été la cause de cette querelle sanglante. Ce fut sur quoi mon père voulut m'interroger.

Ovandès est mort, me dit-il du ton le plus sévère; votre frère est blessé; il l'est mortellement peut-être. Vous savez d'où partent les coups;

ma fille, il faut tout avouer. J'avouai tout ce que ma conduite avait eu d'innocent, je ne dissimulai que mon amour et ma faiblesse. Il me nomma Formose; je parus m'étonner comment Léonce et son ami s'étaient pris de querelle ensemble. Ah! reprit-il, peut-être le savez-vous trop bien! Mais tremblez, si j'en ai la preuve; et accompagnant ces mots terribles d'un regard plus terrible encore, il me laissa le cœur glacé d'effroi.

Je n'eus, toute la nuit, devant les yeux, que mon amant chargé de fers, condamné, conduit au supplice. Je le fis conjurer, comme vous l'avez pu savoir, de ne plus s'occuper de moi, et d'avoir recours à la fuite. Il m'obéit enfin; et du moment qu'il eut disparu, je respirai, je me crus libre, quoique enfermée au fond de ce palais, où tous les yeux veillaient sur moi.

Cette captivité dura tout le temps que mon frère fut en danger, et que trop faible encore, il ne pouvait se faire entendre; mais dès qu'il put parler, il rendit à mon père un juste et noble témoignage de la loyauté de Formose; et quant à moi, il répondit de ma plus parfaite innocence. Il me fut permis de le voir; et dès-lors ma prison fut moins étroite et moins sévère; quelquefois même encore j'avais la liberté d'aller prendre l'air au jardin. Mais de quelles inquiétudes n'avais-je pas le cœur rempli et dévoré! Dans sept mois j'allais être mère; et cette horrible situation n'était pas le plus cruel de mes tourments; Formose allait être jugé.

Dans un moment où je me trouvai seule au chevet du lit de mon frère, je lui demandai si le procès du combat était poursuivi. Je n'aurais pas souffert qu'il le fût au nom de mon père, me dit-il; et lui-même il y a renoncé : dans la crainte de t'exposer à des bruits offensants, il n'a pas voulu que ton frère fût nommé dans la procédure; tout s'y réduit au combat de Ferdinand et de Maurice, sans même en expliquer la cause. Mais le duc d'Ovandès, désespéré de la mort de son fils, en demande vengeance; il y emploie tout son crédit; il cite des témoins à qui Formose a révélé son crime; et sa fuite achevant de l'accuser, il y a tout lieu de craindre qu'il ne soit condamné.

Eh quoi! lui dis-je, vous laisserez condamner l'innocent! Et vous n'élevez pas la voix pour déclarer que Ferdinand et vous-même, vous avez mis Formose dans la nécessité d'une légitime défense?

Ma sœur, me répondit Léonce, si je faisais cet aveu-là, je serais obligé d'en faire un plus funeste encore; et vous, qui me pressez de m'accuser moi-même en me déclarant l'agresseur, vous devez savoir à quel prix il faudrait me justifier. Qu'il vous suffise de m'avoir mis aux portes de la mort; ne me demandez pas de vous déshonorer, vous et votre famille. Respectez, redoutez un père qui ne souffrirait pas impunément l'affront que lui auraient fait vos amours. Ah!

monsieur, si mon témoignage avait suffi, l'on m'aurait en vain menacée; mais qu'aurais-je pu dire pour sauver mon amant?

Concevez-vous un état plus horrible et plus accablant que le mien? L'arrêt qui condamnait Formose me fut annoncé; je pâlis; mon sang se glaça dans mes veines. Mon-père était présent, il m'observait sans doute; cependant comme il dut lui-même sentir quelque remords du coupable silence qu'avait gardé Léonce, il ne fit pas semblant d'avoir remarqué ma douleur; mais il prit la résolution de me séparer à jamais d'un homme qu'il voyait sans cesse, disait-il, la main fumante de son sang.

Je lui avais demandé un couvent pour asyle, et j'appris qu'il me l'accordait; mais je sus qu'il avait choisi celui de tous où je serais le plus étroitement gardée. Serait-ce là que j'irais déposer le fruit déshonorant de ma malheureuse faiblesse? Pouvais-je me flatter que ma honte y serait cachée? Ou plutôt pouvais-je douter que pour ensevelir le scandale de sa naissance, mon enfant ravi à sa mère..... Ah! monsieur, je frémis encore de l'impression que fit sur moi ce funeste pressentiment.

Il ne me restait que le choix de tout avouer à mon père, et de lui abandonner ma vie et celle de cette innocente et faible créature, que je croyais sentir remuer dans mon sein; ou d'échapper à sa furie, et de lui épargner par ma fuite de cruels et de longs remords. Je connaissais sa violence; et moins pour moi que pour lui-même, je redoutais, dans ses premiers transports, quelque funeste emportement.

Thérèse, dis-je à ma compagne, à quelque péril que je m'expose, je veux m'enfuir; m'abandonneras-tu? La pauvre fille, en me baignant de larmes, jura de ne jamais se séparer de moi; et ce fut elle qui pourvut au moyen de nous éloigner.

Son frère aîné, Paul Luce, était batelier sur le fleuve. Il fut gagné. Nous descendîmes par la fenêtre du pavillon, à l'aide des cordons que nous avions tissus; et vers le milieu de la nuit nous nous rendîmes sur la barque où Paul Luce nous attendait. Il nous promit en descendant le fleuve, qu'à l'embouchure, et dans un lieu appelé Saint-Lucar, un pilote de ses amis nous donderait l'asyle, et nous ferait passer sur le premier navire qui, de Cadix, irait à Carthagène, où je disais moi-même avoir dessein d'aller.

Nous étions déguisées l'une et l'autre en femmes du peuple; et sous le nom de ses deux nièces qui allaient dans la Grenade retrouver leur famille, l'officieux pilote voulut bien nous recommander.

N'admirez-vous pas, mon ami, me disait le comte de Creutz, comme un génie favorable à deux amants fidèles prenait soin de les réunir?

En approchant de Carthagène, continua Valérie, nous fîmes réflexion que les deux fugitives pouvaient y être signalées, et qu'il serait plus sûr de chercher un asyle dans quelque village voisin. Le vaisseau qui rasait la côte, nous laissa voir, au fond d'une anse, une vallée délicieuse, et un petit village sur le bord de la mer. C'est ici, dit Thérèse au patron du navire, que nous désirons de descendre; et lui, avec la complaisance d'un galant Espagnol, ayant mis à l'eau sa chaloupe, nous fit mener à bord.

Là, commençant à respirer, nous rendîmes grâces au Ciel; mais la peur, qui ne croit jamais prendre assez de précautions, nous fit encore éviter le village; et sur les montagnes voisines, nous allâmes cherchant quelque endroit retiré, solitaire, inconnu au monde, où nous fussions en sûreté : le Ciel nous offrit ce hameau.

Je vous épargne, reprit-elle, le récit des inquiétudes qui nous avaient accompagnées : l'effroi de deux colombes, volant au milieu des vautours, vous en donne une faible idée. L'habitude insensiblement rassura nos esprits; et bientôt d'autres soins que celui de ma vie vinrent s'emparer de mon cœur. Je fus mère; et mon fils suspendu à mon sein, m'inspira le courage que donne la nature aux plus timides des oiseaux, pour la garde et pour la défense des petits éclos sous leurs ailes. Non, il n'était point de péril que je n'eusse bravé pour protéger mon fils; et si j'avais été présente lorsqu'il est tombé dans les eaux, je m'y serais précipitée. Je m'y serais précipitée, si après l'avoir inutilement cherché dans le vallon, sur la montagne, il ne m'eût pas été rendu. Jugez, monsieur, combien je suis reconnaissante de votre empressement à me le ramener; jugez combien je dois bénir et révérer le charitable solitaire qui lui-même s'est exposé à périr pour me le sauver!

Vous devez, lui dis-je, madame, reconnaître après tant d'alarmes, qu'évidemment un Dieu se plaît à voir avec quelle constance vous avez vaincu le malheur. Je suis persuadé qu'il veut vous rendre heureuse; et je me flatte qu'il m'a choisi pour exécuter son dessein. Je vous quitte. Restez ici, obscure et solitaire, et reposez-vous sur mes soins. Votre amant saura tout, et vous sera bientôt rendu.

J'allai le retrouver, mais je me gardai bien de lui donner aucune envie de passer le vallon. Je lui dis seulement que cette bonne villageoise, en revoyant son fils, avait fait mille vœux au Ciel pour celui qui l'avait sauvé; et ses vœux, ajoutai-je, vous porteront bonheur; car il est rare que les vœux des cœurs reconnaissants ne soient pas écoutés. Pour moi, je serai, mon ami, quelque temps éloigné de vous; une affaire imprévue et pressante me ramène à Séville, mais je n'ai vu encore, ni la Murcie, ni la Valence; et j'espère bientôt revenir sur mes pas.

A Séville, me dit Formose, vous trouverez

peut-être encore ce bon Hiéronimite, dont je vous ai parlé. Son nom est le père Athanase. Allez le voir; et sans dire où je suis, apprenez-lui que je respire, et que je conserve toujours le souvenir de ses bontés; sur-tout demandez-lui s'il n'aurait pas enfin quelque lumière à me donner sur le destin de Valérie.

Invisible tissu des événements de ce monde! Les soins, les mouvements que j'allais me donner à Séville, à Madrid, en faveur de nos deux amants; ce beau plan de conduite que je m'étais tracé; les moyens que je méditais pour amener à la clémence les implacables ennemis de Formose; tout fut abrégé par ces mots : *Allez voir le père Athanase.*

Ah! quel soulagement, quelle joie vous m'apportez, me dit le bon vieillard, dès qu'il m'eut entendu prononcer le nom de Maurice! Que ne puis-je savoir de même si Valérie est encore au monde! Mais hélas! non, elle n'est plus. Je l'assurai qu'elle vivait. Dieu clément, je t'adore, dit-il avec transport! J'aurai donc, avant de mourir, le bonheur de les voir unis! — Que dites-vous, mon père? — Je dis que ces deux cœurs si intéressants dans leur faiblesse, auront le prix de leur constance. J'ai déjà obtenu que l'abolition de l'arrêt de Formose serait sollicitée par la famille de Vélamare; et que Léonce attesterait lui-même que c'est lui qui fut l'agresseur. Hélas! ce malheureux Léonce est consumé depuis long-temps du chagrin d'avoir dérobé ce témoignage à l'innocence, et son père, déja courbé vers le tombeau, s'est enfin reproché le silence coupable qu'il faisait garder à son fils. L'un et l'autre ils s'accusent du désespoir que cet injuste arrêt mit dans l'ame de Valérie; mais ils ne savent ce qu'elle est devenue. On doute dans Séville si son père la retient enfermée dans un couvent, ou si, dans sa colère, il ne lui a pas donné la mort. Quelques-uns ont pensé qu'elle s'était noyée dans le fleuve; d'autres, qu'en s'évadant, son amant l'avait enlevée. Cependant la tristesse et le deuil n'ont cessé de régner dans le palais de Vélamare. Enfin j'y ai été appelé; et le père et le fils m'ont conjuré, presque à genoux, de leur dire si je savais où étaient Formose et Valérie. J'ai répondu que je n'en avais aucune connaissance. Le père a paru consterné.

Je fus injuste, m'a-t-il dit, et je rendis mon fils coupable. Je veux, autant que je le puis, expier ces deux crimes avant que de mourir. On m'accuse d'avoir trempé mes mains dans le sang de ma fille; c'est une cruauté dont je ne fus jamais capable; mais j'ai mérité d'être en proie à la plus noire calomnie, puisque moi-même j'ai laissé calomnier, condamner l'innocent. Les larmes lui étouffaient la voix.

C'est moi qui suis le criminel, a dit Léonce avec une douleur encore plus déchirante; insensé que j'étais, j'ai pris plaisir à voir s'allumer dans le sein de mon ami et de ma sœur, cet amour qui les a perdus; je l'ai favorisé, je m'en suis fait un jeu; j'en ai été le confident, le complaisant, à l'insu de mon père, dans l'espérance que leur hymen obtiendrait son aveu. Mais bientôt, voyant qu'un parti plus riche et plus brillant se proposait, j'ai rebuté froidement un ami qu'il fallait ménager et plaindre. Ma froideur l'a blessé; il me l'a témoigné avec une fierté que j'ai prise pour une offense; et me rangeant du côté d'un rival irrité contre lui des mépris de ma sœur, je me suis joint à lui pour le venger. Enfin, moi, le second de Ferdinand, moi l'agresseur, moi le témoin de l'innocence de Formose, j'ai pu le laisser condamner, proscrire et dépouiller de tous ses biens; j'ai mis la mort dans le cœur de celle qui ne l'aurait jamais connu sans moi, et qui n'aimait en lui que l'homme généreux dont la valeur m'avait sauvé la vie. Où les trouver? où sont-ils l'un et l'autre? faut-il mourir sans avoir réparé tous les maux que je leur ai faits? Tel fut le récit d'Athanase.

O mon ami! je reconnus dans ce moment combien est précieuse à l'homme la pensée qu'un témoin invisible et juste lit, du haut du Ciel, dans son cœur.

Allez, dis-je à ce bon vieillard, allez leur annoncer qu'il existe à Séville un homme qui peut les consoler. Mon nom est le comte de Creutz, envoyé de Suède à Madrid; je sais dans quel endroit du monde respire Maurice Formose; je crois savoir aussi où vit cachée Valérie de Vélamare; vous pouvez les en assurer.

Vous pensez bien qu'à l'instant même ils demandèrent à me voir. Je les prévins. Jamais sur deux visages n'avait été aussi visiblement empreint le long tourment du repentir.

Est-il bien vrai, monsieur, me demanda le vieux marquis de Vélamare? ma fille voit le jour! Je l'assurai qu'elle vivait. — Elle a suivi sans doute le malheureux Formose? — Non, il ne sait pas même en quel lieu elle vit cachée, elle ignore aussi dans quel lieu Formose est retiré. Ah! monsieur, s'écria le vieillard à ces mots, ma fille était donc innocente! — Elle est plus, elle est vertueuse, lui dis-je; et sous le ciel rien n'est plus respectable que Valérie dans son malheur. Je ne parle point de Formose : la noblesse et la loyauté de son ame vous sont connues; et le malheur n'a fait que lui donner de nouvelles vertus.

Eh bien, monsieur, me dit Léonce, dites-moi où il est; et je vais tomber à ses pieds, s'il n'est pas assez généreux pour me recevoir dans ses bras.

Messieurs, leur dis-je, il faut d'abord effacer jusqu'aux moindres traces de l'arrêt qui l'a condamné; il faut que le duc d'Ovandès consente... Ovandès ne vit plus; me dit Vélamare, et lui-même en mourant il lui a pardonné.

Dès-lors, je vis l'orage dissipé comme par un

souffle : l'arrêt fut aboli, les biens restitués; et l'honneur du nom de Formose fut rétabli dans tout son éclat. Il ne restait plus que la grâce d'Hyacinthe à négocier, mais ce n'était plus mon office; et je laissai à la nature, plus habile que moi, et bien plus éloquente, le soin de la solliciter.

Dès que l'acte d'abolition fut dans mes mains, je ne demandai que le temps de ramener Valérie et Formose, et le plutôt possible j'allai les retrouver.

Ici, vous attendez sans doute, mon ami, une belle reconnaissance; et d'un côté avec mon sauvage, de l'autre avec ma paysanne et mon jeune Hyacinthe, il ne tenait qu'à moi de produire sans art un coup de théâtre intéressant. Mais sur deux ames fatiguées d'inquiétude et de douleur, pourquoi me serais-je fait un jeu cruel des commotions de la joie? Ils n'avaient besoin, l'un et l'autre, que de soulagement et de repos, après tant de peines.

Au lieu de préparer entre eux une scène d'étonnement, je pris soin d'affaiblir, au moins pour la sensible Valérie, ce coup dont la violence aurait pu l'accabler. Je lui avais laissé l'espérance; mais à mon retour, je trouvai ce sentiment presque éteint dans son cœur; je le ranimai doucement. Je lui fis d'abord voir comme possible, et puis comme assez vraisemblable une heureuse révolution dans la fortune de son amant : rien d'injuste n'était durable ; la vérité n'éprouvait jamais que des éclipses passagères ; l'innocence avait dans le ciel, et même dans le cœur de l'homme, un vengeur que l'on n'appaisait que par des expiations.

A mesure que je voyais ces premières lueurs d'espoir s'insinuer dans son esprit, je redoublais de confiance. J'allai jusqu'à promettre que Léonce et son père ne tarderaient pas à réparer l'injustice de leur silence, et qu'Ovandès lui-même ne voudrait pas emporter au tombeau celle de son ressentiment. Qui sait enfin, lui dis-je, si le Ciel, qui dispose les événements à son gré, n'a pas voulu que non loin de vous, Formose soit venu attendre l'un de ces coups du sort dont la cause est dans la nature, et qu'on ne trouve miraculeux que parce qu'ils sont imprévus ?

Hélas ! monsieur, me disait Valérie, pourquoi vous plaisez-vous à m'abuser de flatteuses illusions ? On n'est point heureux par des fables. Non. Mais pourquoi, lui dis-je, seraient-ce là des fables plutôt que des réalités ? Ce que je prévois est si simple que si je venais à savoir que cette espèce de sauvage qui a sauvé votre enfant des eaux, est Formose lui-même, j'en serais à peine étonné. — Quoi, monsieur, ce sauvage !... Elle ne put parler, tant l'émotion que j'avais voulu affaiblir était vive encore. — Oui, ce sauvage ; et pourquoi non ? Pourquoi si Formose respire, ne serait-ce point là qu'il se serait caché ? Tout le prodige serait que son asyle se trouvât si voisin du vôtre; et dans le voisinage de deux cabanes, il n'y a rien de miraculeux. — Quoi, monsieur, il serait possible, il serait vrai! — Sans doute, il est possible, il est vrai que c'est lui. — Dieu! juste Dieu! Mon fils! mon fils! s'écria-t-elle dans son égarement. Viens! ton père est vivant, tu vas le voir. Monsieur, pardonnez; mais je tremble, je n'ose encore... Est-il bien vrai? Quoi, ce vallon, ce vallon seul nous séparait! Le sait-il? — Non, il ne sait rien; il ne sait point que vous vivez; il ne sait pas non plus que l'arrêt de sa mort est révoqué, qu'il rentre dans ses biens; il ne sait pas que votre père consent à vous donner à lui. Tout cela cependant est vrai, et nous allons le lui apprendre.

Quelque simplicité qu'affectât mon récit, je n'en vis pas moins le moment où sa tête en était troublée. A chaque mot son étonnement redoublait; ses mains tremblaient; tous les frêles ressorts de ce corps délicat et affaibli par la douleur, étaient en mouvement; je voyais palpiter ses fibres; ses yeux mêmes étaient vacillants; elle serait tombée en défaillance si je ne l'avais ranimée avec ces mots: *Allons le voir.* Tout-à-coup en effet ses forces lui revinrent; et prenant son fils par la main, Allons le voir, s'écria-t-elle. Nous descendîmes la montagne; la mère, son enfant et moi, et tous trois dans ma chaise ayant passé le fleuve, nous voilà bientôt arrivés à l'autre côté du vallon.

C'était l'heure où le solitaire allait herborisant. Valérie et son fils étaient tout hors d'haleine. Voici, leur dis-je, sa demeure; reposez-vous tandis que je vais l'appeler.

Ah! vous qui m'accusez d'exagérer dans mes récits, donnez-moi des couleurs pour peindre l'attendrissement, ou plutôt le délire d'amour et de compassion où tomba Valérie en voyant l'état misérable auquel depuis neuf ans Formose était réduit. Ce toit, ce mur de gazon, cette natte, et cette pierre brute où reposait sa tête!... C'est donc là, disait-elle, qu'il a gémi, qu'il a désespéré de me revoir. Elle s'y prosterna; ce lit fut baigné de ses larmes. Son enfant pleurait avec elle en tâchant de la consoler. Ah! ma mère! lui disait-il, quand nous allons embrasser mon père, est-ce le moment de pleurer?

Cependant j'errais çà-et-là, l'appelant, mais sans le nommer, et seulement par des sons de voix que répétait l'écho de la montagne.

Il m'entendit, il vint à moi; et dès que je le vis, m'avançant au-devant de lui : Embrassez-moi, lui dis-je froidement, et félicitez-moi. J'ai réussi dans le dessein qui me ramenait à Séville. Vous êtes libre : voici l'acte qui vous rétablit dans les droits de l'honneur et de l'innocence. Vos biens vous sont rendus. Il me prit dans ses bras, et me serrant contre son cœur : Généreux ami, me dit-il, que ne vous dois-je pas? Vous me rendez la vie, la liberté, l'honneur, jusqu'à ces biens même que j'avais oubliés. Mais qui me rendra Valérie, ajouta-t-il avec le plus profond accent de la douleur? Qui vous la rendra? moi, lui dis-je. — Vous, mon ami! — Et sans cela qu'aurais-je fait pour vous? Ce ne fut qu'à ces mots que je vis éclater sa joie. Allons, repris-je, point de faiblesse. Don Maurice, faites-moi voir autant de fermeté à soutenir la joie et le bonheur, que vous avez eu de courage à vaincre la douleur et l'adversité. Je ne veux pas vous trouver insensible au plaisir d'apprendre que Valérie voit le jour; qu'elle est mère; qu'elle a un fils aussi beau qu'elle-même; que vous allez bientôt les voir; que votre ami Léonce vous est rendu; que son père consent à ce que vous soyez l'époux de Valérie : tout cela doit vous causer sans doute un agréable étonnement; mais dans toutes les situations de la vie, une ame forte se possède.

Qu'appelez-vous une ame forte, me dit-il en homme éperdu! Si la moitié de ces prodiges, si le seul bonheur de revoir ma femme et mon enfant était véritable ou possible, les transports de ma joie iraient jusqu'à l'égarement; j'en deviendrais fou dans leurs bras. J'aurais donc bien mieux fait, lui dis-je, de vous laisser votre bon sens, votre force et votre courage. Ah! mon ami, ne prolongez pas, me dit-il, le tourment de l'incertitude; et si le Ciel a fait pour moi tant de miracles, dites-le-moi, prouvez-le-moi; menez-moi où respirent ma femme et mon enfant. Ils ne sont pas loin, répondis-je, et nous allons bientôt les voir. Suivez-moi. Tout hors de lui-même, et en homme vraiment égaré, Formose me suivit.

O Dieu! quelle entrevue! J'avais fait, comme vous voyez, l'impossible pour affaiblir des deux côtés le coup de la surprise et de la joie. Eh bien! je crus les voir expirer l'un et l'autre, lorsqu'en entrant dans sa cabane, Formose aperçut Valérie à genoux sur la natte, la baisant, l'arrosant de larmes; et qu'à sa voix, au cri perçant qu'il fit entendre, elle leva les yeux sur lui.

Elle avait perdu connaissance. Ce furent les pleurs d'Hyacinthe, ses cris, ses baisers, ses caresses, qui ranimèrent ses esprits; et moi, soutenant dans mes bras cet homme courageux qui avait tout surmonté, tout souffert sans faiblesse, et qu'un saisissement de joie allait faire expirer! je m'efforçais de lui sauver la vie: son bonheur l'étouffait; il respirait par des sanglots. Enfin les larmes de l'amour, du bienheureux amour, s'ouvrirent un passage; et la natte en fut inondée. Ils furent un quart-d'heure sans pouvoir se parler. Je n'essaierai point de vous répéter leurs paroles. C'étaient leurs noms, c'était le nom de leur enfant, c'était le mien, c'étaient sur-tout des élans de reconnaissance et d'amour vers le Ciel, vers ce Dieu bienfaisant qui les avait pris en pitié. Ah! croyez-moi, les grandes passions n'ont pas d'autre éloquence.

Je les ramenai à Séville; et d'abord Formose.

avec moi et le pieux Hiéronimite, vint se jeter dans les bras de Léonce et aux genoux de Vélamare. Vous m'avez, lui dit-il, pardonné mes malheurs; ce n'est pas tout, et ce n'est pas assez encore; il faut me pardonner mon crime, il faut me pardonner un moment de délire que mes larmes et mes remords ont expié durant neuf ans de solitude et de souffrance. Le Ciel lui-même est désarmé. Il me pardonne, puisqu'il me fait enfin retrouver Valérie et le fils qu'elle m'a donné. O mon père! ô mon frère! imitez la clémence du Dieu que j'ai fléchi. Pardonnez-moi à son exemple. Un mot du père de Valérie prononcé à l'autel, va réconcilier l'honneur, la nature et l'amour.

L'orgueil des Vélamare était brisé par le remords; il y avait étouffé la haine et la vengeance. Mais eussent-ils été féroces, l'air suppliant de don Maurice, le caractère vrai, sensible et pénétrant que sa voix, son regard, ses pleurs donnaient à sa prière, les aurait adoucis. Leur confusion cependant perçait à travers leur silence. Mais lorsque Valérie, avec le plus beau des enfants, vint tomber aux pieds de son père, et les arroser de ses larmes; la nature elle seule se saisit à-la-fois de tous les cœurs; je crus la voir envelopper, serrer, réunir dans ses bras le père et les enfants : tout fut justifié par elle; et incessamment aux autels les serments de l'amour furent sanctifiés.

PALÉMON,
CONTE PASTORAL [1].

Après avoir long-temps considéré, dans un religieux silence, le tombeau sur lequel étaient gravés ces mots : *Et moi, je vivais aussi dans l'Arcadie*, des bergers, de jeunes bergères, que la vue de ce monument avait tristement occupés, s'en allaient émus et pensifs, l'amant à côté de l'amante; les uns les yeux baissés, les autres, d'un regard attendri, s'exprimant ce qui se passait dans leur ame; quelques-uns se donnant la main, et semblant se dire l'un à l'autre : Puisque c'est là le terme où tout finit, au moins aimons-nous jusque-là.

Tandis que l'esprit, encore plein de ces idées mélancoliques, ils s'avançaient hors du bocage qui environnait le tombeau, ils virent au coin du vallon une bergerie solitaire, et à la porte de la cabane un vieillard assis et plongé dans une tristesse profonde. Son corps était courbé, sa tête chauve et parsemée de cheveux blancs, s'ap-

---

[1] D'après deux tableaux du Poussin.

Un soupir lui coupa la voix, et ses yeux fondirent en pleurs.

Palémon.

puyait sur la noueuse épine qu'il tenait dans ses mains. Il ne s'aperçut pas de leur approche; et ce ne fut qu'en entendant leur voix qu'il souleva sa tête et sa paupière appesantie. Ils furent tous frappés de son air vénérable : un roi dans le malheur n'aurait pas eu plus de majesté.

Ce caractère empreint sur le visage de Palémon, l'était encore plus dans son ame : c'était un sentiment de noblesse et de dignité qu'il attachait à sa condition, et qui relevait à ses yeux les plus humbles soins de l'empire qu'il exerçait sur ses troupeaux. Tout, dans la vie pastorale, s'était agrandi à ses yeux : l'Alphée était le roi des fleuves; les vallons qu'il arrose étaient pour lui le monde; Pan et Palès étaient au nombre des plus grandes divinités.

Saisis de respect à la vue de ce vieillard, les bergers s'arrêtèrent à quelque distance de la cabane devant laquelle il était assis; mais l'un d'eux s'avançant, le pria de leur dire quel était le tombeau qu'ils avaient vu dans ce bocage. C'est là, répondit le vieillard, que sont ensevelis tous les charmes de la jeunesse, toutes les prospérités de la vie, la beauté, la gloire, l'amour, l'amour heureux; là sont ensevelis, avec ma fille unique, mes espérances et ma joie; c'est le tombeau de Lycoris. En achevant ces mots, Palémon tourna lentement un regard douloureux du côté du bocage, et laissa retomber sa tête sur ses mains.

Pardonnez, lui dit le berger, à l'imprudente

curiosité qui a renouvelé vos douleurs. Vénérable vieillard, mon dessein n'était pas de rouvrir la source de vos larmes.

Bergers, répondit Palémon, les larmes d'un père sont douces, lorsqu'il pleure sur ses enfants : et quel serait le soulagement de son cœur, s'il ne pleurait pas? C'est l'unique plaisir qui l'attache à la vie. Oh! non, ne craignez pas de les faire couler, ces larmes bienfaisantes : grâces aux dieux, la source en est vive et intarissable; elle ne cessera qu'à mon dernier soupir.

Comme il parlait ainsi, les autres bergers et bergères s'étaient doucement approchés. Oui, leur dit-il, ce tombeau que vous avez vu s'élever, comme un autel, dans ce bocage, est celui de ma fille. Elle était jeune, comme vous; et la Parque me l'a ravie. Le jeune Myrtis, son amant, l'a précédée chez les morts. Comme il n'était pas son époux, je n'ai pas dû mêler leur cendre; mais il repose à côté d'elle. Sous le même gazon repose aussi Nélé, mère de Lycoris. Moi, j'achève auprès d'eux le cours de ma vieillesse solitaire, en attendant que le dernier sommeil descende sur mes yeux.

Bon père, lui dit le Berger, puisque vous chérissez l'amertume de vos regrets, comme la chèvre du Ménale aime l'amertume du saule et du cytise, vous devez savoir gré à ceux qui vous invitent à leur parler de Lycoris; car le ruisseau se plaît à murmurer autour du caillou qui le brise. Oui, je me plais aussi, dit Palémon, à rouler ma pensée autour de ce tombeau. J'aime à parler de mon enfant; j'aime à me rappeler les heures fugitives de cette belle vie, aucun moment n'en est encore effacé de mon souvenir. Je la vois au berceau et au sein de sa mère; je la vois s'élever à la hauteur de mes brebis, et jouant avec leurs agneaux; je la vois croître comme le peuplier, dont sa taille avait la souplesse; je la vois belle et dans l'éclat de son printemps, plus fraîche que la prime-rose; et comme cette fleur naissante.... Un soupir lui coupa la voix, et ses yeux fondirent en pleurs.

Quelques instants après : Elle faisait ma gloire ainsi que mon bonheur, poursuivit Palémon. A peine eut-elle paru dans les fêtes de nos hameaux, sa beauté devint si célèbre, qu'un statuaire, à qui les dieux avaient donné le talent d'animer l'argile, lorsqu'il exprimait leur image, Alcimédon, vint me prier de lui permettre de donner à Diane les traits de Lycoris. Je fus trop sensible peut-être à cet excès d'honneur; les dieux m'en ont puni. Lorsqu'il eut fini son ouvrage, Alcimédon me dit : Le marbre va donner à ces traits l'immortalité. (Hélas! le marbre est insensible.) Je te devrai ma renommée, ajouta-t-il; reçois de moi, en récompense, cette coupe de cèdre, qui jusqu'ici a été mon chef-d'œuvre; je n'ai jamais rien imité plus délicatement que ce pampre qui la couronne; et les deux chèvres qui s'élancent pour en atteindre le feuillage sont ce que mon ciseau a produit de plus animé. Hélas! vous allez voir que cet homme divin n'a pas borné à ce présent sa pieuse reconnaissance.

Ma fille avait atteint sa dix-huitième année, lorsque nous fûmes menacés du plus redoutable fléau. Dix fois un loup féroce avait rougi l'herbe de la prairie du sang de mes troupeaux. Nélé, la digne mère de Lycoris, vivait encore; elle était désolée; mes pâtres étaient consternés; j'étais moi-même accablé de tristesse. Cet animal vorace était sorti des forêts du Lycée, et dans toutes les bergeries il avait répandu l'effroi. Lycoris, elle seule, au milieu de tant de désolation, conservait la sérénité de l'innocence de son âge. Ma mère, disait-elle, ne vous affligez pas; le dieu des bergeries, Pan, ne nous a-t-il pas toujours chéris et protégés? Mon père ne lui a-t-il pas immolé tous les ans les prémices de ses troupeaux? Croyez-vous qu'il oublie une piété si constante! Non, il ne permet pas que le pays qu'il aime, l'Arcadie, soit ravagé; et il fera tomber le monstre sous les coups de quelque pasteur. Ainsi parlait ma fille, comme inspirée par le dieu même. Ah! bergers, on eût dit que son regard attirait sur nous le sourire de la fortune. Sa voix, du moins, sa voix répandait dans nos ames une consolation plus douce que les parfums suaves qui s'exhalent des fleurs.

Son espérance ne fut pas vaine. Un soir, au

bord de la forêt voisine, comme je venais d'abattre un chêne pour écarter l'hiver de mes foyers, ce loup formidable s'offrit à moi, chargé d'une brebis déchirée et bêlante encore. Tout son poil était hérissé, sa gueule était sanglante, ses yeux étincelants; et en passant auprès de moi chargé de ma brebis, il menaçait encore. Sa rage murmurait à travers ses dents écumantes. Je vous implore, ô dieu des troupeaux! m'écriai-je; et à l'instant, d'un coup de ma hache pesante, j'étendis le monstre à mes pieds.

Je reviens à la bergerie, encore pâle de ma frayeur, mais transporté de joie. Eh bien! me dit ma fille, je vous l'avais prédit, mon père. Voyez si la fortune ne sait pas, ainsi que l'abeille, changer l'amertume en douceur. Nous avons, il est vrai, perdu un superbe bélier, douze de nos brebis, et même le plus courageux de nos chiens et le plus fidèle; mais, mon père, quelle est la vie dont la prospérité n'est mêlée d'aucun revers? Bientôt des agneaux bondissants viendront repeupler la prairie, nos malheurs seront oubliés; mais la défaite de l'ennemi cruel dont vous avez délivré nos vallons ne sera jamais oubliée; elle va vous couvrir de gloire; et tant qu'il y aura des troupeaux et des pasteurs dans l'Arcadie, le nom de Palémon ne périra jamais. Telles furent, bergers, les paroles de cette enfant si jeune encore, et cependant si sage. Nous l'écoutions avec étonnement, sa mère et moi, et nous croyions entendre une divinité.

Vous pensez bien, poursuivit Palémon, que je ne manquai pas de rendre au dieu qui m'avait secouru d'éclatantes actions de grâces. Les pasteurs des bords de l'Ophis, de l'Érimante, et de l'Alphée, vinrent tous m'honorer du nom de leur libérateur. Ce n'est pas moi, leur dis-je, qui vous ai délivrés, c'est le grand dieu qui nous protége; et si vous m'en croyez, pasteurs, dans le lieu même où le monstre a péri, nous offrirons des sacrifices à ce dieu qui veille sur nous. Tout d'une voix la fête fut résolue et annoncée pour les beaux jours où le soleil atteint le signe des fils de Léda.

Jamais rien de plus solennel ne s'était vu dans l'Arcadie. Un temple magnifique où de jeunes tilleuls, transplantés avec leur racine, formaient un double péristyle, et courbaient leurs rameaux naissants ornés d'une tendre verdure; un autel du plus beau gazon qui eût bordé le lit de l'Alphée, et ce gazon tout émaillé de fleurs; des guirlandes que des bergères, Lycoris à leur tête, avaient tissues et nuancées, avec un art inimitable, de toutes les couleurs dont se revêt le printemps; une harmonie ravissante de flûtes, de hautbois, et de ces chalumeaux que Pan lui-même a inventés. Jamais les roseaux de Syrinx n'avaient rendu des sons plus doux (si ce n'est cependant au souffle et sous les lèvres du dieu qui l'avait tant aimée; car jamais ni dieu ni mortel ne fera comme lui soupirer ces roseaux). A ces accords, mille éclatantes voix unissaient leurs accents, et faisaient retentir les airs des louanges du dieu tutélaire de nos prairies. Je n'ose dire que mon nom se mêlait à leurs chants; trop fortuné mortel, tant de prospérités allaient m'échapper comme un songe. Enfin trois génisses sans tache, et vingt brebis choisies sur tous les troupeaux du vallon, venaient s'offrir en sacrifice. Concevez-vous, bergers, un spectacle plus magnifique? Concevez-vous, hélas! un mortel plus heureux que moi?

Je le fus encore davantage, lorsque, dans les jeux célébrés après le sacrifice, je vis ma fille, à qui tous les yeux, tous les cœurs donnaient le prix de la beauté, je la vis obtenir encore sur ses compagnes et le prix de la danse et celui de la course; et le front chargé de couronnes de jasmin, de myrte et de roses, venir cacher sa rougeur dans les bras et sur les genoux de sa mère. Ah! ce n'est rien encore au prix des nouvelles émotions qui firent tressaillir mon cœur.

Les prix de la lutte et du chant étaient réservés aux pasteurs. Myrtis remporta l'un et l'autre. Je ne vous dirai point quel était ce Myrtis : le souvenir de sa beauté sera dans l'Arcadie aussi durable que le cours de l'Alphée. Les nymphes du Ménale et du Lycée ont pleuré sa mort.

C'était sur-tout dans l'art du chant qu'il excellait parmi tous ses rivaux; et lorsqu'au pied de l'autel du dieu Pan, il célébra les faveurs de ce dieu répandues sur les campagnes; aucun de nous n'aurait voulu changer sa destinée contre la fortune des rois.

Dans ses chants, il parut d'abord vouloir nous faire envier les jouissances de l'avarice; et il nous fit voir un navire chargé des trésors de Corinthe, et fier de son fardeau, voguant à pleines voiles, sur la foi trompeuse des vents; mais bientôt il nous le fit voir assailli, battu par l'orage, brisé contre un écueil, englouti dans les flots. Il nous fit voir sur le rivage l'avare maître de ces richesses pâle d'horreur, contemplant son naufrage, et dans ses yeux l'orgueil de l'espérance faisant place à l'effroi et au plus cruel désespoir.

Ensuite il vanta les exploits et le triomphe d'un héros que la victoire a couronné; il nous le montra sur un char environné d'un peuple enivré de sa gloire; et l'instant d'après, accusé, condamné par ce même peuple, et allant vieillir et mourir ou dans l'exil, ou dans les fers.

Il nous fit voir de même un roi dans son palais, environné de sa puissance, et revêtu, comme les dieux, de splendeur et de majesté. Mais soulevant les rideaux de pourpre sous lesquels on croit qu'il repose, il nous le fit voir agité de craintes vigilantes et de soins dévorants.

Bien plus heureux, dit-il enfin, le laboureur dont les bœufs dociles creusent un fertile sillon; car la terre la plus sauvage est moins ingrate que les hommes. Mais plus heureux encore l'humble et sage pasteur, qui, dans la paisible Arcadie, borne ses vœux, ses espérances, tous ses désirs à posséder un troupeau qui prospère, un chien fidèle et vigilant, une bergère aimable et qui se laisse aimer : je dirais bien, et qui l'aime à son tour; mais ce serait, ajouta-t-il, attribuer à un simple mortel un bonheur que les dieux peut-être se sont réservé à eux-mêmes.

Ainsi chanta Myrtis; et le dieu des bergers reçut, comme l'hommage le plus digne de lui, l'éloge de la bergerie.

Le vainqueur fut couronné de lierre, de ce lierre que les filles de l'harmonie, les muses, préfèrent à l'or; et j'ajoutai à sa couronne, pour prix du chant qu'il avait fait entendre, la précieuse coupe dont m'avait fait présent le statuaire Alcimédon.

Quelle fut ma surprise, lorsqu'en la recevant il me dit : Je l'accepte, Palémon, cette coupe inestimable et digne du nectar que la jeune Hébé verse aux dieux! Mais gardez-la moi; l'usage en est sacré, et je n'y veux tremper mes lèvres que lorsqu'elle sera ma coupe nuptiale, et que la belle Lycoris y daignera boire avec moi. Alors se tournant vers Nélé : Digne mère de Lycoris, permettez, lui dit-il, que je mette à ses pieds ce que j'ai de plus cher au monde; et détachant de ses cheveux la couronne de lierre dont ils étaient ornés, il la laissa tomber aux pieds de Lycoris.

A l'instant, les airs retentirent d'applaudissements redoublés, et mille voix proclamèrent Myrtis le berger, l'époux de ma fille.

Palémon, me dit-il, c'est là mon vrai triomphe, si jamais je puis l'obtenir. Tous les cœurs vous expriment le vœu du mien; puissent les dieux vous l'inspirer; et puisse Lycoris obéir sans regret à la volonté de son père! J'embrassai le jeune homme; Nélé lui prit la main, et ma fille alla, de pudeur, se cacher parmi ses compagnes.

Vous pensez bien que dès ce moment Myrtis me fut presque aussi cher que peut l'être un fils à son père. Le lendemain, je le vis arriver dans le vallon, précédé d'un troupeau qu'Apollon, Apollon lui-même n'aurait pas rougi de conduire. Vingt génisses et deux taureaux dans tout le feu de la jeunesse, deux cents brebis qui pliaient sous le poids d'une laine semblable à des monceaux de neige; et au milieu de ces brebis, des béliers revêtus d'une épaisse toison de la même blancheur. Cinquante chèvres traînant à peine le fardeau de ce doux breuvage dont fut nourrie l'enfance du souverain des dieux; et à leur tête, leurs amants le front armé pour les combats qu'exciterait leur ardeur jalouse. A l'entour du troupeau, six molosses faisaient la ronde sous des conducteurs vigilants. Hélas! pour être préféré à tous les bergers d'Arcadie, Myrtis, tu n'avais pas besoin de m'étaler tant de richesses. Mon cœur et le cœur de ma fille t'avaient déja promis sa main.

Palémon, me dit-il, avant d'avoir vu Lycoris, je me croyais heureux ; je ne puis plus l'être sans elle. Ni toutes ces richesses dont les dieux m'ont comblé, ni la gloire que l'Arcadie vient de décerner à mes chants, ne touchent plus mon cœur si Lycoris ne les partage. Viens, ma fille, viens voir, lui dis-je, tous les biens qui te sont offerts, si tu acceptes l'époux que mille voix t'ont destiné, et que ton père te propose. Des biens ! ah, mon père, dit-elle, il n'en est qu'un pour moi ; c'est un époux chéri des dieux, choisi par vous, et au gré de ma mère. Myrtis, avec ces avantages, n'eût-il qu'une simple houlette, serait pour moi le premier des mortels.

Alors, tandis que les troupeaux se reposaient dans ma bergerie, et que dans des urnes d'argile, Lycoris et Nélé sa mère, faisaient couler des flots d'un lait délicieux, Myrtis et moi nous convînmes d'un jour pour célébrer cet hyménée. Jour funeste ! jour effroyable ! et qui semblait marqué par la haine de quelque dieu. On a dit que la cause de nos malheurs fut le dépit jaloux des nymphes du Ménale, qui, amoureuses de Myrtis, et envieuses du sort de son amante, n'avaient pu souffrir leur hymen. Je ne veux point accuser les nymphes ; puisqu'elles ont pleuré aux funérailles de Myrtis, elles n'ont point causé sa mort.

Le jour était venu : nos amis étaient rassemblés, l'autel, le sacrifice, le festin, le lit nuptial, tout était préparé. Le plus brillant soleil d'été s'élevait sur nos têtes; et tandis que dans nos troupeaux, le sacrificateur choisissait les victimes, pour les purifier et pour les couronner de fleurs, tous nos jeunes amants jouaient dans la prairie; et nous, pères et mères, partagés en deux troupes, l'une assez près du lac pur et paisible où l'on avait coutume de laver mes troupeaux, et l'autre plus loin de ses bords, nous rappelant notre jeunesse, nous laissions nos enfants goûter en liberté les plaisirs de cet âge heureux.

Le seul Myrtis s'était séparé de la danse, pour offrir sa prière aux nymphes des sources voisines. Jeunes divinités, dont les urnes s'épanchent au sein de ce riche vallon, chérissez, disait-il, protégez un pasteur qui vient habiter parmi vous. Il accompagnera des sons de sa flûte champêtre le bruit de vos claires fontaines, le murmure de vos ruisseaux et le frémissement des peupliers qui les ombragent; il célébrera dans ses chants la fraîcheur de vos ondes pures, il annoncera vos bienfaits.

Alors, se dépouillant de sa tunique nuptiale, il s'était plongé dans les eaux du lac qui leur est consacré. Mais lorsqu'il en sortit, aussi pur, aussi éclatant que la feuille du lys ou celle du narcisse, lorsqu'elle brille encore de la rosée du matin, un énorme serpent, qui se tenait caché sous l'herbe, et qui se sent foulé sous les pieds de Myrtis, se dresse, l'enveloppe, se replie autour de son corps.

Tout-à-coup, dans les airs un effroyable cri s'élève. Ma troupe et moi nous l'entendons de loin, et saisis de frayeur, nous écoutons. Le cri redouble, et nous voyons un groupe de pasteurs, plus voisin du lac, lever les mains au Ciel, et par ses mouvements, exprimer l'horreur et l'effroi. C'était Myrtis que l'on voyait enceint des longs replis de ce serpent qui l'étouffait. Hélas ! ma fille et ses compagnes n'avaient pas même entendu ses cris ; et tandis que le malheureux s'épuisait en efforts pour se dégager de ces nœuds, dont il était comme enchaîné, ma fille, son amante, ivre de bonheur et de joie, et le front couronné de fleurs, dansait au fond de la prairie, et animait par son exemple un cercle de jeunes amants. O trompeuse prospérité ! qui peut se fier à tes caresses ? qui peut s'endormir dans ton sein ?

J'accourus, j'écrasai du fer de ma houlette la tête du serpent qui s'allongeait pour s'échapper. Secours tardif et superflu ! l'infortuné jeune homme était à son dernier soupir. Il reconnut ma voix, et en ouvrant sur moi un œil mourant, il me tendit la main.. Il voulait me parler ; le nom de Lycoris vint mourir sur ses lèvres. Je l'embrassai. Il expira.

Le deuil le plus profond succéda tout-à-coup à la plus vive joie. Nélé s'avança tristement vers le lieu de la danse : Bergers, dit-elle, et vous, ma fille, cessez vos jeux ; il n'est plus temps de se réjouir. Les dieux n'ont pas voulu que nous fussions long-temps heureux. Non, Lycoris, ce n'est plus votre hymen, ce n'est plus l'hymen de Myrtis, ce sont ses funérailles que ce jour, ce funeste jour doit éclairer. Myrtis n'est plus.

Myrtis n'est plus! Ce cri d'étonnement et de douleur retentit dans tout le vallon. Dès que ma fille l'entendit, elle tomba comme frappée du coup mortel, et resta long-temps renversée, sans couleur et sans voix, dans les bras de sa mère. Nous la portâmes évanouie dans ma cabane; et lorsqu'elle reprit ses sens, lorsqu'elle revit la lumière : Est-il bien vrai, mon père, me dit-elle d'une voix faible et déchirante? Il n'est plus! Elle se fit raconter sa mort; elle voulut assister à ses funérailles; et bien loin de cacher ses larmes, elle en fit gloire. Je pleure, disait-elle, l'époux que m'a choisi mon père : j'étais à lui, je suis à lui encore, je ne serai jamais qu'à lui, et en attendant que le tombeau nous réunisse, je ne demande qu'à le pleurer.

Hélas! jeunes et vieux, nous le pleurions tous avec elle; ce fut, pour toute l'Arcadie, une calamité que la mort de Myrtis; vos pères ont pu vous le dire. Les nymphes des bocages où Myrtis avait pris naissance, les nymphes des bords du Ladon, criaient la nuit : Myrtis est mort! et des antres du Pholoë jusqu'aux cimes de l'Alésus, tous les échos de nos montagnes répétèrent long-temps ces mots : Myrtis est mort! Ah! rien n'était plus juste que ces regrets de sa patrie, il en était l'exemple, il en faisait la gloire : il devait en être l'amour.

Mais moi, malheureux père! quelle fut ma douleur, lorsque je vis ma fille languissante et fanée comme la fleur que le vent ou le fer a détachée de sa tige, s'éteindre à vue d'œil dans nos bras! Elle nous aimait tendrement, sa mère et moi; elle eût voulu vivre pour nous. Ah! disait-elle en se livrant à nos caresses, consolez-moi, s'il est possible, et prolongez pour vous mes jours; je vous les dois, je veux servir et soulager votre vieillesse, et n'aller retrouver Myrtis que lorsque vous ne serez plus. Mais l'amertume de la douleur se mêlait sur ses lèvres à la douceur de ces paroles; et sa jeunesse et sa beauté se consumaient, comme la cire, composée du suc des fleurs, se consume à la flamme dont elle est l'aliment.

Sa mère succomba au chagrin de la voir périr; cette mort avança la sienne. Elle touchait à sa dernière aurore, lorsque le statuaire Alcimédon revint me voir. Palémon, me dit-il, ce n'est plus pour une Diane, c'est pour l'amante de Zéphire, pour la divinité du printemps et des fleurs que je viens emprunter les traits de Lycoris. Ah! cruel, m'écriai-je, est-ce pour déchirer mon cœur que vous me tenez ce langage? Flore, grands dieux, ma fille! venez la voir éteinte, venez voir la langueur, la pâleur de la mort dans les yeux, sur les lèvres, dans tous les traits de mon enfant. Hélas! c'est peut-être aujourd'hui que son dernier soleil se lève; et nous allons nous dire un éternel adieu.

En effet, ce jour même elle expira. Touché de ma douleur, Alcimédon, l'ami de la beauté, pleura son plus parfait modèle; et ce fut lui qui, pour honorer la mémoire de Lycoris, daigna lui élever ce tombeau.

Il voulait y placer son buste; il voulait y graver l'éloge de ses charmes. Oh non! lui dis-je, rien d'orgueilleux sur le tombeau de celle qui fut simple et modeste : qu'un marbre pur rappelle la candeur de son ame, et qu'il apprenne à la jeunesse heureuse à ne pas s'éblouir de sa félicité; qu'il lui fasse penser à celle que les plus douces espérances ont si cruellement trompée, au moment même où la fortune, l'amour, l'hymen, la gloire, tous les dieux favorables, semblaient se réunir pour l'élever au faîte du bonheur. Qu'il vous suffise donc, homme divin, de graver sur le marbre cette leçon pour nos bergers : *Et moi, je vivais aussi dans l'Arcadie.* La renommée dira le reste; et on ne l'oubliera jamais.

Tel fut le récit de Palémon. Il fut suivi d'un long silence. Enfin, l'une de ces bergères, Délie, après avoir consulté les yeux de Ménalque: Sage vieillard, dit-elle à Palémon, tant de douleur aurait au moins encore quelque soulagement, s'il vous restait des enfants dont l'amour fût l'appui de votre vieillesse. — Je n'ai plus rien qui me soulage, répondit Palémon; la Parque ne m'a rien laissé. Si vous vouliez, reprit Délie, je vois ici deux orphelins, un berger et une bergère, qui seraient bien contents, bien glorieux, que Palémon daignât leur tenir lieu de père, les adopter pour ses enfants. Cette bergère, serait-ce vous, demanda le pasteur? vos regards semblent me le dire. Mes regards, lui répondit-elle, doivent vous dire aussi quel serait le berger. — Ce jeune homme? — Oui, Ménalque, mon amant, bientôt mon époux. Il n'est pas beau comme Myrtis; sa Délie est plus loin encore de ressembler à l'objet de vos larmes; mais ils vous chériraient tous deux si tendrement, que vous les croiriez animés par les mânes pieux qui habitent ce bocage. — Eh bien, Délie, et vous, Ménalque, venez, dit Palémon, venez au tombeau de ma fille lui jurer de rendre à son père les mêmes soins, s'il est possible, qu'elle lui rendait elle-même; et moi je promettrai de vous aimer, non pas comme j'aimais ma fille, mais autant que je puis chérir tout ce qui n'est pas Lycoris.

Cette adoption fut consacrée sur le tombeau; les bergers, les bergères en furent les témoins. Ils laissèrent Ménalque et Délie auprès du vieillard; et le jour suivant ils revinrent assister à leur hyménée. Une joie insultante ne vint point s'y mêler. L'amour et le bonheur s'y tinrent voilés en silence. Palémon conduisit les deux époux à l'autel; et en les unissant, il baigna leurs mains de ses larmes. Mais insensiblement ses larmes perdirent de leur amertume; une douce et tendre famille peupla sa solitude, l'égaya quelquefois, et après avoir été long-temps le plus heureux des pasteurs d'Arcadie, et long-temps le plus malheureux, il acheva de vieillir content de la dernière consolation qui reste à l'homme vertueux, dans des afflictions sans remède, la douceur de faire du bien, et de laisser de soi de tendres souvenirs.

LES SOUVENIRS

DU COIN DU FEU.

La jeunesse vit d'espérance, la vieillesse de souvenirs : Montaigne l'a dit avant moi, on l'avait dit avant Montaigne. Lesquels sont les plus doux ou de ces souvenirs ou de ces espérances? Si j'osais décider, ce serait en faveur des souvenirs de la vieillesse. Ils sont accompagnés de regrets, j'en conviens, et mêlés de quelque amertume; mais il en est comme des liqueurs, dont l'amertume même est agréable au goût, lorsque leur douceur la tempère. Ce qu'il y aurait de déchirant dans nos regrets est émoussé par l'âge, la nature a pris soin d'en affaiblir l'impression, et dans l'éloignement, nos plaisirs et nos peines ne sont plus que comme des songes, que l'on aime à se retracer.

Les espérances de la jeunesse sont plus piquantes, il est vrai; mais d'une pointe douloureuse, quelquefois déchirante; l'émotion en est trop semblable à celle de la fièvre : elle en a les accès, les frissons, les intermittences. Elles sont tristes et brûlantes comme la passion qui les conçoit, jamais sans trouble; jamais sans cette impatience qui fait le tourment des désirs. Voyez le jeune ambitieux, le jeune amoureux, que fatigue une longue et pénible attente; l'inquiétude le consume, et il n'espère qu'en tremblant. Il est taciturne et pensif en méditant ses espérances; au lieu que le vieillard est gai, babillard, animé, soit qu'il se rappelle ses peines; soit qu'il se raconte ses plaisirs.

Cette espèce de jouissance est sur-tout vive et douce pour les vieillards, lorsqu'ils sont ensemble : soit parce qu'elle est réciproque, soit parce que leurs récits les ramènent, les réunissent, les font comme revivre au temps qu'ils chérissent encore, et qu'ils appellent le bon temps.

Ce fut cet excellent remède contre les ennuis du vieil âge, que Franklin, avant d'aller mourir au sein de sa patrie, nous enseigna, un jour qu'il avait à dîner des convives à cheveux blancs. Attendri par l'idée d'une absence éternelle, il se recommandait à la mémoire de ses amis, et le verre à la main, il leur disait adieu.

Ah! que ne nous est-il possible, lui dit l'un d'eux, de vous accompagner, et d'aller achever de vivre dans un pays où la vieillesse est honorée! Où ne l'est-elle pas, reprit Franklin, lorsqu'elle sait être elle-même ce que la nature veut qu'elle soit, paisible, douce, modérée, indulgente, et sur-tout précédée d'une vie honnête et louable?

Hélas! lui dit Closière, (celui qui avait parlé)

vous voyez des vieillards qui n'ont ni la tristesse ni l'humeur épineuse qu'on attribue à leur âge; et dont la vie, utilement et innocemment occupée, a mérité l'estime de leur postérité; leur récompense n'en est pas moins l'abandon et la solitude. Le temps n'est plus où en France, comme en Pensylvanie, on vieillissait environné et révéré de sa famille; dans ce temps-là le bisaïeul voyait ses enfants, leurs enfants et les enfants de leurs enfants tous assis à la même table, et autour du même foyer. Ces fêtes de Noël où nous allons entrer, celles de Pâques, les jours gras, ces beaux jours des Rois et de la Saint-Martin, et nos fêtes à nous, aïeux, pères et mères, étaient d'heureuses solennités, où la piété filiale éclatait au sein de la joie. Comme on s'aimait alors! comme on était content, comme on était ravi de se trouver ensemble, tous animés du même sang, tous unis des mêmes liens! et si quelque froideur ou quelque inimitié s'était glissée dans la famille, comme elle cédait ces jours-là, aux sentiments de la nature, et comme elle se dissipait!

Toutes ces fêtes sont abolies, tous ces nœuds sont presque rompus; et d'une année à l'autre, les dissensions domestiques s'enveniment en vieillissant : plus de cordialité entre parents : les frères mêmes et les sœurs se haïssent. Les pères et les mères sont délaissés par leurs enfants. Ainsi parlait le bonhomme Closière; et ses amis Norival,

Tomeri, Saint-Philippe et Lormeuil se plaignaient comme lui de ce délaissement.

Mes amis, leur dit Benjamin, ne vous faites pas un malheur des vices, qu'une société mélangée et multipliée contracte inévitablement en se corrompant elle-même; et pardonnez au nouvel âge ce qui n'a pas été sans exemple dans l'ancien temps.

Sans doute il serait doux pour les vieillards de présider comme à Lacédémone, ou comme dans la république imaginaire de Platon, aux exercices de la jeunesse, à ses danses, à ses festins : il serait encore plus utile à la jeunesse d'être admise aux entretiens des bons vieillards, comme dans les anciens banquets; elle y prendrait exemple de cordialité, de franchise; elle y prendrait leçon de prudence et d'honnêteté.

Cependant il faut convenir que la jeunesse a des intérêts et des affaires qui ne sont plus les nôtres; et dans un monde où le plaisir a pris tant de vogue et tant de faveur, il n'est pas étonnant que la jeune volée se détache de nous à qui le même attrait ne donne pas le même essor.

Ah! dit Norival, je crois voir dans le relâchement des liens naturels et des affections domestiques, une cause plus éloignée : pères et mères de famille, nous ne sommes que des images de ce père par excellence que nos enfants négligent et semblent avoir oublié. La piété filiale doit s'éteindre où s'éteint une piété plus juste et mille fois plus sainte. On se repentira d'avoir abandonné l'éternelle règle des mœurs, et l'on reconnaîtra qu'un Dieu, un culte, une morale infaillible et invariable, étaient pour l'homme autant un besoin qu'un devoir.

Oui, je l'espère, dit Franklin; mais pour vous, mes amis, vous avez en vous-mêmes le moyen de vous préserver des ennuis de la solitude, et de vous rendre heureux encore. Les jeunes gens vivent ensemble; en cela seul, imitez-les; formez un cercle des meilleurs et des plus estimables citoyens de votre âge; et là, les yeux tournés vers vos belles années, laissez votre pensée revenir sur vos traces, et vos ames se rajeunir en respirant encore l'air de votre printemps. Vous n'entendrez plus tant parler de courses de chevaux, de spectacles, de bals, de parures nouvelles; mais en revanche vous vous rappellerez des souvenirs intéressants, et le passé vous distraira du présent et de l'avenir.

Cette idée fut accueillie de la vieillesse du voisinage : la société se forma; les femmes voulurent en être; et les trois fêtes de Noël, le foyer de Closière en fut le rendez-vous. On s'assemblait à six heures du soir; on soupait à neuf heures; dans l'intervalle on causait gaiement : l'à-propos amenait des contes; chacun faisait le sien; et la place de la conteuse ou du conteur était le coin du feu. Saint-Philippe, vieux militaire, fut celui qui donna l'exemple.

Ce que nous a conseillé Benjamin n'est pas nouveau pour moi, dit-il : un ami de mon père, le comte le Danois, dans ses vieux ans, menait la vie que nous allons mener ensemble. Il n'admettait plus à sa table que des vieillards dont il était lui-même le doyen. C'était un plaisir de lui voir savourer les douceurs de ce reste de vie : il y était d'autant plus sensible qu'il n'avait pas dû s'y attendre; et ce n'était que par un miracle qu'il avait vu de si longs jours. A ce mot d'*un miracle* chacun prêta une oreille attentive; et il commença son récit.

C'est de mon père que je tiens ce que je vais vous raconter : c'est lui que vous allez entendre.

Écoute, me dit-il, un jour que le Danois était venu le voir, écoute l'aventure de cet heureux vieillard, et tu croiras à la destinée. Nous étions tous deux du même âge, et nous faisions ensemble nos premières armes dans la campagne où se donna la bataille de Malplaquet. En combattant l'un à côté de l'autre, je le vis tomber d'un coup de feu que je crus mortel; et en effet, le lendemain je lus son nom dans la liste des morts. Je le pleurai; j'étais encore peu familiarisé avec ces images terribles qu'affaiblit l'habitude dans l'ame du soldat. Le champ de Malplaquet était pour moi le premier spectacle des événements de la guerre, et dans l'impression générale que me fit ce tableau, se confondit, je te l'avoue, le sentiment particulier de la perte de mon ami. Mais quand l'hiver nous donna du relâche et laissa reposer nos armes, je me souvins que non loin du village que mon régiment occupait, le Danois avait pris naissance. Sa mère, si elle vivait encore, devait être dans la douleur. Je me fis un devoir d'aller la consoler ou pleurer avec elle.

En arrivant, je vois de loin tout le château illuminé; j'approche, j'entends des violons. Je crois me tromper, je demande si c'est bien là qu'habite madame le Danois. On m'assure que c'est la mère, et on ajoute que c'est une noce qui se célèbre dans son château. J'outrageai le cœur d'une mère, en m'indignant qu'elle pût se livrer à l'allégresse d'une noce, après la mort si récente encore de son fils, de son fils unique! Je voulus cependant m'assurer, par mes propres yeux, de ce que j'avais peine à croire. J'arrive; on m'annonce; j'entends une exclamation de joie éclater à mon nom; et en entrant dans une salle où cinquante convives étaient rangés à table, je vois mon jeune ami à côté de sa mère, et auprès d'une bonne et simple villageoise. Juge quelle fut ma surprise. Dès qu'il me voit, il se lève, s'élance, se précipite dans mes bras. Il était pâle et faible encore, mais tout rayonnant de bonheur.

Ah! mon cher le Danois, lui dis-je, est-il bien vrai que vous vivez; et n'est-ce point une ombre que j'embrasse? Non certes! me dit-il; tout exténué que je suis, je me sens bien vivant, et nous ferons encore ensemble quelques campagnes, je l'espère. Prenez place à notre banquet. C'est Marguerite, ma sœur de lait, la fille aînée de ma nourrice, que nous venons de marier. Elle est jolie, vous la voyez auprès de son époux. Elle l'a choisi elle-même, jeune, frais et dispos, comme si on l'avait fait pour elle. Moi, qui n'ai pas encore repris la même fraîcheur de santé, vous me voyez entre mes deux mères; car n'en déplaise à celle qui m'a donné le jour, je puis dire que j'en ai deux. Tout ce cercle d'honnêtes gens sont les familles des deux époux et nos bons voisins de campagne.

Le soupé fut brillant, de cette gaieté villageoise qui n'a besoin pour s'animer que de quelques coups de bon vin. Après le soupé, nous menâmes les époux au lit nuptial, qui dans le château même leur était préparé. Chacun se retira; la bonne Mathurine resta seule auprès de sa fille. La noce alla danser le reste de la nuit, dans un pavillon reculé. Alors, seuls, mon ami et moi avec sa respectable mère, nous pûmes causer à loisir; et tu dois bien penser que ma curiosité la plus impatiente fut de savoir comment, ayant été laissé pour mort sur le champ de bataille, il en avait été sauvé.

J'y avais passé la nuit, me dit-il, sans mouvement, sans connaissance, n'ayant plus qu'un souffle de vie; quand le matin, au point du jour, arriva ma nourrice dans ces plaines de sang, où l'on était encore à dépouiller les morts avant de les ensevelir. Son village n'était qu'à quelques lieues de là; elle avait entendu parler d'une bataille où bien du monde avait péri; elle me savait dans l'armée; elle accourut, et de quelques soldats de mon régiment, elle apprit que j'étais au nombre des morts. Sa douleur fut extrême; mais elle n'en perdit ni l'espérance, ni le courage. Elle se fit montrer l'endroit où ma troupe avait combattu; et là, m'ayant cherché long-temps dans un vaste amas de carnage, elle me reconnut enfin; j'étais glacé, sans aucun sentiment, et le cœur me battait à peine. Elle crut cependant le sentir tant soit peu remuer sous sa main; et ayant approché ses lèvres de ma bouche, un faible souffle l'assura qu'en moi tout n'était pas éteint. Alors détachant de son cou une croix d'or qui était un présent de ma mère, elle l'offrit à deux valets d'armée, avec promesse d'un plus grand prix de leurs secours, s'ils l'aidaient à me transporter bien doucement dans sa demeure. Ce fut là que le soir du même jour, en ouvrant les yeux, je trouvai celle dont j'avais sucé le lait, suçant elle-même le sang qui s'était figé dans mon sein. Je ne puis t'exprimer l'impression de tendresse que fit sur moi l'amour de cette bonne femme. Ah! dit madame le Danois à son fils, elle est plus ta mère que moi. Non, non, s'écria-t-il, jamais rien dans mon cœur n'égalera celle dont j'ai reçu la vie : Mathurine n'a fait que me la conserver.

La balle dont j'avais été percé était sortie, poursuivit-il ; aucune partie noble n'en était offensée ; le chirurgien qu'on appela me donna tous ses soins ; et ceux de ma nourrice et de sa fille ont achevé de me guérir. C'est aujourd'hui le jour de ma reconnaissance ; la noce en est la fête ; et avant que de m'exposer à de nouveaux périls, j'ai voulu m'acquitter envers ces bonnes gens. Me voilà libre, et dès que ma convalescence sera un peu plus avancée, je vais rejoindre les drapeaux. Comment, lui demandai-je, n'y a-t-on pas d'abord appris votre aventure ? On doit l'y savoir, me dit-il ; j'ai écrit dès que je l'ai pu ; mais le soin de ma vie occupait trop ma mère, elle n'a songé qu'à cela ; et si j'avais voulu l'en croire..... Ah ! dit-elle en l'interrompant, ne révélez pas ma faiblesse. Je n'ai que vous ; le Ciel a bien voulu vous rendre à moi ; ne me demandez pas plus de courage que je n'en puis avoir, et disposez sans moi d'une vie qui m'est bien chère, mais qui n'est plus à moi, puisque c'est l'étrangère qui l'a conservée..... O douce et tendre jalousie ! Ses larmes à ces mots recommencèrent à couler. Nous voulûmes, son fils et moi, lui persuader qu'elle ne devait pas être jalouse de Mathurine.

Ah ! monsieur, me dit-elle, il est cruel pour une mère de se voir dérober ses devoirs et ses droits.

Pourquoi n'est-ce pas moi qui ai donné mon lait à mon fils ? Pourquoi n'est-ce pas moi qui ai sucé le sang de sa plaie, qui l'ai cherché sur le champ de bataille, et qui l'en ai retiré mourant? Ni la faiblesse de ma santé ne m'a permis de le nourrir, ni mon éloignement ne m'a permis de lui sauver la vie. Mais c'est de ce double malheur que je ne me consolerai jamais.

Ce regret, lui dis-je, est lui seul une expression plus vive de la tendresse maternelle que tout ce que vous enviez. Une autre qu'une mère peut avoir fait ce qu'a fait la nourrice; mais une mère seule peut s'affliger ainsi qu'une autre l'ait fait à sa place. Jouissez donc sans amertume de tout l'amour d'un fils que je vois si touché, si pénétré de votre amour. Le Ciel vous doit, pour récompense, de vous conserver l'un à l'autre; et des dangers que lui et moi nous avons à courir encore, j'espère que vous n'aurez plus à recueillir que de la gloire, et la consolante douceur de le voir vieillir près de vous. Ma prédiction s'est accomplie, me dit mon père; le Danois élevé en grade, et honoré dans son état, après avoir rendu sa mère heureuse jusqu'au dernier soupir, jouit encore d'une verte et saine vieillesse; et demain nous dînons ensemble avec des camarades tous aussi vieux que lui et moi.

Ce récit donna lieu à des réflexions. Je vous avoue, dit madame d'Orboise, qu'à la place de cette bonne mère, j'aurais eu les mêmes regrets, et vraisemblablement la même jalousie; mais je m'en serais soulagée en comblant de bien la nourrice, et en faisant faire à sa fille un mariage avantageux. Avantageux? Comment, reprit madame d'Ervilli. Marguerite, vous a-t-on dit, avait elle-même choisi le beau jeune homme qu'elle épousait. Si elle l'aimait, si elle en était aimée, que lui auriez-vous offert de plus désirable pour elle? Non, pour tout l'or du monde, elle n'eût pas voulu, je gage, d'autre mari que son amant. Pour moi, quand j'épousai ce jeune d'Ervilli, avec qui j'ai été cinquante-cinq ans si heureuse, et qu'une mort prématurée m'a ravi avant l'âge de soixante-quinze ans, je me souviens très-bien que si l'on m'eût proposé un prince, je ne l'aurais pas préféré. Mais revenons à Marguerite, et supposons que la vanité, que la richesse l'eût tentée, n'eût-ce pas été mal récompenser la mère que de séduire ainsi la fille? Qu'auriez-vous fait, en déplaçant une bonne et simple villageoise, que de gâter un charmant naturel? Il est doux, vraiment, il est beau d'exercer la reconnaissance; mais ce n'est ni pour son plaisir, ni même pour sa propre gloire, qu'il faut être reconnaissant; et c'est au vrai bonheur de ceux qu'on récompense qu'il faut savoir accommoder et approprier ses bienfaits. Quant à la jalousie dont je sens qu'une mère peut être susceptible, c'est dans madame le Danois la plus aimable des faiblesses; mais c'en est une; et toute naturelle et intéressante qu'elle est, je ne la crois pas raisonnable. Une mère ne doit céder volontairement à personne le droit de faire à ses enfants le bien qui dépend d'elle, et qu'elle peut se réserver; c'est la prérogative de l'amour maternel; mais au-delà de son pouvoir, si quelqu'un fait pour eux ce qu'elle eût voulu faire, est-ce d'un œil d'envie qu'elle doit regarder le bienfaiteur de ses enfants? L'amour filial n'est pas un sentiment qui s'aliène, ni que tel autre sentiment affaiblisse. J'ai vu des mères envieuses de l'amour que leur fille avait pour son époux; ce n'est plus là de la tendresse maternelle, c'est de l'amour-propre exalté. Je pense comme vous, dit le vieux Tómeri. La nature, en nous accordant un cœur sensible, y ménage à chacune de nos affections un aliment qui lui est propre. Ce sont des plantes qui, sans se nuire, croissent dans le même jardin; et qu'on en ôte seulement les vices et les passions, plantes sauvages et voraces, tout ce qu'il y a de bon sympathise et prospère ensemble. Les vertus sont amies et ne sont point rivales. La bonté naturelle est une source inépuisable comme celle de la lumière, qui sans s'affaiblir se répand.

Cette opinion fut débattue. L'ame, disaient les uns, n'a qu'une dose de sensibilité : réunie, elle en est plus vive; divisée, elle est plus faible; dissipée, elle s'évapore; et bien souvent un seul objet l'absorbe tellement, qu'il n'en reste plus rien pour ce qui n'est pas de lui. Plus l'organe du sentiment est vif et délicat pour un objet, disaient les autres, plus on est sûr qu'il le sera de même pour tous les objets analogues à cet organe de la bonté. La piété filiale, l'amitié, l'amour même, s'il n'est que doux et tendre, ne se disputent rien. Ils n'usurpent rien l'un sur l'autre; et au lieu d'affaiblir la sensibilité en la divisant, ils l'exercent; et tour-à-tour se la renvoient plus active et plus susceptible de nouvelles émotions. J'aimais bien, disait Norival, à trouver mon ami attendri par sa mère, enchanté de sa femme, content d'un autre ami; il m'en aimait moi-même davantage; et je jouissais de l'état d'attendrissement et de joie, où tout ce bonheur l'avait mis.

Cet entretien se prolongea jusqu'au soupé, sans que l'on fût d'accord; mais avant de se mettre à table, on convint une fois pour toutes, qu'on n'en serait pas moins de bonne intelligence, en différant d'opinion.

L'aventure du comte le Danois, dit Closière, après le soupé, m'en rappelle une assez semblable, et qui fit la fortune d'un bon Flamand, avec qui mon père était en relation de commerce et en liaison d'amitié.

Ce négociant de Courtrai, Simon Bakler, avait un fils d'une figure aimable et d'un excellent naturel; c'était son unique espérance. Mais dès l'âge de dix-huit ans, ce jeune homme, d'ailleurs si heureusement né, se dégoûtant de son état, s'était pris d'une passion irrésistible pour le métier des armes. Son père, autant qu'il était possible, différait de céder à cette fougue de jeunesse, lorsque la guerre vint lui fournir d'éloquentes leçons à donner à son fils. La dernière fut celle du champ de Fontenoi; le lendemain de la bataille, il l'y mena, le lui fit parcourir, dans un long et morne silence; et après l'avoir ainsi livré à ses réflexions : Fabrice, lui dit-il, en s'arrêtant sur le bord d'un ravin comblé de morts, j'honore autant que toi l'homme libre qui se dévoue au service de sa patrie ; ceux que tu vois ont eu ce généreux courage : que leur ame repose en paix, et que jamais leur pays ne les nomme qu'avec un sentiment d'estime et de reconnaissance! Mais toi, que le Ciel m'a donné pour unique soulagement à mes travaux et à mes peines, et pour soutien dans mes vieux ans, es-tu libre, dis-moi, de délaisser ton père? Et dans la querelle des rois, toi, mon fils, à qui ta naissance ni ta condition n'imposent l'obligation de t'y engager, peux-tu par inclination, par goût, vouloir être du nombre ou de ceux que tu vois couchés sur la poussière, ou de ceux qui les ont percés de coups mortels et se sont baignés dans leur sang!

Comme le père disait ces mots, ils aperçurent, parmi les morts qu'on avait dépouillés, un beau jeune homme qui soulevait sa tête, et qui, appuyé sur l'une de ses mains, regardait çà-et-là s'il n'y aurait pas quelqu'un qui pût le secourir. Un boulet de canon lui avait emporté une jambe

Contes moraux. IV.

et fracassé l'os de la cuisse; l'excès de la douleur et le sang qu'il avait perdu lui avaient ôté l'usage de ses sens; la fièvre le lui avait rendu. Ils vont à lui. C'était un jeune Anglais appelé Henri Adelton. L'aridité de son haleine et de sa langue ne lui permit d'abord d'exprimer que par signes qu'il était dévoré d'une soif ardente, et que pour tout soulagement il demandait à l'étancher. Le jeune Flamand l'entendit; il courut vite à un ruisseau voisin; et son chapeau lui tenant lieu de vase, il apporta de l'eau, que l'Anglais but avidement.

Alors les regardant avec des yeux attendris de reconnaissance, il leur montra du doigt le Ciel, comme celui qui devait les récompenser, mit la main sur son cœur, la porta sur ses lèvres, et leur disant adieu d'un air doux et sensible, se laissa retomber, comme n'ayant plus qu'à mourir.

Vous pensez bien que mes deux Flamands n'abandonnèrent pas ce malheureux jeune homme. Bakler l'ayant fait enlever et déposer chez lui, en prit les mêmes soins que s'il avait été son père. Tous les secours de l'art lui furent prodigués. Il lui fallut subir une amputation cruelle; il la soutint avec un courage et un sang-froid inaltérable; et en se voyant mutilé : Mon ami, dit-il à Fabrice, pour le coup me voilà réduit au célibat et au repos. Heureusement j'ai une sœur, jeune, belle et bien faite, qui me donnera des neveux, ces neveux seront mes enfants.

Ambroisine, sœur de Henri, l'aimait et en était aimée avec une extrême tendresse. Ils étaient orphelins, et sans aucun partage, ils jouissaient ensemble d'une fortune considérable : miss Ambroisine Adelton était l'objet des vœux de la plus brillante jeunesse; mais heureuse auprès de son frère, elle avait atteint ses vingt ans, sans avoir encore pu soutenir la pensée de s'engager à vivre pour un autre que lui. Dès qu'elle apprit qu'il était blessé, elle partit de Londres, et vint le trouver à Courtrai. Sa douleur fut profonde en le voyant estropié; mais il lui eut bientôt inspiré son courage. Ma sœur, lui dit-il, un grand nombre de braves gens ont péri dans la même action où je n'ai été que blessé. Rendez grâces au Ciel, et à ces hôtes secourables qui m'ont tiré de la foule des morts. Je vis; il me reste des yeux pour vous revoir, des mains pour essuyer vos larmes, un cœur pour vous aimer; c'en est assez. Quand j'aurais tout perdu avec la vie, ce n'eût été que l'accomplissement de l'offrande et du sacrifice que j'avais fait à ma patrie; je n'en avais rien réservé.

Dès-lors cette noble constance qui soutient sans affliction le malheur attaché aux actions louables passa de l'ame de Henri dans celle de sa sœur. Elle ne s'éloignait du chevet de son lit qu'autant que l'exigeait absolument la bienséance; et Fabrice, de son côté, assidu auprès du malade, ne cessait de lui rendre les soins les plus touchants; si bien que le frère et la sœur, dans leurs confidences les plus intimes, n'eurent bientôt plus de secrets pour lui.

Henri avait conçu à Londres pour la comtesse d'Elve, jeune veuve charmante, une inclination qu'il croyait malheureuse : non que la comtesse opposât aux vœux de son amour une froideur désespérante; mais quoiqu'elle en parût flattée, elle s'y montrait peu sensible; ce qu'elle aimait le mieux au monde, disait-elle, c'était sa chère liberté. Eh bien! ma sœur, dit-il un jour devant Fabrice, mes amours, les voilà dans un piteux état! et si avant mon accident, j'ai trouvé tant de résistance dans le cœur de la jeune veuve, combien, lorsqu'elle va me voir avec une jambe de moins, ne sera-t-elle pas plus inflexible encore? Ah! si elle avait, dit Ambroisine, une étincelle de mon ame!.... Non, dit-il, ce n'est plus à moi de songer à l'amour, ni de prétendre au mariage; et c'est à vous, ma sœur, de m'en dédommager. Ce bon lord Alfred Orombel a pour vous la plus sincère affection : je lui ai donné quelque espérance; il est jeune, il n'a pas encore l'air, le ton, le langage de la galanterie; il ne songe pas même à s'en donner les agréments; mais si ce n'est pas un amant des plus aimables, ce sera, je l'espère, un des plus excellents maris. Ne parlons pas de moi, dit Ambroisine en souriant, et laissons là vos résolutions de malade : on est trop sage et trop froidement raisonnable, lorsqu'on a perdu tout son sang.

Cet entretien fut interrompu par l'arrivée d'une lettre de Londres; elle était de la belle veuve, de la comtesse d'Elve, à sir Henri Adelton. « Mon cher chevalier, lui disait-elle, c'est vous jusqu'ici que l'amour a voulu éprouver; maintenant c'est moi qu'il éprouve. Avant votre malheur, vous demandiez ma main; après votre malheur, c'est moi qui demande la vôtre. Si vous m'aimez, comme je le crois, ce sera pour vous une consolation. Je vous ai résisté; mais ne m'imitez pas; je ne veux point de résistance; et de quelque délicatesse que fût assaisonné un refus, il m'offenserait. Je vous veux pour époux tel que vous êtes, entendez-vous? Point de réplique : obéissez; et prenez bien soin d'une vie qui, dès ce moment, m'appartient. »

Cécile AIGLAND, *comtesse d'*ELVE.

Ah! mon frère, l'aimable lettre, s'écria Ambroisine : en vérité, quand je l'aurais dictée, elle n'aurait pas été mieux. Sir Henri la baisa avec le plus tendre respect, et répondit en peu de mots (car il était bien faible encore), qu'il n'aurait jamais cru qu'un boulet de canon lui ferait tant de bien en lui cassant la cuisse; et qu'avec sa jambe de bois et son allure de héros invalide, s'il pouvait se flatter de ne pas lui déplaire, il lui serait plus que jamais dévoué, fidèle et soumis.

Fabrice, confident du frère et de la sœur, ne cessait d'admirer la candeur, la noblesse, la bonté de leur caractère. Insensiblement et bientôt il conçut pour la jeune Anglaise, non pas ce qu'on appelle aujourd'hui de l'amour, espèce de goût si frivole, et dont le langage est si vain, si léger et si téméraire; mais ce sentiment vrai, profond, respectueux, dont l'expression la plus vive est l'embarras et le silence; car c'était ainsi qu'autrefois s'exprimait un amour naissant. Oh! mon dieu, oui, dirent les femmes qui écoutaient ce récit; les yeux à peine osaient parler, et tout au plus quelques regards, quelques soupirs échappés çà-et-là, disaient ce qu'on était bien aise de savoir, mais ce qu'on eût rougi d'entendre. Aussi, reprit Closière, dans le cœur du jeune Flamand, sa passion se tenait-elle bien modestement renfermée. Parmi les soins affectueux qu'il s'empressait de rendre au frère se mêlaient seulement, de l'air le plus timide, les attentions qu'il devait à la sœur, sans lui témoigner rien de plus. Mais ne devinait-elle rien de ce que lui dissimulait cette humble et tendre modestie? C'est de quoi je ne réponds pas. Ni moi non plus, dit madame de Balme. Et moi je gagerais, dit madame d'Elmont, qu'elle en soupçonnait quelque chose : l'amour qui se cache le plus, n'est pas toujours celui qui se cache le mieux.

La guérison de sir Henri fut longue, continua Closière; et durant ce temps-là, l'économe Bakler fut magnifique dans sa dépense. Cependant le frère et la sœur, en s'en allant, n'osèrent lui parler que de leurs obligations, et du ressentiment qu'ils en avaient dans l'ame : ils auraient rougi de toucher à l'article des frais qu'il avait faits pour eux. Mais à peine arrivé à Londres, le premier mouvement de sir Henri fut d'acquitter au moins cette dette légère. Il écrivit donc à Bakler; et aux plus vives assurances d'une amitié inaltérable, d'une reconnaissance infinie, éternelle, il joignit humblement une lettre-de-change de mille livres sterling.

Bakler en la voyant fronça le sourcil, et rougit. Fabrice, dit-il à son fils, cet Anglais ne nous connaît pas. Il répondit à la lettre amicale et tendre de sir Henri, avec sa cordialité flamande; mais sans lui dire un mot de la lettre-de-change, il la lui renvoya.

Cette noble délicatesse humilia le jeune Anglais : il sentit qu'il l'avait blessée; et pour faire à son hôte un de ces présents qu'un ami reçoit sans façon d'un ami, il composa le sien de ce qu'on n'a pas même au prix de l'or, du plus précieux thé de la Chine, du café d'Arabie le plus pur et le plus exquis; de vins de liqueur les plus rares.

Son présent ne fut pas rigoureusement rebuté; mais en retour, lui-même il reçut, pour sa sœur, les plus riches tissus de la Perse et de l'Inde; et comme il se plaignait que c'était affliger et gêner sa reconnaissance : ne vous en plaignez qu'à vous-même, lui répondit Bakler; à vous qui prétendez mettre un prix à des choses qui n'en ont point, aux devoirs de l'humanité. Laissez à ces devoirs leur saint et sacré caractère : les payer c'est les avilir. Si vous voulez m'humilier, et déshonorer votre asyle, vous le pouvez à peu de frais; et nous aurons bientôt réglé le mémoire de vos dépenses. Mais si en ligne de compte vous mettiez votre vie, et le bonheur que nous avons eu, mon fils et moi, de vous la conserver, j'ose vous dire, sir Henri, que vous resteriez insolvable. Sachez-nous gré tant qu'il vous plaira d'une action pourtant si simple, si naturelle et si commune; mais plus de présents, je vous prie : vous me ruineriez en échange. Dans mon pays je passe pour avare; mais ce bien que j'épargne tous les jours de ma vie, je saurai, s'il le faut, le prodiguer tout en un jour.

Quoi! dit le jeune Anglais en recevant sa lettre, cet homme qui ne nous doit rien, veut traiter d'égal à égal avec nous qui lui devons tout! Je crois connaître, dit Ambroisine, un présent à lui faire qui serait accepté, sans lui rien coûter de retour. — Ah! combien vous me soulagez! Parlez, ma sœur, et dites-moi ce que nous pourrions lui offrir. Ma main pour son fils, lui dit-elle. — Oui, de tout mon cœur, votre main, si vous y consentez, et avec votre main la moitié de notre fortune. Mais ce jeune lord qui vous aime, et dont j'ai flatté l'espérance... Je me charge, dit Ambroisine, de nous dégager d'avec lui.

Lord Alfred Orombel était sorti des écoles d'Oxfort avec deux qualités bien estimables dans un jeune homme, un cœur droit et un esprit sage. Pour lui le vrai, l'honnête et le juste étaient tout : l'utile n'était rien. Il ne se piquait que de deux choses, de raison et de loyauté; mais sur ces deux articles il ne le cédait à personne. Son goût pour la logique et la métaphysique en avait fait un homme abstrait, tout en définitions, en maximes, en règles : chez lui le sens moral dominait tous les autres sens.

Depuis le retour de sir Henri et de sa sœur, il avait redoublé de soins et d'assiduités près de l'un et de l'autre. Ce jour-là même il vint les voir; et Ambroisine se trouvant un moment seule et tête-à-tête avec lui : Nous sommes bien reconnaissants, milord, lui dit-elle, mon frère et moi, de l'intérêt aimable que vous voulez bien prendre à nous! Vraiment, répondit-il, je m'intéresse à ce que j'aime; y a-t-il rien de plus naturel? Et pourquoi l'un et l'autre en seriez-vous reconnaissants? Me les suis-je donnés ces sentiments si justes, et dont vous êtes tous deux si dignes? L'amour et l'amitié sont des biens que l'on nous procure : c'est à celui qui les reçoit de remercier ceux qui les lui font connaître : et avec vous il est si facile de s'y livrer et si doux d'en jouir, qu'il faudrait être, en vérité, bien vain pour vouloir s'en faire un mérite! J'aime Henri, parce qu'il est tel que je désirais un ami.

J'aime Ambroisine, parce qu'elle est telle que je désire une compagne : voilà, je crois, tout le mystère de l'amour et de l'amitié.

Je vois, lui dit-elle, milord, que dans vos sentiments, vous ne mettez ni ostentation ni jactance. Oh! non, dit-il, je tâche d'exprimer au plus juste ce que je sens. La mauvaise foi, le mensonge me sont antipathiques; je hais la charlatannerie en toutes choses; mais je la hais surtout en fait de sentiments; et je méprise mille fois moins le fripon qui, pour me tromper, fait piafer un mauvais cheval, et sait m'en dérober les vices, que celui qui dans le commerce de l'amitié ou de l'amour exagère ses affections, et déguise ou farde son ame.

Vous ne croyez donc pas, milord, à ces amours extrêmes, insensés, éperdus, qui ne respectent rien, et qui veulent que tout leur cède? — J'y crois comme au délire, et comme au transport de la fièvre, mais je crois cette maladie beaucoup plus rare qu'on ne pense; et bientôt elle cesserait si on la traitait froidement. J'ai vu jouer la frénésie par des gens qui ne laissaient pas d'être sains d'esprit et de sens. L'amour, dans son état naturel et durable, n'a point ces violents accès : c'est tout simplement, belle miss, une prédilection de l'amour de soi-même, pour un objet unique, et que nous croyons seul capable de nous rendre heureux.

Soit donc que dans cette croyance il entre plus

ou moins d'illusion ou de réalité ; soit que dans le désir qu'elle fait naître et qu'elle anime, chacun selon son naturel, soit plus vif ou plus modéré, la vérité constante est que, même en amour, c'est premièrement soi qu'on aime. Par exemple, moi qui vous parle, pourquoi préféré-je Ambroisine à tout ce que je vois de plus aimable au monde? Je me le demande souvent ; et voici quelle est ma réponse : parce que mon esprit s'allie avec le sien ; parce que mon ame s'accorde et se complaît avec la sienne ; parce que le son de sa voix est pour mon oreille le plus doux des sons ; parce que son regard a pour mes yeux un charme que nul autre n'aura jamais. Ainsi la nature a pris soin de réunir en vous, et comme exprès pour moi, tous les éléments du bonheur ; et voilà pourquoi je vous aime.

Ce langage était bien flatteur, ajouta le bon homme ; cependant Ambroisine en était peu touchée. Et je sais bien pourquoi, dit madame de Claine : le lord Orombel raisonnait, analysait l'amour ; et l'amour ne veut pas, autant qu'il m'en souvient, qu'on l'analyse et le raisonne. Nous ne voulons savoir ni pourquoi l'on nous aime, ni combien l'on nous aime : nous voulons que ce soit sans bornes, sans mesure, autant qu'il est possible et encore au-delà, dans le vague et dans l'infini. Le vrai langage de l'amour est celui qui vous en laisse imaginer tout ce que nous voulons; et le silence d'un amant qui n'ose ou ne peut exprimer tout ce qu'il a dans l'ame, est plus touchant pour nous que toute l'éloquence de celui qui nous amplifie et nous définit sa passion. Aussi, reprit Closière, miss Adelton ne songeait-elle qu'au moyen d'échapper au raisonnable et sincère Orombel.

Vous m'apprenez, lui dit-elle, un secret que bien des hommes dissimulent. Ainsi toutes les fois qu'à l'amour de soi-même s'oppose un sentiment plus généreux, plus juste, un intérêt plus noble, moins personnel et plus sacré, celui-là doit lui être immolé, n'est-ce pas? — Oui, sans doute! — Et que devient alors celui qui sacrifie l'espérance de son bonheur? — Il jouit de son sacrifice, se console avec sa vertu, tâche de se faire un bonheur de son devoir; et s'il n'y trouve pas ce bonheur, il s'en passe. — Vous me parlez, milord, en homme bien sûr de lui-même! Mais donneriez-vous ce conseil à un cœur aussi faible que l'est communément celui des femmes de mon âge! Moi, par exemple, qui grâces au Ciel, ne connais point encore l'amour, supposons qu'à la haute estime que j'ai pour vous, et que vous méritez si bien, se mêlât ce vif intérêt personnel dont vous me parlez, cette espérance et ce désir d'attacher mon bonheur au vôtre, et que l'on vînt me dire : Il y a dans le monde un jeune homme estimable, plein de vertus; qui n'est pas le lord Orombel, et qui par ses bienfaits a les droits les plus saints à vos sentiments les plus tendres; engagée envers lui par la reconnaissance, n'ayant en mon pouvoir qu'un seul moyen de m'acquitter, celui de lui offrir ma main et de lui consacrer ma vie; le devrais-je? Le pensez-vous? Mais, dit-il, c'est selon la nature de ses bienfaits et de vos obligations. Eh bien, s'il m'avait conservé ce que j'ai de plus cher au monde? s'il avait fait pour moi plus que de me sauver la vie? s'il l'avait sauvée à mon frère? — Ah! dit le jeune Anglais, je n'hésiterais pas à vous conseiller d'être à lui. — Telle est, milord, telle est réellement la situation où je me trouve. Je suivrai donc votre conseil, auquel je me suis attendue; car je connaissais votre cœur, même avant que de l'éprouver. Mais je ne dois ni ne veux vous cacher que nul autre qu'un tel rival n'eût obtenu sur vous la préférence, et qu'après mon frère, et celui qui a sauvé la vie à mon frère, aucun homme jamais ne me sera plus cher que vous.

Alors elle lui apprit ce que je viens de vous raconter. Oui, sans difficulté, dit l'honnête Orombel, toute préférence lui est due. Et qu'en dit votre frère? — Il s'en rapporte à vous, milord. — Venez donc, que je le décide, et que je lui dise moi-même qu'il n'y a point à balancer. Vraiment, disait-il en lui-même en allant trouver sir Henri, c'est une bonne chose que d'être heureux; mais c'en est une meilleure encore que d'être juste et honnête homme, et point de bonheur sans cela.

Cependant le jeune Bakler, depuis le départ d'Ambroisine, était tombé dans la mélancolie. Ah! que ne m'avez-vous laissé, disait-il à son père, chercher dans les combats une mort honorable et prompte! Cela valait mieux que la vie obscure et languissante où me réduit mon père, un amour insensé, un amour sans espoir! Je l'ai vue, et pouvais-je la voir sans l'adorer, cette trop aimable Ambroisine? Non, ce n'est pas pour moi que le ciel l'a formée. Un jeune lord va l'épouser. Qu'elle soit heureuse avec lui, j'y consens; et s'il le fallait, je donnerais ma vie pour lui assurer un destin digne d'elle; mais je ne cesserai d'envier le bonheur de celui qui fera le sien. Comme en disant ces mots le jeune homme fondait en larmes dans les bras de son père, on annonce un courrier de la part de Henri, et ce courrier remet à Bakler une lettre. Elle était conçue en ces termes :

« Non, mes amis, vous avez beau dire, je ne veux point mourir insolvable envers vous. Vous refusez tout de ma main, jusqu'aux moindres bagatelles, voyons si vous refuserez ce qui me reste à vous offrir. » Oui, certes, dit Bakler, en interrompant sa lecture, je le refuserai : lorsque j'ai fait du bien, j'en suis payé d'avance; je ne reçois rien pour cela. N'est-il pas vrai, Fabrice? — Oui; refusez, mon père : l'amitié ne se paie que par de l'amitié. Bakler continua de lire : « J'ai sur le bord de la Tamise, et à quelque milles de Londres, une maison de campagne assez belle, avec un domaine voisin, dont la culture peut amuser la vieillesse d'un homme sage, permettez qu'elle soit à vous. —» Je n'en veux point. — Oh, non, mon père! N'allons jamais dans le pays de ce lord Orombel. C'est à lui d'habiter cette maison riante qui ne doit voir que des heureux. — Achevons, dit le père, ceci me semble intéressant. « C'est-là, si vous y consentez, et si Fabrice y consent lui-même, que j'aurai la satisfaction et le bonheur inexprimable d'unir votre fils et ma sœur! — Que dites-vous, mon père? Votre fils et sa sœur! — Oui, ce sont ses mots : Lis toi-même. Fabrice lut, et il fut saisi d'un tremblement et d'un transport de joie que je vous laisse imaginer.

Ils partirent pour Londres, où ils furent reçus avec une cordialité noble et franche comme la leur; et de Londres on se rendit à cette maison de plaisance, où furent célébrés le même jour le mariage de sir Henri avec Cécile Aigland, veuve du comte d'Elve, et celui du jeune Bakler avec Ambroïsine Adelton.

Aucun de vous ne doute que l'ardeur de Fabrice, pour la profession des armes, ne fût déja fort ralentie. Le charme et le bonheur d'une union paisible acheva de l'éteindre; et à mesure que les liens du sang vinrent s'entrelacer avec ceux de l'amour, il se sentit attaché à la vie par des nœuds plus forts et plus doux. Pour le jeune Orombel, dès que son caractère fut connu, il trouva sans peine une femme aimable et sensible, qu'il aima raisonnablement, et qui n'en fut que plus solidement heureuse.

Le lendemain, lorsque le cercle des vieillards fut formé, madame d'Elmont prit la parole, et en s'adressant à Closière, j'ai rêvé, lui dit-elle, à la bonne fortune de vos Flamands : savez-vous que je n'aime pas cette résistance invincible à recevoir du jeune Anglais un tribut de reconnaissance? Car enfin, s'il n'avait pas eu la main de sa sœur Ambroisine à leur offrir, il leur eût donc été redevable de la vie, toute la vie, sans pouvoir soulager son cœur du poids de cette dette immense. Du poids! madame; et pourquoi voulez-vous que c'en soit un pour un cœur aimant et sensible? Le ressentiment des bienfaits est pénible pour les ingrats; mais il s'agit ici du plus reconnaissant des hommes. — C'est pour cela, monsieur, qu'il devait lui être dur de ne pouvoir pas s'acquitter. — Eh! madame, quel eût été le monceau d'or ou de diamants que sir Henri eût pu mettre en balance avec l'obligation qu'il avait aux Bakler? Il n'y a que la tendre amitié, que la reconnaissance pure, qui soit d'un prix à compenser la valeur d'un si grand bienfait; et sans cela, ni la main d'Ambroisine, ni sa fortune, ni celle de Henri, n'aurait pu l'acquitter. Je suppose, au contraire, que n'ayant rien au monde à donner à son bienfaiteur, ni aucun service à lui rendre, il l'eût aimé, il l'eût béni, il l'eût recommandé au Ciel, comme il faisait sur le champ de bataille; c'eût été là, madame, lui payer son bienfait, et Bakler pensait dignement de n'en pas vouloir davantage.

Mais, mon voisin, lui dit madame d'Ervilli, avec ces vœux stériles et ces sentiments purs, ne mettez-vous pas les ingrats bien à leur aise? —Oh! point du tout, madame; car je laisse aux bienfaits tous leurs droits au retour des bons offices mutuels; mais à des bienfaits impayables j'attache envers les hommes, comme envers Dieu lui-même, un genre d'obligation que le cœur seul peut acquitter, et qui l'enveloppe et l'enchaîne des nœuds indissolubles de la reconnaissance. Or, c'est là sur-tout ce qui gêne la misérable vanité et le triste orgueil des ingrats. Le poids qui leur presse le cœur, c'est cette obligation de chérir, d'honorer, de voir toute leur vie d'un œil reconnaissant l'homme qui leur a fait un bien qu'ils ne peuvent lui rendre. Tant qu'ils se sentent redevables, ils sont mal à leur aise avec lui, devant lui; ils s'indignent de tant devoir à leur égal; ils se demandent de quel droit il a sur eux cet avantage. C'est peu d'atténuer son bienfait, ils le dénaturent pour le rendre méconnaissable. Impatients de lui trouver des torts, ils lui en supposent s'il n'en a point; et s'ils ne peuvent l'oublier, ils finissent par le haïr.

— Ah! de quel vice monstrueux nous parlez-vous? — D'un vice aujourd'hui plus commun qu'il ne le fut jamais; mais qui dans tous les temps ne fut que trop dans la nature. Écoutez les aveux que nous fait Montaigne lui-même, d'ailleurs homme honnête et loyal. *Je me connois bien*, nous dit-il, *mais il m'est mal aisé d'imaginer nulle si pure libéralité de personne envers moi, nulle hospitalité si franche et si gratuite, qui me semblât disgraciée, tyrannique et teinte de reproche, si la nécessité m'y avoit enchevétré. Elle se paie à l'aventure quelquefois*, dit-il ailleurs en parlant de l'obligation d'un bienfait; *mais elle ne se dissout jamais : cruel garottage, à qui aimé d'affranchir les coudées de sa liberté!* Tel est le supplice de ceux qui ayant sans cesse besoin d'autrui, voudraient cependant ne tenir à autrui par aucun lien.

Et quel est, reprit Norival, l'homme assez insensé pour se flatter de passer sa vie sans avoir besoin de personne? J'en connais un, dit madame de Balme; et je vais vous conter comment il fut puni de son orgueil.

M. Lermand, mon voisin de campagne, avait laissé deux fils, et à chacun des deux un héritage en fonds de terre attenant l'un à l'autre; mais à l'aîné de plus grands biens. Cet aîné, vain de son opulence, disait à qui voulait l'entendre, qu'il était en état de se passer de tout le monde, que tout ce qu'il avait, il le tenait de sa naissance, et qu'il trouvait dans sa fortune de quoi ne jamais rien devoir. Il payait rigoureusement les services qu'on lui rendait; mais avec lui la bienveillance, la bonne volonté, le zèle, étaient perdus : il réduisait tout en salaire. On l'appelait Lermand-le-Fier. Son frère Eugène, moins riche et plus modeste, avait sans cesse dans la bouche la fable de *la Colombe* et de *la Fourmi*. Il prenait un plaisir sensible à se voir servi de bon cœur. Je ne suis pas glorieux, disait-il, du peu de bien que je fais aux autres; mais je suis glorieux de celui qu'on me fait : car l'homme qui m'oblige me témoigne qu'il m'aime : et y a-t-il rien de plus honorable et de plus beau que d'être aimé? Que dans les rigueurs de l'hiver je consente que le vieillard, la bonne mère et ses enfants se chauffent des débris de mes bois; qu'il y ait chez moi du bouillon et du vin pour les malades de mon village; qu'au laboureur à qui la grêle a enlevé l'espérance de sa récolte, j'avance le grain des semailles, que j'en console un autre en lui aidant à remplacer le bœuf qu'il a perdu; enfin qu'une partie de mon revenu se répande autour de moi; il ne m'en coûte à moi que des privations légères; et si, moins à mon aise j'en suis plus économe, plus tempérant, moins délicat dans la recherche des voluptés, des commodités de la vie, c'est un bien que je me suis fait: il n'y a pas de quoi me vanter. Il n'en est pas de même quand je vois mes voisins garder mes bois et mes moissons comme les leurs, se disputer l'occasion de m'être utiles, et m'offrir de quitter leurs travaux pour vaquer aux miens. Alors c'est moi qui suis l'objet de la bienfaisance publique; et loin d'en être humilié, je me complais dans mes obligations, et je me glorifie de ma reconnaissance : c'est la dette du cœur, c'est le devoir d'aimer celui qui nous aime et qui nous oblige; et rien au monde n'est si doux. Enfin s'il est vrai, disait-il, qu'on s'attache par ses bienfaits, pourquoi m'affligerais-je qu'on tienne à moi par ces liens. Une ame froide, indolente et vaine peut aimer mieux être en pleine franchise; mais pour une ame active, sensible et bienveillante, je ne puis concevoir qu'un bienfait lui soit importun; à moins cependant qu'il ne vienne de quelque main qui l'avilisse; encore alors, s'il est reçu, faut-il, en rougissant, l'avouer et le reconnaître, et ne pas ajouter à l'humiliation d'en être redevable, le tort plus honteux d'être ingrat.

Ainsi parlait Eugène. Son frère en l'écoutant lui trouvait l'ame abjecte. Si ce qu'on fait pour moi m'est dû, disait celui-ci, le service, quel qu'il soit, ne m'oblige à rien : s'il ne m'est pas dû, je le paie et m'en voilà quitte. Aussi avait-il des mercenaires, mais il n'avait pas un ami.

Un jour la digue de l'un de ses étangs se rompit. Il fallait à la hâte combler la brèche; il appela tout le village à son secours. On faisait la moisson; aucun des moissonneurs ne voulut quitter la faucille. Laissons, disaient-ils, son poisson s'échapper le long des prairies et suivre le courant de l'eau; la pêche en vaudra mieux pour nous que le salaire qu'il nous promet. Il se plaignit de leur mauvaise volonté; ils se moquèrent de sa plainte, et ils lui demandèrent si, pour eux, ses travaux étaient plus pressés que les leurs.

Quelque temps après, le feu prit à l'une des fermes d'Eugène. Aussitôt ces bons villageois accoururent en foule; et les uns apportant de l'eau, les autres s'exposant sur les toits au milieu des flammes, ils travaillèrent tant et si bien que l'incendie fut étouffé. Mais amis, leur dit-il, ces grains et ces troupeaux que vous avez sauvés, sont à vous, souvenez-vous-en; et au besoin..... Ils répondirent tous qu'ils savaient quel usage il avait coutume d'en faire, et qu'en courant pour lui le danger de la vie, ils n'avaient fait que leur devoir, puisqu'il l'avait lui-même plus d'une fois sauvée à leurs femmes et à leurs enfants.

Lermand-le-Fier, un jour, se laissa glisser sur la pente d'un précipice : retenu par un frêle arbuste, il y était comme suspendu; et l'abyme était à ses pieds. Deux de ces villageois, en passant, l'entendirent criant à l'aide; ils approchèrent; et en le voyant : Ah! c'est vous, monsieur l'indépendant, lui dirent-ils! Eh bien! que nous donnerez-vous pour vous tirer de là! Ma bourse, leur dit-il, vingt louis. — Ce n'est guère; mais tout fier que vous êtes, il faut avoir pitié de vous. Ils lui tendirent une corde, et le hissèrent sur le bord. Tenez, dit-il en les payant, vous avez abusé de ma situation; mais grâce au Ciel m'en voilà quitte; et je vous aurai bien payés. — Bien payés! vingt louis! pour lui avoir sauvé la vie! C'est donc là ce qu'il croit valoir, dit l'un d'eux? Il a raison, dit l'autre, et c'est encore plus qu'il ne vaut.

L'émotion de la frayeur ayant violemment remué les humeurs dont il était plein, il fut attaqué d'une fièvre dont le caractère annonçait de la malignité. Dès qu'elle se fut déclarée, chacun s'éloigna du château; ses domestiques mêmes prirent congé de lui; et à ses reproches d'ingratitude, ils répondirent ce que lui-même il leur disait souvent : *tant tenus, tant payés.* Une vieille femme, autrefois attachée à sa mère, était la seule qui lui restait, lorsqu'Eugène lui ramena quelques-uns de ses gens, qui pour l'amour de lui voulurent ne pas abandonner son frère, et le servirent quoiqu'à regret.

Un médecin habile vint de loin, par un mauvais temps, et par des chemins détestables, le visiter assiduement, et le traita si bien qu'il le guérit. Monsieur, lui dit Lermand, lorsqu'il n'eut plus besoin de lui, je ne déduirai pas ce que je dois à la nature de ce que je peux vous devoir. Ma garde a compté vos visites; et quoiqu'elles me semblent avoir été un peu fréquentes, je veux bien vous les passer toutes, comme si chacune eût été nécessaire à ma guérison. Il en fit le calcul, et après lui avoir compté la somme, êtes-vous payé, lui dit-il? Oui, je le suis, lui répondit le médecin, comme le serait un sculpteur qui aurait travaillé sur le marbre. Lermand qui ne se piquait pas de sensibilité, sourit de la comparaison. Adieu donc, lui dit-il, j'espère que de long-temps vous n'entendrez parler de moi.

Il se trompait: à peine encore était-il rétabli que son intempérance l'obligea de le rappeler, et une nuit se sentant suffoqué du poids d'un souper de glouton, il fit courir à lui bien vîte.

Le premier mouvement du médecin fut de répondre que la nuit était le temps de son repos. Mais un retour d'humanité lui fit quitter son lit; il se met en campagne, il arrive, et le trouve sur le point d'étouffer. Ah! mon cher ami, M. Gérard, lui dit l'ingrat, venez que je vous doive encore la vie. *Son cher ami!* dit en lui-même le médecin; il est donc bien mal! et il le secourut. L'émétique fit son office. Alors se sentant soulagé: Mon cher M. Gérard, vous couchez ici, n'est-ce pas? Non, monsieur, vous voilà beaucoup mieux, je m'en vais; car je me dois à mes malades.—Vous reviendrez demain, mon cher M. Gérard? — Oui demain, sans plus, je l'espère. Le lendemain sur le déclin du jour, Lermand, qui, dans son lit, se ressentait, mais sans douleur, de la fatigue de la veille, voit entrer son libérateur. — Ah! M. Gérard, vous voilà? Soyez le bien-venu. Je me trouve bien mieux que lorsque vous m'avez quitté. — Je le vois bien, monsieur. — Mais je suis faible encore; la secousse a été violente. — Oui, mais ce n'est plus rien. — N'ai-je point de la fièvre? — Non. — Tâtez-moi le pouls. — Non; vous dis-je, cela est inutile: vous êtes guéri, j'en réponds, et j'en ai des signes certains. Et quels signes, M. Gérard? — Les voici, dit le médecin: hier, quand vous étiez si malade, vous m'appeliez *mon cher ami M. Gérard*. Lorsque vous fûtes soulagé, vous m'appelâtes *mon cher M. Gérard*; *l'ami* fut supprimé. Aujourd'hui c'est *M. Gérard*; le *cher* a disparu; et si demain je revenais, peut-être ne serais-je plus que *Gérard*. Puis-je encore douter que vous ne soyez hors d'affaire? Adieu, monsieur. Soyez plus sobre à l'avenir, car, je vous avertis que je n'interromps plus mon sommeil que pour mes amis.

Eugène à quelque temps de-là, s'étant jeté dans l'eau pour sauver un enfant qui allait se noyer sous les glaces, en fut saisi d'un froid mortel. Sa maladie avait tous les symptômes d'une fluxion de poitrine. Le village fut dans l'alarme. Le père de l'enfant accourut vers le médecin. — Venez, monsieur, venez secourir le meilleur des hommes: vous rendrez un père à une foule de malheureux. Hélas! c'est en sauvant lui-même la vie à mon enfant, qu'il s'est mis dans l'état qui nous fait trembler pour ses jours. Le bon docteur arrive, et en traversant le village, il ne voit que des pleurs, il n'entend que des plaintes et que des vœux au Ciel pour l'homme bienfaisant, dont la vie est si chère à tous. Il se trouve entouré de gens empressés à lui rendre les soins qu'un père de famille aurait reçus de ses enfants. La mère de celui qu'il avait secouru ne quittait pas le pied de son lit; l'enfant lui-même était sans cesse à demander à le servir.

Ah! dit le docteur, en voyant tant d'affection et tant de zèle, on n'a de tels garde-malades que lorsqu'on s'en est fait des amis en pleine santé.

Monsieur, lui dit Eugène, par un hiver si rude, combien vous êtes généreux d'étendre si loin vos secours! Vous m'êtes donc bien nécessaire, puisque vous quittez tout pour moi! — Non, monsieur, je ne quitte rien. Il me faut très-peu de sommeil; et la vie est pour moi beaucoup plus longue que pour un autre. La nuit je serai près de vous; le matin je dirai comme on doit vous conduire; j'irai tout le reste du jour faire ma ronde, et sur le soir je reviendrai me reposer ici : nous en serons vous et moi plus tranquilles.

Le jeune homme revient de l'état le plus dangereux; et dans des mouvements de sensibilité qui redoublaient pour lui le charme de la convalescence, je sais bien, mon ami, disait-il à son médecin, comme on paie une porcelaine, une boîte d'or et d'émail, un tableau, un diamant même ; mais les tendres soins, l'amitié, l'assiduité, les veilles d'un homme tel que vous, à qui l'on doit la vie, comment, sans une ame sensible et sans un cœur reconnaissant nous serait-il possible d'en égaler le prix. Ah! ne regardez pas ceci, s'écria-t-il un jour en voulant lui donner un rouleau d'or, ne le regardez pas comme une récompense, mais comme un faible gage de tous les sentiments que vous me laissez dans le cœur. Monsieur, lui dit le bon Gérard, distinguons, s'il vous plaît, deux hommes en moi, votre ami, et votre médecin. Vous voulez payer celui-ci ; cela est juste, et j'y consens ; mais voici ce qui lui revient, ajouta-t-il, en tirant du rouleau quelques louis. — Que faites-vous? — Je donne à votre médecin ce que l'usage lui attribue, mais rien au-delà, s'il vous plaît. Le reste serait pour l'ami ; et celui-là ne reçoit rien. Le jeune homme rougit ; et sans insister davantage, non, dit-il, le seul prix d'une amitié si généreuse, est là ; et il mit la main sur son cœur.

Gérard s'en alla pénétré de la bonté de ce jeune homme. Quel contraste avec la rudesse et la dureté de son frère! disait-il ; et comment deux êtres si divers sont-ils formés du même sang?

Le malheureux Lermand, abandonné de tout le monde, effrayé de sa solitude, puni de son orgueil et de son égoïsme sans pouvoir s'en guérir, se résolut enfin à se donner une compagne; et pour l'avoir plus dépendante et plus soumise, il la prit sans fortune, belle, d'un esprit doux, et d'un caractère flexible, qu'il pût façonner à son gré. Mais avec elle, comme avec tout le monde, il crut que sa richesse lui devait tenir lieu de tout. Il l'environna d'opulence, lui prodigua, sans consulter son goût, les superfluités du luxe; et comme il lui avait reconnu beaucoup de bien en l'épousant, il en exigea de l'amour, sans en avoir pour elle, sans même se donner la peine et le soin de lui en inspirer. L'air de bonté, de complaisance, les doux accueils de l'amitié, les douces effusions du cœur, les communications d'une intimité tendre, lui semblaient des adulations indignes d'un époux : « Ces marques de faiblesse lui auraient fait perdre « son ascendant; il n'avait pas prétendu se don- « ner une maîtresse dans sa femme; il ne s'était « pas marié pour jouer fadement le rôle d'amou- « reux. » Enfin de tous les animaux c'était le seul qui, dans le plaisir même, ne voulût point s'apprivoiser.

La jeune femme était sensible; et dans sa noble modestie elle avait aussi sa fierté. Après avoir inutilement essayé de tous les moyens de lui plaire, appelé au secours de la beauté toutes les grâces du langage, employé tous les charmes de la plus attrayante familiarité, elle sentit avec amertume à quelle condition il voulait la réduire; et auprès d'un cœur insensible, le sien fut transi et glacé.

Il s'en aperçut; et d'un ton à faire frissonner l'amour, il se plaignit qu'elle ne l'aimait pas. Hélas! je ne demande qu'à vous aimer, lui dit-elle, c'est vous qui vous défendez d'être aimable, et vous ne voulez pas être aimé. — Et que fallait-il donc, lui dit-il, pour vous plaire? Peu de chose, dit-elle, un cœur qui répondit au mien. — J'entends; faire avec vous tous les frais, toutes les avances? Et n'en ai-je pas fait assez en partageant ma fortune avec vous? — Ah! votre fortune! on achète une esclave avec de l'argent; mais le cœur d'une femme honnête et sensible est d'un autre prix; et vous avez méconnu le mien, si vous avez cru le payer. Voilà bien, dit-il, le langage des ingrats! le monde en est plein, et je n'y ai trouvé que cela; aussi l'indifférence, la froideur, que sais-je? la haine sera le fruit de mes bienfaits! — Non, monsieur, je dois vous chérir, vous honorer et vous complaire; et vous me trouverez fidèle à ces devoirs. Mais ce n'est pas de moi, c'est de vous qu'il dépend qu'envers vous mon obéissance ait tout le charme de l'amour.

Cet éclaircissement, au lieu de l'adoucir, ne le rendit que plus sévère et plus impérieux; il fit tant qu'à la fin il acheva de rebuter un cœur qu'il lui eût été facile d'attendrir et de captiver.

Le chagrin le saisit; ce chagrin redoubla lorsque dans un ménage simple il vit son frère avec une femme moins belle, mais plus heureuse que la sienne, jouir de toutes les douceurs de l'hymen le plus fortuné. Ce n'était point la folle ivresse de l'amour; c'était la douce égalité d'un sentiment voluptueux, un calme pur, une sécurité mutuelle et inaltérable, et comme une teinte de joie et de sérénité répandue sur leurs beaux jours.

L'heureuse compagne d'Eugène n'avait pas chez elle en abondance, comme sa belle-sœur, les inutilités du luxe; mais elle voyait son époux attentif à lui procurer tous les agréments de l'aisance; elle voyait sur-tout qu'aucun des soins qu'elle prenait de lui plaire n'était perdu. Il lui savait gré d'un sourire, d'un regard, d'un mot d'amitié. Que ne devait-il pas à cette femme aimable! chaque nouvel enfant qu'elle mettait au monde était un don de son amour, chaque jour de bonheur qu'il passait auprès d'elle lui était compté comme un nouveau bienfait; et lorsqu'elle parlait de ses devoirs, Ah! lui disait-il, quel mérite n'avez-vous pas à les remplir avec tant de grâce et de charme! la jeune femme de son côté se glorifiait avec délices de tout ce qu'il faisait pour elle. C'était sans cesse à qui des deux serait le plus reconnaissant; et vous concevez quel ménage cette émulation de sensibilité devait faire entre deux époux qui n'avaient pas encore, à eux deux, cinquante ans.

Lermand, témoin de leur bonheur, en fut si envieux qu'il en devint atrabilaire; et n'osant ou ne voulant plus rien devoir à un médecin qui savait le secret de son ingratitude, il se laissa former dans la vésicule du fiel une pierre dont il mourut. Il ne fut pleuré de personne; sa veuve même n'affecta aucune douleur de sa mort. Mais en parlant de lui avec Eugène : hélas! lui disait-elle, il n'a tenu qu'à lui de vivre aussi heureux que vous!

C'est véritablement, dit Norival, un vice de complexion bien hideux que l'ingratitude; et de tous les enfants de l'orgueil c'est, je crois, le plus monstrueusement conformé; car enfin, l'homme est, de sa nature, indigent et nécessiteux; la société n'est autre chose qu'un cercle de besoins et qu'un échange de secours; et parmi ces secours, il en est dont jamais l'équivalent n'est au pouvoir de celui qui en est redevable. L'homme qui ne veut rien devoir n'a donc qu'à s'isoler, et à vivre en sauvage, en bête fauve dans les bois, où il sera obligé encore à ceux qui le laisseront paître. Il est vrai qu'il a pour excuse l'abus que l'on fait trop souvent des services qu'on a rendus : les bienfaiteurs ne sont pas tous bien délicats; il en est d'exigeants, il en est même d'assez durs pour humilier et pour vexer leurs redevables; et l'on a eu quelque raison de dire que c'est un chapitre qui manque à l'histoire des tyrans.

Une ame noble, sensible et juste, répliqua madame d'Elmont, ne craint point cette tyrannie; car sans être absolument libre, elle n'est pourtant pas esclave; et sans manquer à ce qu'elle doit, elle sait en distraire ce qu'elle ne doit pas.

Nous avons tous connu, dit madame de Claine, une femme très-bienfaisante, et pour qui la reconnaissance était une importunité. Oui, reprit madame d'Elmont, il est une reconnaissance indiscrète et bruyante, qui, en publiant les bienfaits reçus, en quête de nouveaux. Fatigante de flatterie, et dégoûtante de bassesse, c'est le manége d'une ame vile; une belle ame n'en veut pas. Mais lorsque la reconnaissance a tous les caractères de la sincérité, qu'elle est simple, noble et modeste, sans adulation ni jactance, et tempérée de dignité, je crois que c'est donner au bienfait un nouveau prix que de la permettre, et de vouloir bien l'agréer.

Telle fut, par exemple, dit le bon vieillard Tomeri, telle fut la reconnaissance du philosophe *la Violette*, l'un des hommes de notre siècle le plus franchement vertueux.

On fut curieux de savoir quel était ce *la Violette philosophe*. C'était, dit-il, un grenadier qui, dans la guerre de 1734 en Italie, avait volé un chou, et qui, pour ce délit, allait être pendu... Je vous raconterai son histoire après le souper.

A table, la conversation ayant donné lieu aux idées de se raccorder, on convint que dans les cœurs bien nés et les plus disposés à la reconnaissance, il y avait cependant une fierté louable, très-différente de l'orgueil; car l'orgueil aime à recevoir; mais ce qu'il a reçu lui pèse : s'il le paie, c'est à vil prix, ou, s'il ne peut le payer, il l'oublie, le méconnaît ou le déprime. La fierté, au contraire, fait qu'on évite, autant qu'il est possible, non point par répugnance, mais par délicatesse et par discrétion, le besoin des secours d'autrui; elle rend l'homme patient, courageux, actif, économe de ses moyens, prodigue de ses peines, ménager de celles d'autrui, ardent à se donner à lui-même, par son travail, ce que dans l'indolence et dans l'oisiveté il serait obligé de recevoir des autres; mais, soit que la nature lui refuse des forces, ou la fortune des succès, en succombant à ses efforts, il tend les bras à ses semblables, et sans rougir, il reçoit d'eux l'assistance qu'il sent lui-même qu'à leur place il aurait offerte à un malheureux comme lui. Alors, non-seulement il n'est pas humilié, mais il est fier de sa reconnaissance, et il fait gloire d'en remplir et d'en excéder les devoirs. Ces propos ramenèrent tout naturellement l'aventure de la Violette.

Ce brave homme, dit Tomeri, lorsqu'on fut hors de table, et qu'il eût pris sa place au coin du feu, ce brave homme allait donc être pendu pour un chou qu'il avait volé. Le général, pour arrêter les ravages de la maraude, avait cru devoir la défendre sous peine de la vie : mais la Violette et ses camarades, trouvant la loi trop dure, se croyaient dispensés de l'observer à la rigueur; et tentés des choux d'un jardin, ils avaient fait décider par le sort lequel d'entre eux irait voler un de ces choux. Le sort était tombé sur la Violette; on l'avait pris sur le fait; il était jugé, et il allait subir la rigueur de la discipline, lorsqu'en passant, l'un des chefs de l'armée, le marquis de Bonas, le reconnut pour l'avoir vu plus d'une fois, dans les combats, donnant l'exemple du plus intrépide courage. Ah! lui dit-il, mon pauvre la Violette, est-ce toi qu'on mène à la mort? Qu'as-tu donc fait? — Hélas! mon général, j'ai pris un chou sans le payer, et pour un chou l'on va me pendre. Ce n'est pas la mort que je crains, vous savez bien que je m'en moque; mais, foi de grenadier, ce n'était pas ainsi que la Violette devait mourir : c'est dommage que pour un chou l'on fasse périr un brave homme qui, depuis vingt ans, sert le roi sans reproche, et de si bon cœur. Voyez, ajouta-t-il en découvrant son sein tout sillonné de cicatrices, voyez, mon général, si je n'avais pas mérité de mourir dans le champ d'honneur.

M. de Bonas fut ému; et parlant au prevôt : Monsieur, lui dit-il à l'oreille, faites sauver cet homme-là; je prends sur moi le tort, si l'on vous en fait un.

Arrivé au lieu du supplice, le prevôt fait dire

au coupable de s'échapper, et à ses camarades de le laisser passer. A l'instant les rangs s'ouvrent, et la Violette s'échappe.

Instruit de cet événement, le maréchal de Coigni, d'ailleurs excellent homme, mais jaloux de la discipline, fait venir le prevôt, le menace, et le force de déclarer que M. de Bonas lui a commandé ce qu'il a fait. A ces mots, la colère du maréchal s'allume; le bruit se répand dans l'armée que M. de Bonas est un homme perdu. Bonas avait trop différé de rendre compte de sa conduite; il venait d'apprendre le bruit qu'on en faisait; et mandé par le maréchal, il allait sortir de sa tente, lorsqu'il y vit entrer ce brave la Violette, qu'il croyait déja loin du camp. Mon général, lui dit le grenadier, en m'en allant je viens d'apprendre que je vous laissais dans la peine, ainsi que M. le prevôt; et qu'on vous accusait tous deux de m'avoir fait échapper à la mort. Heureusement mes camarades m'ont averti à temps; et qu'à cela ne tienne : me voici; je ne prétends pas qu'on vous chagrine l'un ni l'autre à cause de moi : je vais me remettre en prison; et puisque l'on veut tant que je sois pendu, qu'on me pende. Va-t'en, lui dit M. de Bonas, sauve-toi; je saurai me tirer d'affaire. — Et le prevôt, mon général? — Le prevôt ne court aucun risque; je suis sa caution, et je réponds de lui. La Violette insistait encore; mais M. de Bonas lui commanda d'un ton si absolu de s'en aller, qu'il fallut obéir.

En paraissant devant le maréchal, M. de Bonas le trouva violemment irrité, et l'accusant de crime contre la discipline. Il le laissa s'exhaler en reproche, et enfin parlant à son tour : Je suis, monsieur le maréchal, encore plus criminel que vous ne croyez, lui dit-il, car ce brave homme, que j'ai pris sur moi de sauver, vient à l'instant de s'offrir à moi, et de vouloir lui-même se livrer à la mort, plutôt que d'attirer sur moi votre colère. Je me suis refusé à cette offre inouïe ; et au lieu de vous l'amener comme il le demandait, je l'ai forcé de s'éloigner. A ce grand trait de caractère, le feu de la colère du maréchal tomba comme étouffé. Allons, dit-il, la discipline peut en souffrir quelques moments ; mais vous avez bien fait de sauver un tel homme ; ses pareils ne sont pas communs.

- Dès que la Violette fut éloigné du camp, il consulta avec lui-même pour savoir quel usage il ferait de la vie. Il était inutile à M. de Bonas ; mais il pouvait ne l'être pas à M. Duménil, le prevôt de l'armée. Sa famille était à Valence ; la Violette s'y rendit ; et en arrivant chez son libérateur : Madame, dit-il à sa femme, vous voyez un soldat dont la vie vous appartient. Il lui conta son aventure ; et puis : Je n'ai donc rien de plus cher au monde, ajouta-t-il, après M. le marquis de Bonas, que monsieur le prevôt, sa femme et ses enfants. Je viens vous offrir mes services. Je suis jeune encore et robuste ; la peine et la fatigue ne sont pour moi qu'un jeu. Tout le travail de la maison, je le ferai, et de grand cœur. Il n'est pas question de salaire, la Violette n'en reçoit point; pourvu qu'il vive, il est à vous.

Vous croyez bien que tant de bonne volonté ne fut pas refusée. Il promettait beaucoup; il tint plus qu'il n'avait promis. C'était un de ces hommes que leur activité semble multiplier. Aucun de ses moments n'était oisif; aucun de ses pas n'était perdu. Tandis que le silence et le sommeil régnaient dans la maison, l'aube du jour le voyait au jardin, où sa main ne quittait la bêche ou le rateau que pour la serpe ou l'arrosoir. Madame, à son réveil, trouvait ses provisions faites, sa maison bien rangée, ses lambris, ses parquets luisants de netteté. Les fruits et les légumes abondaient à l'office; et la cave, dont il avait l'intendance, était un modèle de ce bel ordre où l'économie peut tout surveiller d'un coup-d'œil. Le prevôt, de retour chez lui, ne cessait d'admirer ce dévouement infatigable; et la Violette, toujours gai, toujours content, ne se rassasiait pas du plaisir de se rendre utile.

Mais au bout de deux ou trois ans d'un service pour lui si doux, il entend dire que M. de Bonas vient de mourir, et que dans un château de la Gascogne, sa veuve et ses enfants restent dans l'infortune. Incontinent il va trouver ses maîtres. J'espérais, leur dit-il, passer ma vie à vous servir; mais celui à qui je devais encore plus qu'à vous-même, monsieur le marquis de Bonas, laisse en mourant une famille pauvre, et qui doit avoir plus que vous besoin de mon travail ; c'est pour elle que je vous quitte. Ainsi, après avoir juré mille fois au prevôt de n'oublier jamais qu'il lui devait la vie, il partit et alla s'offrir à la marquise de Bonas, demandant comme une faveur qu'il lui fût permis de vieillir et de mourir à son service. C'est chez elle que je l'ai vu, en cheveux blancs, chéri, considéré de toute une famille, dont il avait la confiance entière, et au bout de vingt-cinq ans, aussi ardent à la servir, aussi passionné dans sa reconnaissance, que s'il en eût été encore au premier jour.

— Voilà pourtant, dit madame d'Elmont, un fier courage, une ame d'une trempe assez ferme, et d'une hauteur où peu de gens peuvent atteindre ; et voyez dans cette ame quel fonds inépuisable de sensibilité ! Ce qui m'en étonne le plus, dit Saint-Philippe, c'est la suite, la constance, la marche droite et soutenue de cette espèce d'instinct moral. Et moi, ce qui m'en ravissait, dit Tomeri, c'était l'air de noblesse et de jubilation que je remarquais sur le front, dans les yeux, dans la contenance et l'action de ce vieillard, content et honoré de remplir les fonctions de la reconnaissance. Soi-même on se sentait saisi de respect pour ces fonctions, en les voyant si noblement et si pieusement remplies ; l'office de valet avait en lui je ne sais quoi de religieux qui ressemblait au ministère des autels.

Et que l'on compare à cela, dit madame de Claine, la tristesse et l'humiliation de l'ingrat qui détourne son visage et ses pas de son bienfaiteur qu'il rencontre : que de bassesse dans cet orgueil! que d'amertume dans cette honte et dans ce chagrin de revoir celui qui lui a fait du bien! La reconnaissance elle-même a pourtant ses dangers, dit madame d'Orboise; et nous en avons un exemple dans ma famille. A ce début l'on fit silence, et la bonne dame reprit ainsi:

La mère de ma mère était orpheline avant l'âge de dix-huit ans; elle avait pour tuteur un homme dont je tais le nom, et que j'appellerai d'Orimon pour le déguiser. Ce n'est pas que je lui attribue l'intention criminelle qu'on lui a supposée; mais comme sa conduite fut au moins équivoque, je ne veux pas tirer son nom de l'oubli où il est tombé.

(*Le manuscrit de ce conte a été perdu.*)

Voyez, dit Norival, comme ces hypocrites de probité, même les plus adroits, sont, tôt ou tard, surpris et démasqués, et comme il y a toujours quelque endroit par lequel la lumière pénètre enfin dans les ténèbres de leur ame. En voilà un qui, dans cette famille engouée de son mérite, n'a pas laissé échapper un seul trait de caractère qui pût le déceler; il parle au père et aux enfants en homme sage, en honnête homme; l'ami le plus sincère aurait pu dire tout ce qu'il dit; et son détestable projet s'enveloppe si bien de raison, de prudence et de feinte amitié, qu'il paraît impossible d'en découvrir le fond : eh bien ! grâce à l'étourderie d'un confident qui lui ressemble, et dont il se croyait bien sûr, le voilà connu tel qu'il est.

— Ah ! dit le bonhomme Lormeuil, ils sont quelquefois plus heureux, il en est même qui vieillissent en odeur de vertu, et qui, jusqu'au tombeau, ont l'art de dérober l'estime et les regrets des gens de bien. Il est vrai cependant que bien rarement leur mémoire demeure intacte; il semble que la vérité les poursuive, et qu'elle s'attache à leur ombre lorsqu'ils lui ont échappé vivants. Je me rappelle à ce propos un conte que l'on m'a fait en Italie. J'étais bien jeune encore; mais je ne l'ai point oublié.

Dans un voyage que je faisais dans ce pays-là pour m'instruire et me former le goût, je m'étais lié à Florence avec un amateur des arts. Comme il en parlait bien, j'aurais voulu sans cesse l'écouter; mais le plus souvent, au contraire, c'était lui qui voulait m'entendre. Vous me croyez, me disait-il, plus habile que vous; ce n'est donc pas mon sentiment qu'il s'agit d'énoncer, car il altérerait le vôtre; et rien en fait de goût n'est plus précieux que l'ingénuité d'une première impression. Quand je croirai qu'elle vous a trompé, comme il arrive quelquefois, je vous le dirai sans détour; mais commençons par laisser aller le naturel, pour le rassurer s'il va bien, pour le corriger s'il s'égare. J'en apprendrai de vous, ajoutait-il, bien plus que vous de moi; car mon goût factice est formé de mille opinions dont il est l'alliage, et le vôtre, naïf encore, est dans toute sa pureté.

J'essayais donc, pour lui complaire, de démêler et d'exprimer les sensations les plus vives que j'eusse conservées de ce que j'avais vu de plus renommé dans les arts; et un jour, en parlant du Guide, je m'étonnais que le même pinceau eût réuni tant de force et de grâce, tant de douceur et de fierté. Qui croirait, lui disais-je, que les travaux d'Hercule, le lever de l'Aurore, le groupe des fileuses, fussent l'ouvrage d'un même artiste? Et *l'Énéide*, me dit-il, et *les Géorgiques* de Virgile, et *l'Aminte* du Tasse, et sa *Jérusalem*, ne sont-ils pas aussi les ouvrages d'un même auteur? Donnez une imagination vive et mobile au poëte, au peintre, au statuaire, il sera fécond et varié comme la nature elle-même. Je conçois, lui dis-je, comment l'idée de l'Aurore et l'image d'Hercule peuvent exalter la pensée; mais dans un groupe de fileuses!... Ah! me dit-il, ce tableau-là n'est pas de pure invention; le Guide en trouva le modèle; et il en reste un souvenir qui ferait le sujet d'un petit roman. Le voici:

Dans un village de la Toscane, le Guide qui, de temps en temps, voyageait pour se délasser et pour rajeunir son génie, en recueillant çà-et-là les traits dont il formait la beauté idéale, entendit parler d'une jeune paysanne qu'on n'appelait que la belle fileuse. A ce nom, le désir de la voir le saisit. Il se fit enseigner sa demeure; et en la voyant il fut frappé d'admiration. La petite merveille du rouet n'était pas inventée encore : Basylide filait à la quenouille, mais la position de sa tête n'en avait que plus de noblesse; le développement de ses bras, le jeu de ses mains, et sur-tout de ses doigts si délicats et si mobiles, n'en étaient que plus ravissants de grâces et de beauté : le Guide en fut quelques moments immobile et comme en extase.

Belle fileuse, lui dit-il, pardonnez à un peintre, ami de la beauté, et qui depuis vingt ans en fait ses études et ses délices; pardonnez-lui la liberté qu'il ose prendre de venir l'observer en vous, et se frapper de ce qu'elle eut jamais de plus divin. Pour moi le comble de la gloire serait de la peindre aussi simple, aussi pure que je la vois.

Seigneur, répondit Basylide avec une pudeur et une modestie qui la rendaient plus belle encore (car c'est le privilége de la vertu d'embellir la beauté), vous trouverez par-tout, et même parmi mes compagnes, des objets plus dignes que moi d'occuper vos pinceaux. L'obscurité convient à mon humble fortune; loin d'ambitionner la célébrité, je la crains. Je ne veux pas même exposer mon image au regard des hommes; et si le ruisseau qui me la peint pouvait la retenir, je le troublerais pour l'effacer.

Ce langage étonna le Guide. Fille admirable, lui dit-il, tant de modestie n'est pas moins rare que les charmes qui la trahissent et qu'inutilement elle voudrait cacher; ils sont déja connus et célèbres en dépit d'elle; mais le temps les altérera; lui seul est sans pitié : laissez-moi sauver de ses atteintes le plus bel ouvrage de la nature. Vous désirez de n'être pas nommée, vous ne le serez point. On ne saura pas même, dans le village, que vous avez la complaisance de me laisser vous peindre. Je viendrai bien discrètement vous voir filer, et en silence nous travaillerons l'un et l'autre. J'ose à peine vous dire combien de tels moments me seront précieux; je ne puis cependant vous taire que j'entends vous les payer au prix de l'or.

Seigneur, répondit Basylide, il y a long-temps que la couleur de l'or et son éclat n'ont frappé mes yeux; il ne m'a jamais éblouie, et j'espère qu'il ne m'éblouira jamais. Je vis du travail de mes mains : ce fuseau suffit aux besoins d'une humble villageoise; vous voyez ma demeure; rien n'y abonde, rien n'y manque; et comme ici nous sommes tous riches de la même manière, mes compagnes et moi n'avons rien à nous envier. — Vous vous rassemblez donc quelquefois? — Tous les jours, sous la treille, ou dans le salon du presbytère du village, et là nous filons, nous chantons, nous causons ensemble; et insensiblement nos fuseaux se chargent de soie sans que nous y pensions : le temps coule pour nous aussi facilement que le fil sous nos doigts ; ce n'est qu'en se couchant que le soleil nous avertit que cet heureux jour est passé.

Le Guide, en l'écoutant, crut voir le moyen de tromper sa scrupuleuse modestie, et après avoir conçu l'idée de son tableau, il alla voir le curé du lieu, se fit connaître à lui, le loua sur le soin qu'il prenait de donner de bonnes mœurs à son village, et d'y nourrir le goût et l'amour du travail. Il fit si bien que le curé lui-même, après lui avoir donné à dîner, l'invita à venir jeter un coup-d'œil sur le cercle de ses fileuses, disant que leur ouvroir ferait peut-être un joli tableau.

C'était là justement ce que le Guide méditait ; mais il laissa croire au curé qu'il lui en avait donné l'idée, et dès-lors ce fut celui-ci qui prit sur lui de disposer le modèle au gré de l'artiste.

Mes filles, dit-il aux fileuses, les bons exemples ne sauraient trop s'étendre et se multiplier ; celui que vous donnez d'un travail assidu, ne doit pas être enseveli dans un village : il faut que la jeunesse d'Italie apprenne de vous l'emploi du temps. Le Ciel envoie ici le plus célèbre de nos peintres : je veux qu'en s'en allant il emporte avec lui l'édifiante image de nos occupations. Demain, avec son chevalet, sa toile et ses pinceaux, je l'établis au milieu de vous. Ne vous occupez pas de son travail ; il ne troublera point le vôtre; et plus vous aurez l'air de l'avoir oublié, plus son tableau sera naturel et fidèle.

Quoiqu'au milieu de ses compagnes Basylide se distinguât comme le lys s'élève parmi les fleurs des champs, elles avaient chacune encore un caractère de beauté si naïf et si doux, qu'on ne pouvait pas dire qu'elle les effaçât ni qu'elle les fît oublier; et tous ces mêmes charmes qu'elle réunissait, on aimait à les voir encore distribués à ses compagnes. Ce fut de ce groupe charmant que le Guide forma le tableau que vous avez vu; et voici quelle en fut l'influence sur les destins de Basylide.

Un jeune Toscan, de votre âge, Isidore Ovandi, vit ce tableau dans l'atelier du Guide. Ce jeune homme venait de perdre un oncle qui lui laissait de grands biens. Il aimait les beaux-arts; et peut-on les aimer sans une ame encore plus sensible aux traits de la belle nature. Il fut ravi comme vous de voir que le pinceau du Guide eût créé ce groupe enchanteur; il le félicita sur-tout d'avoir produit la beauté idéale avec tous ses attraits dans la figure de Basylide.

Oh! non, lui dit le peintre, je ne l'ai point produite; je l'ai vue telle que la voilà; je l'ai peinte encore faiblement; et il lui conta son aventure, en lui indiquant le village où ce trésor était caché. Vous croirez aisément que le jeune homme n'eut dès-lors ni sommeil, ni repos, qu'il n'eût vu l'ouvroir des fileuses.

Je viens, dit-il au curé du village, vérifier un fait qui passe la croyance, et dont je doute, quoique le Guide me l'ait assuré sur sa foi. Le curé, tout fier de ce doute, s'empressa de prouver qu'en effet son village rassemblait ce beau groupe, tel que le Guide l'avait peint; et Isidore en voyant Basylide, ne fut que trop vivement convaincu de la sincérité du Guide, lorsqu'il lui avait dit n'avoir peint que bien faiblement tant d'attraits.

Frappé de cette atteinte, dont la rapidité a fait imaginer les flèches de l'amour, Isidore ne put s'en taire.

Monsieur, dit-il au curé, je suis jeune, mais je crois n'avoir pas la légèreté de mon âge. Ne voyez pas en moi un chercheur d'aventure, ni un chevalier de roman. Je suis venu voir le modèle d'un prodige de l'art, et dans ce modèle je trouve un prodige de la nature : ne soyez pas surpris de l'impression qu'il m'a faite. Le Guide, en me parlant de sa belle fileuse, m'a dit que dans son caractère il avait trouvé autant de douceur que dans ses yeux, et autant de noblesse que dans ses traits. Il assure que son langage n'est point celui d'une paysanne, et que ses sentiments décèlent une ame élevée au-dessus de l'état où nous la voyons.

Vous, monsieur, qui la connaissez, dites-moi ce que vous savez de sa famille et sur-tout d'elle-même. Est-elle née dans ce village? — Non, elle y est venue, il y a deux ans, s'établir parmi nos fileuses : elle était simplement vêtue, mais à la mode de la ville. Le peu d'argent qu'elle avait lui a suffi pour se loger, pour s'habiller à la manière du village, et se nourrir, en attendant le salaire de son travail. Voilà, monsieur, ce que j'en sais. Je la crois née, élevée à Florence; mais comme elle ne m'a jamais parlé de sa famille ni de sa première fortune, j'en ai respecté le secret. A l'égard de ses mœurs et de son caractère, quelque bien qu'on vous en ait dit, on ne vous en a pas dit assez.

Eh! bien, monsieur le curé, je suis riche, je veux faire une heureuse, et avec elle je veux être innocemment heureux. Donnez-moi l'hospitalité quelques jours seulement; rassurez, sur mon âge, l'honnêteté de Basylide; et chez vous, devant vous, sous vos yeux, obtenez et permettez que je la voie. Je le veux bien, dit le pasteur, à condition qu'en débutant, vous parlerez de mariage; car dans mon village l'amour n'est connu que sous ce nom-là. C'est le dimanche après l'office qu'elle a coutume de venir me voir; ainsi, demain, nous aurons tous les trois le loisir de causer ensemble.

Dans cette première entrevue, le jeune homme commença donc, comme il l'avait promis, par se féliciter de croire avoir trouvé dans Basylide celle que ses yeux et son cœur cherchaient depuis long-temps, et que le Ciel semblait lui avoir destinée pour être ensemble le modèle des bons et des heureux époux.

Basylide, les yeux baissés, avec une teinte de rose un peu plus vive sur les joues, l'ayant écouté en silence, lui répondit : Seigneur, je ne sais pas ce que vos yeux peuvent vous dire en ma faveur, mais votre cœur ne doit avoir encore rien à vous dire; mon ame vous est inconnue; et le dessein que vous me témoignez me semble au moins peu réfléchi.

Il l'est plus que vous ne pensez, repartit Isidore : je sais que rien ne fut jamais mieux assorti par la nature que le caractère de votre ame et celui de votre beauté. Si je n'avais pris conseil que de moi, mes <u>yeux sans doute</u> auraient pu faire illusion à mes esprits. Mais ce bon curé, mais le Guide, homme sage autant qu'homme illustre, ne sont pas des témoins séduits; ce sont eux que j'ai consultés. Ce n'est donc pas légèrement, belle et vertueuse Basylide, que je m'empresse de vous offrir ma main, ma fortune et ma vie.

Seigneur, répliqua-t-elle d'un air reconnaissant, j'ai été élevée par une femme qui ne m'a laissé ignorer ni le fragile et frivole avantage, ni le danger bien plus réel et plus sérieux de la beauté; et en convenant que j'avais reçu de la nature ce don séduisant et trompeur, elle m'a fait promettre de ne jamais en abuser. Trouvez bon que je sois fidèle à ma promesse. Vous êtes jeune, riche, et sans doute bien né ; ce n'est pas la simple vertu que vous êtes venu chercher dans ce village; et si le Guide ne vous avait parlé que d'une fille honnête et bonne, vous l'auriez sûrement laissée vieillir dans son obscurité. C'est donc, quoique vous en disiez, à la belle fileuse que s'adressent vos vœux; eh bien, elle ne consent pas que vous fassiez pour elle une folie, car ce serait abuser de l'empire qu'aurait pris sur vous sa beauté; elle se mariera peut-être; mais à l'un de ceux que le Ciel et son humble fortune lui donnent pour égaux.

Isidore insista avec toute l'ardeur que lui inspirait ce langage; mais Basylide fut constante dans sa résolution, et en s'en allant le laissa aussi malheureux qu'amoureux.

Le curé, persuadé de la bonne foi du jeune homme, et touché de ses sentiments, commença par vouloir le consoler et le guérir, en lui indiquant les remèdes connus et usités en pareil cas, de l'éloignement, de l'absence, du temps, de la raison, des dissipations de son âge; mais voyant que tous ses conseils ne faisaient qu'irriter son mal, il finit par ne plus savoir que s'affliger, le plaindre, et pleurer avec lui.

Monsieur, lui disait Isidore, heureusement je ne suis pas né d'un sang dont la fierté répugne à une alliance commune; l'honnêteté de ma famille a été sa seule noblesse; et quant à ma fortune, elle me vient d'un homme que personne ne croyait riche : c'est comme un don du Ciel; et puis-je en faire un plus digne usage qu'en l'offrant à cette intéressante et belle infortunée? Daignez, monsieur, lui faire entendre que rien n'est plus juste et plus sage que ce qu'elle appelle une folie; et qu'il doit être au moins permis à la vertu de partager l'hommage qu'on rend à la beauté.

Le curé employa toute son éloquence à persuader à Basylide que sa délicatesse ne devait pas tenir contre de si bonnes raisons. Mais elle répondit qu'elle avait, dans sa résistance, un motif qu'elle ne devait ni ne voulait dire à personne, et supplia le curé de permettre qu'elle se tînt dans l'état obscur que la providence lui avait marqué.

Or ce qu'elle ne disait pas au curé, je vais vous le dire. Il y avait eu à Florence un homme dont jamais personne n'avait mis en doute la droiture et la probité. Il s'appelait Dominique Orosino, oncle maternel d'Isidore. Sa passion était l'avarice; mais il la déguisait si bien sous un air de sobriété, de frugalité, de décence, qu'il ne passait pour être que simple dans ses mœurs. Une usure soigneusement cachée enflait tous les jours son épargne; mais cette source qui ne coulait que lentement et goutte à goutte, ne faisait qu'irriter en lui la soif de l'or; il en crut voir une plus abondante dans l'héritage d'un voisin riche, isolé, sans famille, célibataire comme lui, à-peu-près du même âge, mais d'une santé chancelante: Il s'en fit un ami, le cultiva, prit soin dé captiver son estime et sa confiance, et parvint avec lui à cette intimité qui n'admet aucune réserve entre deux cœurs de bonne foi. (Ici la bonne foi n'était que d'un côté.)

Pamphile Fausti (c'était le nom de l'honnête homme) se sentant dépérir, crut devoir confier à son ami la cause de sa mélancolie, c'était la perte d'une femme qu'il avait tendrement aimée, et à laquelle il allait s'unir solennellement à l'autel, quand la mort la lui avait ravie. Il lui avoua que de leurs amours était née une fille qu'il faisait élever avec le plus grand soin, mais qui resterait sans état, et à qui la rigueur des lois lui défendait de léguer son bien. C'est là, lui disait-il, ce qui fait le tourment de cette vie défaillante que le chagrin consume, et que je sens qui va s'éteindre. L'avare se montrait vivement sensible à sa peine; et, comme pour le consoler, il lui insinuait qu'il y avait un moyen d'éluder une loi trop dure, il était clair que ce moyen était le *fideicommis*, mais il n'est sûr qu'autant que le légataire, en justice, peut affirmer que le donateur ne lui en a pas fait confidence. Le mourant donc (car il le fut dans peu), pour ne pas gêner la conscience de son ami, s'abstient de lui expliquer nettement son intention; mais après lui avoir dit cent fois combien sa fille lui était chère; après lui avoir indiqué le couvent où elle était élevée, et les noms sous lesquels elle y était connue, il ne douta point qu'en laissant son bien à un dépositaire aussi fidèle, ce ne fût le moyen de l'assurer à son enfant; il mourut donc tranquille, après l'avoir ainsi légué.

Le légataire fit semblant de ne l'avoir pas entendu. Il paya quelque temps encore la pension de l'orpheline; et, au bout de deux ans la mort l'ayant surpris avant qu'il eût rien fait de plus pour elle, la pauvre enfant, inconnue au monde, à elle-même, n'ayant jamais osé nommer son père, même en le pleurant, et n'ayant jamais vu sa mère; délaissée et livrée à la pitié de son couvent, n'avait pu soutenir tant d'humiliation; elle en était sortie pour aller où la providence la conduirait, travailler et gagner sa vie. Cette fille était Basylide.

Vous concevez à-présent pourquoi, avec une ame fière et la persuasion qu'il y avait de la honte dans le malheur de sa naissance, elle se refusait aux vœux d'un homme à qui d'abord il eût fallu tout avouer.

Isidore fut donc obligé de partir du village sans espérance, gémissant, éperdu de douleur et d'amour, et ne sachant que devenir. L'un de ses sentiments les plus profonds fut le mépris de ces richesses qui ne lui étaient rien, disait-il, puisqu'elles ne pouvaient lui acquérir le seul bien qui touchait son cœur.

Pour faire à ses tristes pensées quelque diversion passagère, il reprit son goût pour les arts, donna dans les objets de luxe parmi lesquels, tout le premier, fut acquis le tableau du Guide; et après avoir consumé le modique héritage qu'il tenait de ses pères, il avait si légèrement dissipé celui de son oncle, qu'il ne lui en restait presque plus que ce qui n'était point à lui, lorsqu'un notaire de Florence vint le trouver et lui dit : Seigneur Ovandi, quoique bien jeune encore, vous êtes si connu pour un homme loyal et juste, que je viens avec confiance vous apprendre un secret, affligeant pour vous, il est vrai, mais que je ne puis vous cacher sans trahir mon devoir : soyons seuls un moment. Nous le sommes, dit Isidore, et vous pouvez parler.

Votre oncle, reprit le notaire, Dominique Orosino, a reçu l'héritage de Pamphile Fausti, son ami et le mien; mais en le recevant, il savait comme moi qu'il ne devait en être que le dépositaire; et Fausti laissait une fille à qui nous nous croyions assurés l'un et l'autre que tout son bien serait transmis; je lui avais conseillé moi-même de le confier à votre oncle; et il lui en avait dit assez pour lui en faire entendre la destination. Je veux croire qu'Orosino ne différait de la remplir que pour mieux éloigner l'idée d'une confidence illicite, et dans l'espérance de vivre encore assez pour s'acquitter. Son médecin l'a flatté trop long-temps; la mort le surprit; la loi vous a donné son bien et tout celui de l'orpheline. Celui-ci doit-il vous rester? Vous en êtes le juge. Je ne viens pas ici vous prescrire votre devoir; il me suffit d'avoir fait le mien.

Isidore, après un moment de réflexion et de silence, répondit au notaire : Seigneur Anselme, la foi publique repose sur la probité des gens de votre état; je crois ce que vous m'attestez; mais il me reste une inquiétude. A quoi monte le bien de Pamphile Fausti? — A cinquante mille écus romains. — Cinquante mille! c'est beaucoup. Voyons à-présent si ma fortune y peut suffire; car j'en ai librement usé, et comme en faisant peu de cas. — Quoi! seigneur, toute celle qu'on vous avait laissée aurait-elle en si peu de temps échappé de vos mains : seriez-vous ruiné, en rendant le legs de Pamphile! — Ce n'est point là ce dont il s'agit; voyons, dit le jeune homme, si je ne suis pas insolvable. Et le notaire ayant trouvé dans ce qui lui restait encore un peu plus que ce qu'il fallait pour l'acquitter : Ah! je respire, dit-il; allons trouver l'orpheline et lui rendre le bien qui lui est destiné. Hélas! reprit Anselme, je ne savais plus où la prendre; elle avait quitté son couvent; j'ignorais son nouvel asyle, c'est pourquoi j'ai tant différé à vous parler pour elle. Ce n'est que d'hier que j'ai su qu'elle vivait cachée dans un village. Dans un village! dites-vous. Ah! serait-ce près de Florence? — Oui, assez près. — Et son nom? — Le nom qu'on lui donne est la belle fileuse. — C'est elle! — Mais son vrai nom est... — Basylide? — Oui, Basylide. — O Ciel! ô juste Ciel! Monsieur, vous me comblez de joie. Partons, allons mettre à ses pieds tout ce que j'ai reçu pour elle. — Demain, monsieur, il sera temps.... — Oh! non, aujourd'hui, tout-à-l'heure, venez, je vous en conjure, votre présence est nécessaire, car elle ne m'en croirait pas.

D'abord, Anselme n'entendait rien à l'impatience et à la joie d'un jeune homme enchanté de l'accident qui le ruinait; mais Isidore, chemin faisant, lui raconta comment il avait connu Basylide, et par quel motif elle avait refusé de s'unir avec lui. Ainsi, dit-il, en la comblant de bien, je m'ôterai de sur le cœur le poids de son infortune; et si elle n'a pas voulu être heureuse avec moi, j'aurai du moins contribué à la rendre heureuse sans moi.

A leur arrivée au village, le curé, prévenu par eux qu'il s'agissait d'un secret de famille intéressant pour Basylide, la fit venir. Anselme était bien connu d'elle; car c'était lui qui, du vivant de son père, avait le détail des frais de son éducation. Mademoiselle, lui dit Ovandi, je vous amène un homme que vous devez revoir avec plaisir, car il n'a rien que d'agréable à vous apprendre. Comme il a eu la confiance de la personne que vous avez le plus respectée et chérie, j'espère qu'il aura la vôtre, et que vous ne douterez pas de ce qu'il va vous révéler. Parlez, monsieur; c'est vous que Basylide doit entendre. Le notaire alors répéta ce qu'il avait dit au jeune homme. C'est donc, mademoiselle, ajouta celui-ci, le bien de votre père que je viens vous restituer. J'en ai fait dresser l'acte en forme de donation, car il ne peut avoir que cette forme-là; et si vous voulez bien, nous allons le signer.

Auparavant, dit Basylide, permettez-moi de consulter un moment le seigneur Anselme et notre fidèle pasteur. Isidore se retira et la laissa seule avec eux.

Croyez-vous, dit-elle au curé, que ce bien m'appartienne? — Oui, s'il vous est donné. — Croyez-vous qu'Isidore pût légitimement le retenir? — Légitimement, oui; mais honnêtement, non : la loi l'y autorise; la bonne foi le lui défend; et, à vrai dire, ce qui n'est pas honnête n'est jamais assez juste. La loi, dans sa rigueur, laisse à l'intention d'un père, en faveur de l'enfant qu'elle a déshérité, l'espérance d'être remplie, pourvu qu'il ait eu soin de ne pas l'expliquer. Celui qui la pénètre et ne l'accomplit pas est plus sévère que la loi. A présent, dit-elle au notaire, voyons en quel état cette donation laisserait la fortune de celui qui me la propose. Ah! répondit Anselme, je dois vous avouer qu'il ne lui reste presque rien. A ces mots, le visage de Basylide parut tout rayonnant de joie; et Ovandi fut rappelé. Monsieur, lui dit-elle, j'accepte la donation que vous venez m'offrir, mais à condition qu'elle sera changée en un contrat de mariage. Il n'est plus temps, mademoiselle, lui dit-il, je suis ruiné. C'est pour cela, dit-elle, que je suis résolue à n'accepter de vous rien qu'à titre d'épouse. Gardez votre fortune, ou recevez ma main. Je n'ai plus rien à vous dissimuler; ma naissance vous est connue, et si telle enfin que je suis..... Ah! vous êtes ce que le Ciel a formé de plus accompli, de plus vertueux, de plus digne de vénération et d'amour; rien au monde à mes yeux n'est préférable au cœur et à la main de Basylide; et pour moi l'excès du bonheur, et d'un bonheur inespéré, sera de tout devoir à celle qui n'a rien voulu me devoir : heureux par sa tendresse, j'aurai la gloire encore d'être riche par ses bienfaits.

Vous pensez bien qu'avec de telles dispositions de part et d'autre, le contrat fut bientôt passé. Le mariage fut célébré à l'autel même du village; l'ouvroir des fileuses servit de salle pour le festin, et Basylide ne manqua pas d'y inviter toutes ses compagnes; elle eut même tant de regret à les quitter, qu'Isidore, pour lui complaire, fit construire en ce lieu une maison simple et commode, où elle revenait tous les printemps filer et causer avec elles.

On dit qu'à l'âge de cinquante ans, elle était la plus belle encore; elle ne fit, en vieillissant, qu'ajouter au long règne de la beauté l'empire encore plus doux et plus durable de la bonté.

C'était ainsi que les soirées se passaient entre nos vieillards. L'essai en réussit au point que leur société devint inséparable. Ce fut d'abord le privilége de la vieillesse d'y être seule introduite. Bientôt l'élite de l'âge mûr, et insensiblement celle de la jeunesse, obtint la faveur d'y être admise : c'était un titre à l'estime publique ; et si les abus qui se glissent par-tout où le bien s'établit n'étaient pas venus altérer cette société naissante, elle eût été pour notre siècle la meilleure école des mœurs.

LA COTE

DES DEUX AMANTS.

Eh non, messieurs, nous disait Fontenelle, un jour après dîner, chez madame D. B., les mauvaises raisons ne sont pas toujours aussi méprisables qu'on pense; et l'avocat Simon plaidait en homme habile, quand, pour s'accommoder aux tournures diverses de l'entendement de ses juges, il entremêlait son plaidoyer de toute espèce de moyens. Il est des vérités si hautes et d'un abord si difficile, que jamais le commun des hommes n'y arriverait en droiture; et si quelque sentier tortueux les y mène, il faut les laisser y cheminer tout à leur aise. Tel serait rebuté d'une route escarpée, qui, sans peine, en suit les détours. Entre bien des exemples que j'en ai vus, en voici un dont je me souviens.

Dans un temps où déja la faiblesse de ma complexion et la frêle délicatesse de mes organes m'avaient acquis le nom de *Sage*, dont je me serais bien passé, je fis un voyage dans ma province. J'y fus, comme à Paris, assez galant, même un peu tendre avec les jeunes femmes, mais si modeste et si timide, que c'était pitié de les voir s'amuser de mes gentillesses, et se moquer de mes soupirs. Les hommes et les bonnes mères me marquaient un peu plus de considération. Je les voyais curieux de m'entendre, et attentifs à m'écouter. Je venais d'écrire le dialogue des *Mondes*. On en conclut que je devais être ponctuellement informé de ce qui se passait dans tous ces mondes-là. On aurait presque voulu savoir quelles étaient les lois de la planète de Saturne, ou les mœurs et les modes de celle de Vénus. Je fus obligé d'avouer que je n'y avais aucune relation. Nous descendîmes sur la terre; et de ce monde-ci l'on ne mit pas en doute qu'un savant ne dût tout savoir. J'étais assailli de questions sur les métaux, les plantes, les animaux, les météores, que sais-je enfin, sur tous les phénomènes de la lumière et des couleurs, et sur tous les effets que produit le mélange ou le combat des éléments. Je disais de mon mieux le peu que j'en savais ; mais il fallait encore à tous moments convenir de mon ignorance, et confesser que la nature ne m'avait pas dit son secret.

Comme on vit que je n'étais pas fort sur la physique on voulut voir si en métaphysique je ne serais pas plus instruit. Voilà donc que l'on me promène dans la région des idées; et moi, le plus légèrement qu'il me fut possible, glissant sur les difficultés, tantôt j'égayais ma réponse pour la rendre plus séduisante, tantôt je me sauvais dans les obscurités d'un langage mystérieux; lorsqu'enfin l'on en vint à celle de la spiritualité de l'ame et de son immortalité. Pour celle-ci, il n'y avait pas moyen de l'éluder en badinant : elle est d'un sérieux qui en impose. Mais le ton dont j'y répondis serait trop grave pour un conte; et vous me dispensez, je crois..... Nous ne vous dispensons de rien, lui dit madame de B.; nous sommes curieux aussi de savoir sur ce point quelle est votre doctrine, et nous aimons à nous instruire presque autant qu'à nous amuser. — Et si je vous ennuie? — Nous vous en défions. — Vous ne savez donc pas, madame, ce que c'est que dix mortelles minutes de métaphysique à essuyer? — Eh bien! dix mortelles minutes, et douze s'il le faut; nous nous y résignons. — Allons, à vos périls et risques, puisque vous voulez bien entendre tout du long quelle fut cette conférence, je m'en vais me la rappeler.

Croyez-vous, me demanda-t-on, que la matière soit susceptible des facultés intellectuelles? Je répondis que la matière, telle que je la concevais, ne me semblait susceptible ni des facultés de l'entendement, ni des affections de l'ame, ni des actes de la volonté. Quelle est donc en nous, me dit-on, cette substance intelligente, sensible, active, en qui s'opère tout cela? Je n'en sais rien, leur répondis-je. Son essence ne tombe sous aucun de mes sens; elle-même ne se connaît que par un sentiment intime. Tout ce que j'en puis dire, c'est qu'elle n'est ni étendue, ni divisible;

que ses modes sont simples, que son action est simple, et que ses affections comme ses perceptions, tout en elle exige et suppose une indivisible unité. Or, cette unité de substance, cette absolue simplicité n'est point donnée à la matière. Dans la plus petite molécule, dans l'atôme le plus subtil, je trouve encore de l'étendue, un milieu, des extrémités, une épaisseur, une surface : jamais des éléments inétendus ne formeraient un grain de sable : accumulez des millions de millions d'atômes; si chacun d'eux n'a pas son étendue, leur ensemble n'en a aucune. Il est donc de l'essence de la matière d'exclure à l'infini l'unité, la simplicité. Inutilement, pour donner à l'organe de la pensée plus de subtilité, supposerait-on, dans les fibres dont il serait tissu, mille et mille fois plus de ténuité que dans un rayon de lumière : si cet organe est matériel, quelque délié qu'il puisse être, ses ressorts seront composés. Or, rien de composé n'est susceptible de modes simples : tous les modes de la matière répondent à son étendue : la forme la termine, la chaleur la pénètre, la couleur l'enveloppe, le mouvement s'y distribue, l'odeur et la saveur en sont des émanations, le plus ou le moins de consistance et d'adhésion entre ses parties la rend dure, ou inflexible, ou solide, ou fluide, et donne à sa souplesse plus ou moins de ressort.

Revenons maintenant aux facultés de l'ame, à

ses modes, à son action. Sentir, penser, vouloir, voilà ses facultés. La sensation, la pensée, l'affection actuelle de plaisir ou de peine, de crainte ou de desir, etc., voilà ses modes. La réflexion, le raisonnement, la délibération, le choix, en un mot, l'exercice de la pensée et de la volonté, voilà son action. Et de tout cela, dites-moi qu'est-ce qui peut s'accommoder à une substance étendue, et composée à l'infini de petites substances réellement distinctes; supposez seulement à l'ame trois parties, et que chacune d'elles aperçoive ou l'un des côtés, ou l'un des angles du triangle; quelle sera celle des trois qui aura l'idée de la figure entière, et qui en extraira cet axiôme, que *les trois angles du triangle sont égaux à deux angles droits?* Mais un corps, même le plus petit, n'a pas seulement trois parties; vous venez de voir qu'il est composé d'une infinité de corpuscules, dont chacun reçoit sa parcelle de mouvement, de chaleur, de couleur. L'ame, si elle est étendue, sera donc aussi composée d'une infinité de petites ames, dont chacune aura sa parcelle de pensée ou de sentiment, et chacune à l'insu des autres; car leur contiguité même n'établirait entre elles aucune intimité, aucune identité de mode. Si donc vous voulez, par exemple, que l'œil soit le siége de l'ame, et que l'être sensible soit ce même réseau de fibres qui tapisse le fond de l'œil, qu'arrivera-t-il au moment qu'un faisceau de rayons lui apportera l'image d'un ciel semé d'étoiles, ou d'un paysage varié? L'ame sera, me direz-vous, ou comme la toile du peintre, ou comme le miroir sur lequel se peint le tableau ; et chaque point de sa surface retiendra l'impression du trait dont il sera frappé. Mais la totalité, l'ensemble du tableau, qui le saisira ? La toile et le miroir ne s'aperçoivent pas eux-mêmes : l'ame n'aura pas davantage le moyen de s'apercevoir, et chacune de ces parties n'aura le sentiment que du trait de lumière et de couleur qui s'y sera peint. La sensation elle-même, et à plus forte raison la pensée, la réflexion, le jugement, supposent donc un être essentiellement un et simple ; et combien plus évidemment encore la volonté n'est-elle pas l'action d'un être indivisible? De quel concert, de quel accord, entre une infinité de molécules dont l'ame serait composée, feriez-vous résulter une résolution, un désir, une volonté? Dans le mouvement, la matière ne fait qu'obéir à des lois; et la même force mouvante peut réunir des millions d'atômes dans une commune impulsion. Mais l'action de la volonté est propre à la volonté même; elle est libre et délibérée : l'ame qui se la donne y pense, y réfléchit, se consulte pour la produire. Il est donc évident que si l'acte en est simple, unique, indivisible, la puissance qui le produit, la substance dont il émane, doit être simple comme lui.

On me fit l'objection commune : que l'action

réciproque du corps sur l'ame, de l'ame sur le corps serait inexplicable, impossible, entre deux substances qui ne seraient pas analogues, et de nature à se toucher.

Je convins que de tous les mystères de la nature, c'était le plus incompréhensible. Mais j'ajoutai que, dans toute hypothèse, le prodige en était également inconcevable, et que l'ame fût-elle un corps, son action sur les organes, l'action des organes sur elle, n'en passerait pas moins l'effort de toute humaine intelligence.

Supposons ce qu'il vous plaira : que l'ame soit, leur dis-je, un réseau de nerfs ou de fibres, ou, si vous l'aimez mieux, une molécule organisée ; qu'elle soit résidente et fixe dans un point du cerveau, ou qu'elle soit diffuse dans la substance médullaire, et fluide avec les esprits dans tout le système nerveux, en expliquez-vous mieux, en concevez-vous davantage comment par un seul acte de sa pensée et de sa volonté, elle met en jeu tous les mobiles de l'œil, de la main, de la langue, et fait exécuter aux nerfs, aux muscles, aux tendons, avec tant de docilité, de célérité, de justesse, des mouvements si compliqués et si nettement combinés, dont elle-même n'a pas l'idée? Concevez-vous comment, du côté des organes, le seul ébranlement du tympan de l'oreille, par les ondulations de l'air, produit dans l'ame cette foule de sensations si rapidement variées que nous causent les sons d'un corps harmonieux, ou cette foule de pensées que la parole nous transmet? concevez-vous comment au fond de l'œil la seule vibration des fibres, par des globules de lumière, présente si fidèlement et si rapidement à l'ame tant d'images distinctes, tant de tableaux divers? Si vous croyez réduire ces prodiges aux lois communes du mouvement; si vous voulez qu'ils ne résultent que du tact, de l'impulsion, de la collision, du ressort, je vous dirai aussi, cela est impossible; rien de pareil dans la nature ne s'opère par ces moyens. L'action réciproque de l'ame et du corps l'un sur l'autre, même en les supposant de nature analogue, est donc un phénomène isolé qui s'opère en vertu d'une expresse loi.

Or, que par une loi distincte des lois communes du mouvement, il ait été possible à la nature d'établir entre deux substances, l'une étendue et composée, et l'autre indivisible et simple, une autre action que celle qui résulte du tact et de l'impulsion; c'est ce que vous ni moi n'avons droit de lui contester. Bien des gens, et des plus habiles, prétendent qu'à travers des vides immenses, les corps célestes agissent l'un sur l'autre, et que des deux pôles du monde, et sans aucun milieu, tous ces corps lumineux s'attirent, se balancent par une inconcevable loi. Ainsi, même parmi les corps, l'action réciproque peut être indépendante du tact et de l'impulsion : la nature, pour l'établir, n'a eu qu'à le vouloir. N'examinez donc pas si, sans aucun point de contact, l'ame et le corps peuvent s'unir, communiquer, agir, influer l'un sur l'autre; et puisqu'il est de l'essence de l'être doué de la pensée d'avoir pour attributs l'unité, la simplicité, croyez que la nature en l'unissant à une substance étendue, et composée de parties divisibles à l'infini, aura bien su leur donner des liens. Au reste, je vous dis, sur ces mystères-là, tout le peu que je sais, et tout ce que je crois moi-même.

Quant à l'article de l'immortalité de l'ame, je n'y vois rien, leur dis-je, de difficile à concevoir. Si l'ame est une substance indivisible et simple, elle est incorruptible, indissoluble, indestructible, au moins par les causes physiques. Celui qui l'a créée pourrait l'anéantir, s'il le voulait; mais lui seul en a la puissance; et il m'est doux de croire qu'il n'en a pas la volonté. Ce fut par-là que je finis; et je me flattais, je l'avoue, d'avoir bien soutenu ma thèse. Mais je n'eus pas long-temps à m'en féliciter.

Vous nous avez fait là, me dit l'un des plus considérables citoyens de la ville, des raisonnements fort subtils et fort ingénieux, sans doute. Mais pourquoi se donner tant de peine à prouver une chose qui, dans tout le pays, est de notoriété publique? Chacun ne sait-il pas qu'il revient des esprits? Et si ces esprits avaient été mortels, reviendraient-ils après la mort? Et si, comme les corps qu'ils animaient, ils n'avaient été que poussière; si ce n'avait été que des bluettes d'un feu léger et périssable, ne se seraient-ils pas éteints dans la froide nuit du tombeau? Voilà ce qui me semble à moi un raisonnement sans réplique.

Au lieu de la pénible et faible attention que l'on avait donnée à ma métaphysique, je vis ici dans tous les yeux ce contentement pur et plein qui accompagne la persuasion.

Votre argument me semble comme à vous d'une évidence irrésistible, dis-je à mon interlocuteur, s'il est bien avéré qu'il revient des esprits; mais est-on sûr qu'il en revienne? J'ai vu sur ce point-là bien des gens incrédules. Envoyez-les, repartit mon homme, envoyez-les ces incrédules sur la côte des deux Amants, ils seront bientôt confondus. Je demandai quelle était cette côte, et ce qui s'y passait. Il s'étonna que je l'eusse oublié, car j'avais dû l'entendre dire plus d'une fois dans mon enfance. Mais puisque j'en avais perdu le souvenir, il eut la complaisance de me le rappeler; c'était une aventure assez semblable à celles d'Hippodamie et d'Atalante.

Dans le temps des guerres civiles, il y avait, me dit-il, dans ces cantons, un baron de Rancœur. Il était bien nommé! car c'était l'homme le plus dur, le plus âpre, le plus haineux qui fût au monde. Il avait eu trois fils, tous les trois de belle espérance, et il les avait vus mourir à ses côtés sans pousser un soupir. Il ne lui restait qu'une fille, et cette fille unique était d'une beauté si ravissante, qu'il était impossible de la voir sans en être épris. Mathilde était son nom. Rancœur ne vit en elle qu'un instrument de ses vengeances.

Il avait pris en haine la jeunesse du voisinage, à cause qu'elle n'avait pas voulu tenir pour lui dans le parti rebelle. Il vit avec une cruelle joie les plus considérables de ces jeunes gens, et les plus distingués, s'enflammer pour sa fille. Qu'ils viennent, disait-il en frémissant, qu'ils viennent me la demander, c'est où je les attends. En public, dans les fêtes qui se célébraient alentour, dans celles qu'il donnait lui-même, il ne négligeait rien; et tout avare qu'il était, il ne ménageait rien pour qu'elle parût la plus belle. Chaque nouvel amant qu'il lui voyait charmer, était une nouvelle proie dont il se promettait d'assouvir ses ressentiments. Il ne lui restait plus que le choix du moyen. Il aurait bien voulu pouvoir leur proposer de se la disputer à l'épée, en champ clos, et que le seul qui resterait de ces combats fût son époux; mais en mettant sa fille au prix de tant de sang, il eut peur d'irriter contre lui toute la province, et que tant de familles indignées de ce concours, ne se réunissent ensemble pour s'y opposer et l'en punir. Il imagina d'en ouvrir un moins révoltant, mais dans lequel il espérait les voir tous mourir à la peine.

Sollicité par cette foule de rivaux aspirant à la possession de Mathilde, il les rassembla tous un jour dans le vallon où était situé son château; et là, en leur montrant la côte qui le dominait : Celui de vous qui, sans se reposer, portera, leur dit-il, entre ses bras ma fille à la cime de cette côte, sera mon gendre et son époux; car dans un jeune homme, il n'est point de qualité que j'estime autant que la force et que la constance.

Cette vive jeunesse ne vit rien d'impossible dans l'effort qu'on lui proposait pour mériter un prix si beau; et l'impatience de tenter l'aventure fut telle, qu'il fallut, pour les accorder, que le sort leur marquât les rangs.

Mathilde, dans toute la fraîcheur de la jeunesse et de la santé, faite comme les nymphes, mais un peu moins légère, parut d'abord un corps aérien au premier qui la souleva. Mais à peine eut-il fait cent pas, qu'il en sentit le poids. Bientôt il s'aperçut que ses bras se lassaient, que ses genoux allaient fléchir. Il n'était pas encore à demi-hauteur du coteau, que ses forces l'abandonnèrent, et Mathilde fut délivrée de la frayeur d'avoir celui-là pour époux. Le second n'alla pas si loin pour être las et hors d'haleine. Pardon, dit-il, belle Mathilde, il faut que je vous cède, il faut que je renonce au bonheur de vous posséder. Mathilde en rendit grâce au Ciel. Le suivant la porta un peu plus haut, mais inutilement :

il s'avoua vaincu avant que d'arriver au terme. Quelques autres en approchèrent plus ou moins; mais aucun n'y était parvenu, tous avaient succombé; quand le dernier, celui que la fortune, d'accord avec l'amour, semble avoir réservé pour cette pénible conquête, Edmont de l'Aigle se présente. Triste, mais résolu, il mesure des yeux la hauteur de la côte; et puis jetant un regard sur Mathilde, il sent ses forces et son courage se ramasser; il la saisit entre ses bras, et d'un pas assuré il part, il s'avance, il s'élève par le sentier de la colline.

Mathilde, qui s'était laissée aller de tout son poids dans les bras des rivaux d'Edmont, aurait voulu pour lui avoir des plumes et des ailes, et, autant qu'il lui était possible, elle tâchait de lui rendre léger ce poids dont elle gémissait. Depuis deux ans, Edmont était l'unique objet de sa pensée et des vœux de son ame; mais, jusqu'à ce moment, une sévère modestie avait tenu son amour caché aux yeux même de son amant. Il sentait cependant qu'inquiète et tremblante, elle n'avait point dans ses bras l'indolence qu'il lui avait vue entre les bras de ses rivaux; et quelque faible que fût pour lui cette raison de croire qu'il était préféré, elle redoublait son ardeur; mais ses forces, en s'épuisant, approchaient de leur défaillance; et il lui restait à faire encore un grand quart du chemin et du plus escarpé. Mathilde s'aperçut que son pas se ralentissait, que sa respiration devenait plus pénible, et que des ruisseaux de sueur coulaient sur son visage. Alors trop vivement émue pour rien dissimuler, Courage, lui dit-elle, mon bien-aimé, mon cher Edmont, c'est l'impossible que vous tentez pour moi; mais pour obtenir ce qu'on aime, on fait quelquefois l'impossible. L'amour vous a soutenu jusqu'ici, qu'il achève de faire un prodige en notre faveur. Edmont, mon cher Edmont, le terme n'est plus éloigné, et ce terme est celui de mes vœux ainsi que des vôtres. Pensez qu'avec mon cœur vous allez obtenir ma main.

Edmont la baisa cette main, et pour quelques moments il se crut animé d'une force surnaturelle. Oui, dit-il, je vous obtiendrai, ou j'expirerai dans vos bras. A ces mots, oubliant et l'excès de fatigue dont il est accablé, et le long travail qui lui reste à soutenir encore, il monte, haletant sous l'effort, il avance, il baigne ses pas de la froide sueur qui tombe de son front, il arrive enfin au sommet de la côte; mais en arrivant il succombe, et tandis que le vallon, où le peuple assemblé jouit de ce spectacle, retentit d'applaudissements, Edmont est expirant dans les bras de Mathilde.

Désolée, elle remplit l'air de ses cris; elle appelle Edmont, et tâche, mais inutilement, de le rappeler à la vie. Il n'est plus! disait-elle, en l'arrosant de larmes; il n'est plus, et c'est toi, père cruel!... Mais non, c'est moi, oui, c'est moi-même qui ai voulu lui arracher jusqu'au dernier soupir. Résolue à le suivre, et sans ménagement abandonnée à sa douleur, elle résiste à la voix d'un père, elle demande pour toute grâce qu'on la laisse mourir auprès de son amant. Son père impitoyable ordonne qu'on l'entraîne ; mais au moment qu'on veut lui faire violence, elle pousse un cri effroyable, son cœur se déchire, elle meurt, et dans ce même lieu ils sont ensevelis ensemble. Voilà l'histoire des deux amants.

Après avoir entendu ce récit, je demandai, poursuivit Fontenelle, comment cela prouvait qu'il revînt des esprits. Par un fait, reprit le conteur, dont tout le pays est témoin, et dont, si vous voulez, nous vous rendrons témoin vous-même ; c'est que dans toutes les nuits d'orage, les ames de ces deux amants reviennent dans le bois voisin de leur tombeau ; qu'on les y entend gémir, et qu'au clair de la lune, quand l'orage est passé, on les y voit souvent voltiger parmi le feuillage. — On les voit ! Mon dieu, oui, dit toute l'assemblée, on les voit comme nous vous voyons.

Quoique pénétrant bien la cause de ces illusions, je crus devoir paraître curieux de voir ce que l'on m'annonçait, et l'on choisit pour m'en convaincre les deux nuits les plus favorables. Entendez-vous, me disait-on, ces soupirs, ces gémissements ? c'est elle qui se plaint..... c'est lui qui lui répond. Sensible Edmont, tendre Mathilde, ah! quel dommage que vous ne soyez plus que des esprits! comme vous vous seriez aimés! Vous étiez si beaux tous les deux! Et quand les rayons de la lune se jouaient parmi les rameaux agités par le vent : Les voyez-vous, me disait-on, ces deux ombres légères, voltiger l'une autour de l'autre, se réunir, se séparer, se réunir encore, et puis s'évanouir?

J'admirai le pouvoir de l'imagination, mais je me gardai bien d'en vouloir détruire le charme. La plus utile des opinions, la vérité la plus importante, la plus précieuse en morale, le dogme de la spiritualité, de l'immortalité de l'ame, tenait à ces douces erreurs. Je laissai donc croire à mon monde qu'après ce qu'on m'avait fait voir, ma métaphysique devenait inutile; que des raisonnements ne valaient pas des faits si publiquement avérés; et au moment où je vous parle, je suis cité, dans tout le voisinage de la Côte des deux Amants, pour l'un des incrédules que l'on a convaincus de l'apparition des esprits.

LE PETIT VOYAGE.

PREMIÈRE PARTIE.

Madame Geoffrin était une femme d'un sens exquis; elle avait peu d'idées, et ses idées n'étaient pas étendues; mais elles étaient soigneusement rangées et complètement assorties : sa tête, ainsi que sa maison, était un modèle de l'ordre; tout y était à sa place et comme sous la main; c'était de l'aisance sans luxe : rien n'y manquait au nécessaire, et rien n'y était superflu. L'on sait combien elle était bonne et bienfaisante; mais sa bienfaisance elle-même était réglée avec économie; son estime ne l'était pas moins. Ainsi jamais en elle rien ne passait la ligne de la droite raison. Son caractère, si j'ose me servir d'une expression qui lui est analogue, était tiré à quatre épingles; sa vie habituelle ne faisait pas un pli. Vous concevez combien devait avoir d'attrait pour elle la bonne et saine philosophie, et combien la mauvaise était peu de son goût.

Un jour qu'elle avait la bonté de me mener dîner à la campagne, elle avait aussi donné place dans sa voiture à M. de Mairan, celui de tous les hommes dont l'esprit s'ajustait le mieux avec le sien. Le quatrième était un jeune voyageur; le baron de Flozen, qui lui était recommandé. Elle engagea la conversation en demandant à ce jeune homme si, dans le monde, il commençait à se répandre et à former des liaisons.

« Madame, répondit Flozen, je vois peu ce que vous appelez le monde : je m'y suis présenté; mais, après un accueil froidement poli et quelques questions légères, on y a fait si peu d'attention à moi, que j'ai cru devoir m'en retirer, et j'ai pris le parti de fréquenter des philosophes.

« Monsieur, lui dit madame Geoffrin, c'est une excellente compagnie que celle des vrais philosophes! et Châtillon, où nous allons dîner, en réunit souvent de tels; mais je vous avertis que, sous ce nom et avec la livrée de la philosophie, il rode dans Paris bien des aventuriers et bien des charlatans.

« Je crois, madame, dit le jeune homme, en avoir trouvé un des bons et de ceux dont vous faites cas; c'est le célèbre M. Cléanthe. Je ne le connais point, dit-elle. Ni moi non plus, dit Mairan; mais Cléanthe est le nom d'un philosophe grec qui vivait il y a deux mille ans; celui-ci est peut-être de la même famille.

On demanda au voyageur où il avait vu ce philosophe. « Dans un café, dit-il, où il est fort considéré et où je l'ai entendu parler avec beaucoup de véhémence. Je l'ai prié de me dire où il tenait son école. Partout, comme Socrate, m'a-t-il répondu; mais je donne des leçons plus intimes à mes disciples favoris. Il m'a permis de l'aller voir; il est même venu chez moi; et, me trouvant docile, il y est revenu fréquemment. Nous dînons tête-à-tête; il aime le bon vin, nous en buvons ensemble; et, le verre à la main, s'exaltant l'ame et la pensée, il me révèle tous les jours des secrets de morale inconnus au vulgaire. Il m'a promis que, dans trois mois, je n'aurais plus un seul préjugé dans la tête, et qu'à la place il aurait mis des vérités profondes et des principes lumineux.

« Monsieur, lui dit Mairan, avec son air fin, sa voix douce et son accent de Béziers, prenez-y garde; il vous annonce-là un terrible remue-ménage; et, dans l'échange qu'il vous propose, vous pourriez bien faire un mauvais marché. — Quoi! monsieur, en changeant des préjugés pour des principes, des erreurs pour des vérités!

« D'abord il s'en faut bien, dit le sage Gascon, que tous les préjugés soient des erreurs; il s'en faut bien encore que toutes les erreurs..... Mais ceci serait long; et la première règle de la politesse, avec les dames, c'est de ne pas les ennuyer. Ne pensez pas à moi, dit madame Geoffrin; jamais la raison ne m'ennuie.

« Je dirai donc, en premier lieu, reprit Mairan, qu'on a tort de vouloir, sans distinction et sans réserve, ôter aux préjugés tout leur ancien crédit : c'est comme une monnaie empreinte de l'autorité de nos pères; et, n'en déplaise à nos affineurs et à nos refondeurs modernes, il n'est pas vrai qu'en général elle soit de mauvaise aloi. Au moins, dit le jeune homme, doit-il être permis de la peser dans la balance, et de la remettre au creuset. Fort bien, reprit Mairan, si la balance est juste, et si le creuset est bien pur; mais je me suis toujours grandement défié des souffleurs et des alchimistes.

« Mon ami, dites-moi bien simplement, bien nettement, demanda madame Geoffrin, ce que vous appelez un préjugé. — C'est, madame, ce que l'on pense sans l'avoir raisonné soi-même, et sur la foi de ceux par qui l'on est instruit; bien entendu que ce ne sont pas des *ouï-dire* passagers, mais des opinions dès long-temps établies et successivement transmises; c'est communément le produit de la raison courante, le fruit, et l'héritage de la prudence du passé; et dans cette doctrine usuelle et vulgaire, je ne vois, comme dans Barême, que des comptes faits pour l'usage et la commodité de ceux ou qui ne savent pas compter, ou qui n'en ont pas le loisir.

« J'entends cela, dit Flozen; mais ces comptes, qui les a faits? — Qui les a faits? le temps, lui répondit le sage; et je crois, en fait de calculs, que le temps en sait plus que nous. Si le compte est bon, dit Flozen, il ne risquera rien à être examiné. Sans doute, dit Mairan, si l'examinateur est habile et de bonne foi; si c'est un esprit juste, libre d'erreurs, exempt de vices, et assez éclairé, assez sûr de lui-même pour oser juger, d'après soi, le sens commun des nations et l'expérience des siècles. Mais, au lieu de cet homme rare, supposez que le peuple, et chacun dans le peuple, se permette cet examen, voyez quels juges vous donnez à la raison publique, aux lois, aux opinions religieuses, sur-tout à la morale, dont les maximes sont presque toutes des vérités de sentiment ou des conventions sociales qu'il est si difficile, si dangereux d'analyser?

« Aussi, dit le jeune homme, n'est-ce pas à la multitude qu'appartiennent ces analyses. Pourquoi non? répliqua Mairan : y a-t-il un privilége exclusif de penser? et la sagesse est-elle une science exacte comme l'astronomie, un art comme l'horlogerie, qu'il faille avoir appris avant de l'exercer? Chacun ne peut-il pas, du soir au lendemain, se croire aussi sage qu'un autre? Et, lorsque vos docteurs de place auront enseigné à ne croire qu'après avoir examiné, pourquoi voulez-vous que le peuple s'abstienne de cet examen, et se laisse conduire par la raison d'autrui? Il est sûr, dit Flozen, que tout homme a le droit de douter avant que de croire, de délibérer pour agir. Oui, répliqua Mairan, comme le matelot a droit de raisonner l'art du pilote et les principes de la manœuvre qu'on lui donne à exécuter; car enfin la société n'est autre chose qu'un navire où nous sommes tous embarqués, et où chacun veille et travaille, les uns au gouvernail, les autres à la voile, et tous pour le service et le salut commun. Or, voyez, je vous prie, quelle confusion, quelle inaction sur le navire, si tout le monde allait se mettre au gouvernail, ou si chacun voulait vérifier la théorie du mouvement auquel il doit contribuer!

« C'est là l'extrême, dit Flozen, et l'abus de la liberté; mais si le navire va mal, et si quelqu'un assis sur le tillac en aperçoit la cause, ne doit-il pas en avertir? Oui, dit Mairan, il doit en avertir le pilote ou le capitaine, mais directement et sans bruit, pour ne pas troubler l'équipage. — Vous ne voulez donc pas que le peuple soit éclairé? — Je veux qu'il soit instruit autant qu'il a besoin de l'être, mais avec prudence et mesure. Dans son entendement, les fruits de la sagesse doivent germer avant d'éclore, et je veux qu'on y sème plutôt que d'y planter. Quand les idées nouvelles se font jour lentement, elles disposent elles-mêmes les esprits à les recevoir, et successivement elles prennent leur place; mais, lorsqu'elles viennent en foule heurter brusquement l'opinion et bouleverser la pensée, elles ne font que du ravage : voilà pourquoi les leçons du temps me semblent les meilleures pour instruire la multitude. Elle sait toujours mal ce qu'elle apprend trop vite; elle sait toujours trop de ce qu'elle sait mal. Les livres, par exemple, ne font que lui altérer le bon sens naturel ; les baumes, les poisons, elle y cueille tout, pêle-mêle ; et c'est sur-tout lorsque tout le monde sait lire, qu'il faut bien prendre garde à ce que l'on écrit.

« Vous m'expliquez, dit madame Geoffrin, pourquoi j'ai toujours préféré l'instruction qui tombe en rosée, à celle qui vient par orage et qui se déborde en torrent.

« Quand notre ami M. de Fontenelle disait, reprit Mairan, que, s'il avait la main remplie de vérités, il ne l'ouvrirait pas, au moins, lui demandai-je, ouvririez-vous les doigts l'un après l'autre. Et je vis, à son air, que ce ne serait pas sans beaucoup de précaution. Voilà ce que j'appelle un homme qui connaît les hommes : ce n'est qu'en temps et lieu que les vérités sont utiles, et il en est qui, dans les mains du peuple, ne seraient guère moins dangereuses que des rasoirs dans les mains des enfants. Il faut à chacun les lumières relatives à son état, comme il faut à chaque ouvrier les outils propres à son usage ; et quant aux règles de conduite qui nous sont communes à tous, croyez, monsieur, que les novateurs sont bien rarement de vrais sages. Dans la société comme sur le navire, tout ira mal, si l'on ne s'entend pas pour agir ensemble et d'accord ; et, pour s'entendre, il faut des signaux convenus auxquels tout le monde obéisse.

« Voilà pourquoi, dit madame Geoffrin, je n'ai

jamais aimé que la métaphysique se soit mêlée de nous conduire. Où en serions-nous en effet, s'il fallait, chacun, ressasser les éléments de la morale et les règles de la prudence? Le monde serait donc perpétuellement à l'école, et son éducation passée ne lui servirait plus de rien. Mais, madame, s'il est mal élevé, reprit Flozen. Tant bien que mal, répliqua-t-elle, il va mieux comme il va, que si chacun n'en faisait qu'à sa tête; car ce monde, bien étourdi et bien capricieux encore, ne laisse pas d'être assez d'accord sur ce qui est bon, juste et décent, et c'est là notre grande affaire. Pour moi, je n'ai jamais rien épluché de tout cela; seulement j'accommode un peu à mon usage les opinions et les modes; mais, en cela, c'est plutôt mon goût que ma raison que je consulte; et lorsque la philosophie me propose de me guérir de quelque erreur, je me souviens toujours de la fable du jardinier qui vit fourrager son jardin pour en avoir voulu faire chasser un pauvre lièvre. Après tout, qui m'assure que le prétendu sage n'est pas une mauvaise tête, un esprit faux, léger, imprudemment hardi? Ah! c'est un vice bien dangereux et bien commun que celui de la suffisance! c'est une maladie bien dangereuse, bien irrémédiable, que celle de l'orgueil! et vous ne sauriez croire combien de têtes a fait tourner la présomption de corriger son siècle, et l'ambition épidémique de s'ériger en novateur! Aussi, bien des gens s'en défient, et se conduisent, comme moi, par sentiment plutôt que par système. Je vois même, entre nous soit dit, que, dans le monde, celle ou celui qui épilogue le plus sur les conventions et sur les bienséances cherche bien moins, dans ses devoirs, des lumières pour les remplir, que des excuses pour y manquer.

« Eh! oui, madame, on ne biaise que pour éluder, dit Mairan; la preuve en est que ce qui fait plaisir est rarement mis en problême; et en morale comme en litige, les plaideurs de profession sont des gens de mauvaise foi. Mais, pour en revenir à nos moutons, je dis que le peuple a besoin que l'opinion le rassemble sous la houlette du berger; car, s'il est livré à lui-même, il se dispersera; et si chacun s'en va de son côté... Gare les blés! dit madame Geoffrin. Et gare les loups! dit le sage.

« Oui, je conçois, dit le jeune homme, que, pour la multitude, et sur-tout à l'égard des actions publiques, les règles de conduite ne peuvent être que des lois ou des opinions transmises et reçues sans examen. Mais dissuaderez-vous l'homme retiré de la foule, l'homme studieux, l'homme instruit d'examiner à part soi, en silence, les opinions du vulgaire?

« En silence, à part soi, fort bien, dit Mairan; s'il se trompe, il n'y aura qu'un demi-mal. Et s'il croit découvrir parmi ces préjugés quelque erreur importante, dit le jeune homme, et si, pour la combattre, il croit avoir en main quelque puissante vérité, que lui conseillez-vous?— D'abord de se bien défier de sa nouvelle découverte; car il y a mille à parier contre un qu'on a déja vu ce qu'il voit; et si son idée était bonne, le monde en eût fait son profit. Il y a cinquante ans que j'observe les progrès de l'esprit humain; il en fait tous les jours en physique, en chimie, en mécanique, il a fait même quelques pas en métaphysique; mais en politique, en morale, je ne sais, je l'avoue, ni quelles vérités nouvelles il peut avoir acquises, ni de quelles erreurs il s'est désabusé. C'est le propre de l'ignorance de se croire inventive; c'est aussi bien souvent le faible de la vanité. De là vient qu'on voit tous les jours reproduire des paradoxes mis au rebut depuis mille ans.

« Mais ce que je conseille sur-tout à l'inventeur, c'est d'examiner bien si sa vérité n'est pas celle d'un autre monde que le nôtre, d'un monde idéal, fantastique ou différemment composé; car si elle nous est étrangère, elle n'est plus la vérité pour nous. La vérité de notre monde est celle qui s'adapte à nos circonstances et s'accorde avec nos besoins; son caractère essentiel, c'est la bonté : or, la bonté n'est jamais absolue; elle tient à des relations; et ce qui est bon dans tel temps, dans tel lieu, dans tel état de choses, est mauvais dans tel autre. Ainsi, pour que la vérité devienne erreur, et l'erreur vérité, elles n'ont qu'à changer de place. Dans les calculs mathématiques, on suppose le point sans étendue, et la ligne sans épaisseur; on suppose des quantités précises, des mesures exactes, des formes régulières; on n'a égard ni à la différente solidité des corps, ni aux altérations accidentelles du fluide où les corps se meuvent, ni aux obstacles qui dérangent la direction des mouvements. Qu'arrive-t-il lorsque, de l'hypothèse de cette nature idéale, on passe à la réalité? Il arrive que ces calculs si rigoureux, ces résultats si justes sous la plume du géomètre, se trouvent faux sous le compas et l'outil du mécanicien. Il en est tout de même en morale et en politique : les singularités des hommes et des choses y sont presque toujours en contradiction avec la généralité des maximes spéculatives; et la plus belle théorie mise en pratique ne vaut plus rien. Le plus sûr sera donc de bien regarder à l'utile; car si le bon n'est pas le vrai, il en tient lieu, et il ne doit céder la place qu'au vrai, meilleur que lui encore.

« Ceci, dit madame Geoffrin, ne vous semble-t-il pas un peu vague et confus? Pour le bien concevoir, je sens que j'aurais besoin d'un exemple.

« En voici un, reprit Mairan. *Les premiers devoirs de l'homme*, a dit Cicéron, *regardent les dieux immortels; les seconds, sa patrie, et les troisièmes, ses parents.* Je doute qu'en organisant une grande société, il soit possible de réunir trois mobiles plus sûrs et plus puissants que ces premiers devoirs ; et cependant donnez cette maxime de morale à discuter à de prétendus sages : *ce sont des fables que les dieux,* vous dira l'épicurien ; *la patrie est par-tout où l'on se trouve bien,* vous dira le cosmopolite ; *l'animal cesse de tenir à ses parents dès qu'il peut s'en passer,* vous dira le naturaliste ; et aucun des trois ne manquera de raisonnements spécieux. Eh bien ! je veux que leurs sophismes passent pour concluants et restent sans réplique, qu'en résultera-t-il ? Trois opinions monstrueuses qu'à frais communs il faudrait étouffer ; et, en voulant détruire ce qu'on appellera trois préjugés vulgaires, on aura brisé les appuis les plus sacrés de l'ordre social, les liens d'un État, les bases sur lesquelles repose le sort d'un empire. Or, il n'est point d'opinions reçues qu'on ne puisse attaquer ainsi ; et, en fait de religion, de morale, et de politique, tout est perdu, si tout est mis au creuset de nos alchimistes. L'or même le plus pur va s'y évaporer.

« Quant à l'amour de la patrie et à la piété filiale, reprit Flozen, ils sont au rang des choses éternellement saintes ; et c'est pour la philosophie un sacrilége que d'y toucher ; mais, à l'égard de ses dieux immortels, Cicéron m'avouera que lui-même il n'y croyait guère ; et c'est un de ces préjugés dont il me semble que le sage avait raison de s'affranchir.

A ces mots, madame Geoffrin voulut terminer la dispute.

« Ne craignez rien, madame, pour des vérités qui vous touchent, lui dit Mairan; nous allons combattre à l'écart. Mais je demande à reprendre haleine; car vous voyez que monsieur le baron ne me laisse pas respirer. »

SECONDE PARTIE.

« Pour concevoir, reprit Mairan, après un moment de repos, comment l'erreur, par quelque analogie et quelque point de ressemblance, peut tenir à la vérité et y suppléer au besoin, supposons que, dans les temps et les climats où les opinions religieuses n'étaient pas encore épurées, les poëtes philosophes eussent peuplé le Ciel de divinités plus décentes; qu'au-dessous du destin ils n'eussent mis que des dieux tutélaires, pour protéger les gens de bien; des dieux justes et redoutables pour intimider les méchants; des dieux présents aux travaux des campagnes, pour les encourager et les récompenser; des dieux surtout amis des malheureux, pour les consoler dans leurs peines, et pour tempérer l'amertume des maux présents par l'espérance d'un avenir plus doux : supposons que le dieu, symbole de la force et de la puissance, l'eût été constamment de la sagesse et de l'équité; que la déesse de la beauté eût été celle de la pudeur; que l'innocence eût été compagne des plaisirs et de la jeunesse; que l'amour et les grâces, avec la bonne foi, eussent formé la cour du chaste hymen; qu'au lieu de ces dieux libertins qui poursuivaient les nymphes des campagnes, on n'y eût admis que des dieux de bonnes mœurs, des dieux gardiens des limites, des dieux protecteurs des hameaux, vengeurs de l'innocence et de la faiblesse opprimée; en un mot, supposons que, dans ces fables religieuses, un ciel moins dissolu, un enfer plus moral, les airs, les eaux, la terre, les éléments et les saisons eussent par-tout présenté aux hommes des exemples sous des symboles, et qu'au lieu des scandales de la mythologie, on y eût rendu les vérités morales intéressantes et sensibles par des modèles de bonté, d'équité, de vertu, exposés sur tous les autels, croyez-vous qu'en attendant mieux, ces fictions n'eussent pas eu assez de vérité dans leur caractère emblématique pour mériter le respect des sages, et que le jeu inexplicable des atômes de Démocrite ou le vague incompréhensible de la doctrine de Thalès eût valu ces allusions? Il faut des images au peuple; et, lorsque la vérité lui manque ou qu'elle n'aurait pas assez d'attrait pour lui, il lui faut aussi quelquefois des mensonges officieux.

« A-présent, je conviens que la mythologie n'était pas composée comme je le suppose; tous les vices et tous les crimes pouvaient s'y croire autorisés; en la formant, on avait moins pensé aux dangers des exemples qu'à la justesse des emblêmes. Mais, pour corriger les poëtes, que firent les vrais sages et les législateurs? Ils n'abolirent pas le culte, car un système religieux ne s'écroule pas sans péril; s'il pouvait même être détruit comme un palais magique par un coup de baguette, il ne laisserait qu'un désert, et ce désert serait bientôt peuplé de monstres sanguinaires et de reptiles venimeux. Ils eurent donc, ces sages, la prudence et l'habileté d'écarter respectueusement, et de laisser comme dans l'ombre tout ce que la croyance aurait eu d'immoral, et de ne présenter à la vénération des peuples que ce qu'elle avait d'imposant, de salutaire et de vraiment auguste.

« Observez leur conduite : par-tout, dans tous les temps, si ce n'est pas la vérité, c'est la bonté morale, l'utilité publique qu'ils respectent dans l'opinion, et c'est là ce qui les distingue. Cicéron, par exemple, en confidence avec son fils, s'explique librement sur la fatalité; mais il se garde bien d'empêcher les Romains de redouter la fortune comme une déesse inconstante. Horace la leur peint élevant, abaissant tour-à-tour, à son gré, et les hommes et les empires, changeant les triomphes en funérailles, et faisant trembler les tyrans; croyance infiniment utile pour préserver les malheureux du découragement, les heureux de l'orgueil, le peuple de l'ivresse de la prospérité, du désespoir dans les disgrâces, et lui donner à qui s'en prendre des revers dont il eût peut-être voulu punir le grand homme innocent que l'événement accusait, mais qu'absolvait l'impérieuse autorité de la fortune.

« Et voilà, comme en attendant la vérité, l'opinion gouverne le peuple; car il faut qu'il soit gouverné; et si l'erreur le mène au but de la vérité qui lui manque, elle en tient lieu; elle en a du moins les plus précieux caractères, la convenance et la bonté.

« Monsieur, reprit Flozen, faut-il vous dire ma pensée? Je n'aime pas à vous entendre faire l'éloge de l'erreur, et la donner pour supplément à la vérité qui nous manque. Et moi, lui dit Mairan, j'aime beaucoup à vous voir prendre avec chaleur le parti de la vérité; car je n'ai vécu que pour elle, et ma vieillesse encore n'est occupée qu'à la chercher; c'est l'unique objet de mes veilles, et je me vante de la chérir et de la révérer autant qu'homme du monde; mais ce monde est fait de façon que, dans leurs relations et dans leur influence, le bien peut quelquefois y devenir un mal, comme le mal un bien. Par exemple, vous m'avouerez qu'au moins, de notre temps, il n'est pas exactement vrai que toutes les femmes soient chastes, tous les époux fidèles, toutes les mères vertueuses, tous les pères honnêtes gens, tous les juges incorruptibles; cependant, pour l'ordre public, combien n'est-il pas souhaitable qu'on ait cette bonne opinion de sa femme, de son mari, de ses parents et de ses juges? Et il en est de même de mille autres illusions. La vérité, monsieur, est une liqueur excellente; mais prenez garde au vase où vous la verserez : s'il est impur, elle va s'y corrompre, et ne sera plus qu'un poison.

« Mon philosophe, dit Flozen, ne connaît point de tempérament ni d'exception à ses principes. Il n'admet pour l'esprit humain que deux situations, l'évidence ou le doute. Quant à ce qui n'est susceptible que d'un peu plus ou d'un peu moins de probabilité, il le livre à l'opinion qu'il méprise, et qui n'a, dit-il, d'autre moyen de s'éclairer que d'oublier les préjugés vulgaires et les conventions sociales, pour remonter à l'état de nature et aux sages lois de l'instinct.

« Oui, je sais, dit Mairan, que c'est là le système de nos moralistes modernes; mais je sais bien aussi que c'est le grand magasin des sophismes, la grande source des erreurs. La voix de la nature est sans doute un bon guide à qui l'écoute et l'entend bien; mais il faut la laisser parler dans le silence des passions : c'est ce qu'on ne fait pas. Elle est troublée, elle est séduite avant qu'on la consulte; alors on lui fait dire, comme à l'écho, tout ce qu'on veut, et bien souvent des sottises épouvantables. Entre mille exemples que j'en ai vus, en voici un qui m'a frappé dans ma jeunesse, et dont je garde encore le souvenir. »

Madame Geoffrin, qui aimait les contes, redoubla ici d'attention.

« Nous avions à Béziers, poursuivit-il, un homme qui, voulant tout réduire aux lois de la nature, élevait ses enfants dans un sentiment de mépris pour les opinions et les conventions sociales, les instruisant à se conduire par les lumières d'une raison pure et libre de préjugés. Cependant, comme il était lui-même beaucoup meilleur que sa doctrine, et, qu'honnête par sentiment, il corrigeait à son insu ses préceptes par ses exemples, il fut long-temps à s'apercevoir du vice d'immoralité dont il avait empoisonné l'éducation de ses enfants.

« Mais quand vint pour eux l'âge des passions et de l'indépendance, il n'y eut pour lui plus de repos qu'il ne les eût émancipés. Ils voulurent se marier tous les trois à leur fantaisie, et rien n'était plus naturel; car c'est ainsi que les animaux, en disposant d'eux-mêmes, se choisissent l'un l'autre. « C'est encore ainsi, disaient-ils, que s'apparient les sauvages; » et le père n'eut pas un mot à répliquer.

« A peine furent-ils mariés, qu'ils lui demandèrent un compte exact et rigoureux de l'héritage de leur mère; car puisque, par un vice de la société, il y avait propriété de biens et transmission d'héritage, au moins fallait-il que chacun pût jouir, à son tour, de cette iniquité. Le père leur demanda grâce d'une partie de la dot.

Il venait d'être ruiné par un procès où le droit naturel parlait pour lui, mais où le droit écrit lui avait été contraire. Ils crurent lui donner à vivre en lui laissant de quoi ne pas mourir.

« Il voulut inutilement leur rappeler le don de la vie, le soin de leur enfance, tous les bienfaits de son amour. Ils l'écoutaient avec un froid silence, et ils se demandaient s'il avait fait pour eux plus que ne font pour leurs petits les animaux les plus sauvages. Le lion, l'ours, le tigre, reprochaient-ils à leurs enfants de les avoir fait naître, de les avoir nourris, gardés et défendus? Et lui, quel droit de plus avait-il sur les siens? Était-ce bien pour l'amour d'eux qu'il leur avait donné la vie? N'avaient-ils pas le droit d'en jouir à leur tour? Et ne savait-il pas que les devoirs du sang étaient bornés par la nature à la durée de l'enfance, et qu'au-delà chacun devait penser à soi?

« Vous me faites horreur, dit madame Geoffrin. Voilà pourtant, reprit le sage, où mène le mépris des institutions sociales et cette belle assimilation des principes de la nature entre l'homme et les animaux.

« Tandis que le malheureux vieillissait dans la misère et l'abandon, son fils aîné, livré au plus honteux déréglement, et bientôt ruiné au jeu par des fripons, trouva commode et juste de prendre sa revanche en s'aidant de leur industrie. Il fut repris et blâmé. Alors, ne pouvant plus souffrir ni la sévérité des lois, ni l'inégalité du partage des biens donnés à tous par la nature, il se jeta dans les forêts pour y exercer ses droits de reprise sur les passants. Il fut pris avec une bande de moralistes comme lui, et ils allèrent périr ensemble.

« Sa fille ayant épousé un homme qu'elle croyait aimer, et dont bientôt elle fut lasse, se souvint du principe que tout engagement perpétuel est téméraire, et que le droit de la liberté naturelle est imprescriptible; mais, comme il n'y avait pas moyen de rompre ouvertement un mariage que les lois rendaient indissoluble, elle fit ce que la nature conseillait, disait-elle, à la faiblesse opprimée et captive; elle opposa la ruse à la force et à la contrainte, se dispensa d'être fidèle à un serment que son cœur abjurait; et, toujours libre dans ses choix et dans ses préférences, elle usa tant de cette liberté primitive et inaliénable, qu'il fallut y opposer les grilles d'un couvent. Indignée de sa prison, elle s'en échappa, et vint à Paris vivre dans un lieu de franchise. Jeune encore, mais bientôt flétrie, elle est allée achever de s'éteindre dans le triste et honteux asyle de la douleur et des regrets.

« Le second des deux fils, en vertu de l'égalité naturelle, avait pris dans le peuple une femme excessivement dégagée de préjugés; et, comme elle pensait que ses faveurs étaient du nombre des biens que la nature avait mis en commun, chacun, dès qu'il pouvait lui plaire, y participait à son tour. Cette extrême affabilité eut des fruits dont lui-même il sentit bientôt l'amertume; et il commençait à s'en plaindre, lorsqu'ayant pris dans le ménage, par droit de bienséance et de communauté, ce qu'il y avait de plus mobile, elle alla joindre au port de Marseille un matelot, ses premières amours.

« Le père, au milieu des ruines d'une famille déshonorée, accablé de misère, de honte et de remords, en devint fou. Dans son délire, il semblait vouloir se punir; et seulement cruel envers lui-même, après s'être meurtri le sein et le visage, il nous tendait les bras, nous regardant d'un œil qui demandait grâce et pitié. Il avait des moments lucides; c'était alors que je l'observais avec le plus d'attention, et que je recueillais avec le plus de soin les sentiments qui lui échappaient.

« Monsieur, me disait-il, mes enfants? qu'en avez-vous fait? Je n'en ai plus. C'est moi, oui, c'est moi... mais j'en suis puni. Dites-leur que j'en suis puni; dites-leur que je suis leur père. Malheureux père! il les a trompés; mais il était bon père. Oui, leur père était bon; mais il a perdu ses enfants. Voyez comme ils m'ont dépouillé? Ils m'ont dépouillé, mes enfants! Dites-leur que je leur pardonne. Où sont-ils? Dans l'abyme! Menez-moi dans l'abyme. C'est moi qui l'ai creusé; oui, je l'ai creusé de mes mains. Ayez pitié de moi : ma misérable tête est perdue; je le sens bien. Mais non, ce n'est pas à-présent que je suis fou. Ah! je l'étais bien plus quand je me croyais sage!

« Il est aisé, dit le jeune homme, de dénaturer la morale en la raisonnant mal; mais à la lumière d'un esprit sage ne peut-on pas l'épurer encore? Et faites-vous à la vertu l'injure de redouter pour elle les yeux de la saine raison? Où est-elle cette raison saine? lui demanda Mairan. Est-ce dans l'esprit des sophistes? On croit épurer la morale en la subtilisant; et, au milieu d'un peuple dont il est si facile d'offusquer le bon sens et de tromper la bonne foi, l'on vient soumettre à l'analyse d'une froide métaphysique les habitudes sociales, les vérités de sentiment! Eh bien! j'ose vous dire que c'est dépraver l'homme que de lui faire ainsi raisonner son instinct. Il sera bon, si rien n'altère en lui la rectitude du sens intime; mais si, en réduisant tout au doute méthodique, on rend indécis et confus les mouvements d'une bonté, d'une justice spontanée, on va faire du cœur de l'homme un labyrinthe dont il aura perdu le fil.

« Pythagore l'a dit, reprit Flozen : dans le doute, abtiens-toi. C'est une bien sage maxime. Oui, répondit Mairan; mais il faut bien l'entendre; car souvent s'abstenir ce serait décider. Lorsque je vois un homme qui se noie, et que je doute si je dois le secourir au péril de ma vie, que je m'abstienne, il est noyé; mais le pis est que, dans le doute, si la raison balance, la passion décidera. L'intérêt personnel saura bien se passer de solution philosophique, et le sceptique n'en sera que plus libre dans ses mouvements déréglés. C'est donc détruire la morale que de la rendre problématique, et c'est où nous conduit cet esprit d'examen qui veut tout anatomiser; car, dans les choses de la vie, dans les lois, dans les mœurs, dans toute la doctrine de l'honnête et du juste, il n'y a peut-être rien d'une évidence qui résiste aux captieuses subtilités d'un sceptique armé de sophismes : avec un peu d'esprit et beaucoup de mauvaise foi, on peut rendre équivoques, aux yeux d'une raison commune, tous les droits et tous les devoirs. A quelles ancres sera donc attachée la morale publique et l'honnêteté populaire, si ce n'est pas aux opinions reçues, aux règles établies, aux vérités de sentiment?

« Cléanthe, dit Flozen, a un profond mépris pour les vérités de sentiment, et il demande ce que c'est qu'une vérité qui n'est pas la lumière de la pensée.

« Demandez-lui à votre tour, reprit Mairan, si c'est par la pensée qu'il est persuadé de la réalité des corps qui l'environnent et de l'existence du sien; demandez-lui si aucun raisonneur ne l'a jamais mis sans réplique, en soutenant qu'il est possible que tout cela ne soit que des illusions et les songes d'un long sommeil. Et cependant quel homme de bon sens et de bonne foi a jamais douté de l'existence de ses yeux et de celle de la lumière ?

« On n'a pas moins contesté à l'homme une volonté libre; on n'a pas moins réduit sa raison au silence, en lui soutenant qu'en lui-même, comme dans la nature entière, tout est soumis aux lois de la nécessité; cependant tout le monde, et le fataliste lui-même, ne laisse pas d'agir d'après la pleine persuasion qu'il agit librement, et que sa volonté exerce autour de lui une libre influence. Toutes les règles de conduite, toutes les lois, toutes les affections personnelles, l'estime et le mépris, la louange et le blâme, l'amitié, la reconnaissance, le ressentiment de l'injure, tout suppose la persuasion intime que l'homme est libre et dans le bien et dans le mal. Voilà ce qu'on appelle des vérités de sentiment, des vérités qui ne sont pas dans l'esprit, mais dans l'ame, des vérités que la nature enseigne à l'homme comme à l'insu de sa raison. »

« Vous croyez-donc aux idées innées ? lui demanda Flozen, en souriant. — Je crois, lui répondit Mairan, aux sentiments innés, aux notions de l'instinct, qui n'en sont pas moins sûres, quoique non réfléchies. Je vois que les oiseaux n'ont point appris à construire leur nid; que, pour établir leur ménage aussitôt qu'ils sont mariés, pour y préparer un berceau de mousse et un lit de duvet, à ces embryons que la mère vient à peine de concevoir, ils n'ont pas même eu besoin d'exemple: j'observe qu'un essaim d'abeilles, à peine éclos, va travailler à ses rayons de miel, et que, dans cet art merveilleux, il est, dès sa naissance, aussi habile que ses pères. Mille autres espèces d'animaux savent de même, sans étude, ce qu'ils ont besoin de savoir. Il y a donc bien pour eux une science infuse; et pourquoi voulez-vous que l'homme n'ait pas reçu de même les premières lueurs d'instinct nécessaires à son espèce? Par exemple, madame, quand vous vîntes au monde, vous apprit-on l'art de téter?—L'art de téter! — Oui, madame, cet art d'envelopper de votre langue et de sucer en aspirant le mamelon qui devait vous nourrir, est d'une industrie admirable : je vous étonnerais si je vous l'expliquais; mais allons plus loin. Croyez-vous qu'on vous ait appris à parler? L'âge, l'exemple, l'habitude, l'instinct de l'imitation, vous a induite à essayer d'abord, et successivement à exercer en vous les organes de la parole; mais l'action de ces organes, le jeu de ces ressorts, ce jeu si compliqué, et cependant si net, si facile et si prompt, que la glotte, la langue, les lèvres exécutent avec tant de précision, de célérité, de justesse, qui vous a enseigné à le produire, à le régler, à rendre l'haleine sonore, à varier les sons, les accents de la voix, à les articuler, enfin à vous faire obéir par tous ces mouvements pour exprimer, quand et comme il vous plaît, vos volontés et vos pensées? — Mais, monsieur, cette action des organes est mécanique. — Oui, madame, elle est mécanique, mais elle est volontaire : celui qui la commande et qui la dirige à son gré n'en sait pas le secret ; mais il sait la produire et sans peine et à volonté : c'est là une science infuse que je compare à celle de l'équilibre dans le vol des oiseaux, dans la course des quadrupèdes ; et c'est si bien la nature qui nous l'enseigne, que nul autre génie au monde n'en possède les éléments. Ce n'est pas tout encore : avez-vous observé dans les enfants l'art de lier et de désunir les idées ? et ne pensez-vous pas qu'en eux cette logique a devancé l'instruction ? Demandez à l'enfant qui balbutie encore s'il aime mieux pour son goûter, *ou* une pêche, *ou* un raisin ? Vraiment, dit-elle, il me répond qu'il aime mieux le raisin *et* la pêche. — Voilà donc qu'il distingue la *disjonctive* qui le réduit au choix, d'avec la *conjonctive* qui lui donnerait l'un et l'autre. — Oh ! de ce raisonnement-là, j'en ai vu mille exemples : aucun enfant ne pleure lorsqu'on lui dit qu'il aura le fouet, s'il n'est pas sage. La menace est conditionnelle, et il n'en est point effrayé. Mais s'il s'entend dire : Tu auras le fouet, tu n'as pas été sage, il pleure, il sent très-bien qu'il n'y a plus de *si* dans la phrase. — Eh bien ! madame, cette logique est-elle apprise ? Non ; elle est innée : on l'a réduite dans les écoles en préceptes et en méthode ; mais elle a commencé par être naturelle. C'est la logique de l'instinct; et, dans le plus grand nombre des êtres raisonnants, elle n'est guère rien de plus. Enfin, passons à l'éloquence: ses tours, ses mouvements, ses artifices, attendent-ils les leçons d'un Quintilien? Les anciens l'ont dit avant moi: « L'enfant a dans ses plaidoyers tout le manége « de l'orateur: il sait caresser et flatter d'un air « timide et suppliant; menacer l'adversaire qu'il « veut intimider; appuyer de raisons plausibles « ses excuses et ses défenses; réfuter les raisons « d'autrui; exposer, raconter les faits avec adresse « et à son avantage, et employer la plainte ou la « prière pour obtenir justice ou grâce. »

« Ainsi quoiqu'il soit assez vrai, comme Pline l'a dit, que dans la première imbécillité de l'enfance l'homme ne sache que pleurer, la nature ne laisse pas d'être pour lui une bonne maîtresse, et de lui donner, à mesure que ses organes se développent, d'assez étonnantes leçons.

« Mais ce qu'il y a de plus sensible, de plus marqué dans ses leçons, ce sont les vérités morales: c'est par cet instinct de bonté que, sans étude et sans réflexion, l'homme se sent obligé d'être juste, humain, secourable; c'est par-là que la bonne foi, la pudeur, la sincérité, la bienfaisance, en un mot, la vertu, se fait honorer et chérir. Or ces vérités sont sur-tout et presque uniquement la doctrine du peuple; et le plus sûr moyen de dépraver la multitude, c'est de corrompre en elle cette espèce d'instinct moral.

« Oui, je conçois, avoua Flozen, qu'en morale il est dangereux d'analyser le sentiment, et même de trop discuter l'opinion transmise et reçue; car, ne fût-elle qu'un préjugé, qu'une convention sociale, tout le monde s'en trouve bien; mais en est-il de même en politique? Et....

« Nous voilà bientôt arrivés à Châtillon, dit madame Geoffrin : tirons la ligne, et réservons le reste pour ce soir à notre retour. »

TROISIÈME PARTIE.

Le dîner que nous fîmes à Châtillon fut de ceux que je ne me rappelle qu'avec de sensibles regrets. La cordialité, l'indulgence, la confiance mutuelle, cette douce persuasion que l'on n'était ensemble que pour se procurer les jouissances pures de l'esprit et de l'ame, le plaisir qu'on avait à y contribuer, l'oubli mutuel de l'amour-propre et d'une vanité jalouse dans le cours facile et libre d'un entretien où la pensée, l'opinion, le sentiment coulait de source et avec abandon; enfin certaine verve de gaieté, de franchise, d'originalité, qui me semble être le génie de la conversation, et qui devient tous les jours plus rare, donnaient à la société des gens de lettres un caractère qui me sera toujours présent. Il faut tout dire : ce caractère d'enjouement, d'amabilité, avait pour base des qualités solides. L'esprit, par la vivacité et le brillant de ses saillies, peut bien rendre la société amusante lorsqu'il l'anime ; mais, pour la rendre habituellement intéressante, l'esprit ne suffit pas ; et le commerce de l'esprit même n'a de charme pur et durable que dans un cercle de gens de bien. Telle était la société de Châtillon : c'est dire assez quel agrément eurent pour nous les heures que nous y passâmes.

Je me garderai bien de répéter des propos de table. Ce que le trait du dialogue, le ton de la gaieté, le sel de la plaisanterie, la grâce vive et piquante de l'à-propos, anime et embellit, perd trop de sa valeur à être redit froidement. Je ne rappellerai de ce dîner que quelques sujets d'entretien que ramena la promenade dans le silence des bosquets dont nous respirions la fraîcheur.

On avait parlé, vers la fin du repas, d'un grand nombre de livres dont le titre agaçait la curiosité du lecteur, et qui trompaient son espérance ; et l'on s'était demandé par qui ces ouvrages manqués auraient dû être faits. Dans ce nombre on citait *le Spectacle de la Nature*, dont Fontenelle, l'auteur des *Mondes*, aurait fait un livre charmant. On citait l'ouvrage de l'abbé du Bos sur la poésie et la peinture ; *parallèle* qui demandait une imagination vive, une plume brillante, un sentiment exquis de deux arts qui parlent à l'ame, et que le froid bon sens de l'abbé du Bos semblait avoir dérobé à l'esprit et au goût d'un Voltaire ou d'un Winkelmann. On se rappelait *les Exilés* de madame de Villedieu ; idée heureuse, d'où elle n'avait tiré qu'un petit roman de galanterie, et dont un peintre comme Hamilton aurait fait le tableau le plus piquant de la cour d'Auguste. On citait singulièrement le *Traité de l'Opinion*, que le Gendre aurait dû laisser effleurer, embellir, égayer par Voltaire, ou méditer par Montesquieu.

« Mais, demanda-t-on, Montesquieu lui-même a-t-il rempli le titre de son plus bel ouvrage ? Et *l'Esprit des Lois* n'est-il pas, comme l'a dit madame D. D**, de *l'esprit sur les lois ?* »

Ce fut l'avis d'un petit nombre. Parmi ceux-là, les uns disaient que c'était un ouvrage étincelant de lumières, mais de lumières éparses, et plus en éclairs qu'en rayons ; les autres, que c'était un riche amas de matériaux habilement taillés, mais incomplets et hors de place, dont l'architecte n'avait pas pris la peine de composer son édifice. Quelqu'un même alla jusqu'à dire que, si Montesquieu s'était tracé un plan, il nous en avait fait un mystère, et que *l'Esprit des Lois* n'était pas plus un ouvrage achevé que *les Pensées* de Pascal.

Le comte de C*** prit la parole. C'est l'un des hommes dont l'esprit a le plus de justesse, de clarté, de maturité, et qui, dans la conversation, répand avec le plus de modestie et de simplicité l'instruction et la lumière. Personne n'a mieux profité de ses voyages, de ses lectures, et d'un long usage du monde; personne n'a mieux vu dans la nature et dans les livres ce qu'il en fallait recueillir; mais cette érudition exquise et variée a toujours l'air facile et naturel de l'à-propos; il en est libéral; il n'en est point prodigue : on ne le trouve instruit qu'autant qu'on veut s'instruire; on dirait qu'il ne sait lui-même que ce qu'on veut savoir de lui. » Il avait peu parlé durant tout le dîner : on fut bien aise de l'entendre.

« Le plan de Pascal, nous dit-il, était donné par son sujet, et on voit bien qu'il ne lui a manqué que le temps de l'exécuter; mais en est-il de même de Montesquieu? et ne serait-ce pas trop exiger de lui que de vouloir qu'il eût réduit à l'unité d'un plan régulier et complet un sujet aussi variable, aussi incohérent, aussi bizarrement divers que celui de *l'Esprit des Lois?* Admirons dans ce bel ouvrage le coup-d'œil du génie, et dispensons celui qui plane sur une si vaste étendue, qui voit souvent de si haut et si loin, de s'asservir aux règles de l'esprit méthodique. A l'égard du trait de critique relevé par Voltaire, j'aime à lui opposer l'éloge que Voltaire lui-même a fait du livre de *l'Esprit des Lois*, lorsqu'il a dit : *Le genre humain avait perdu ses titres; Montesquieu les a retrouvés et les lui a rendus.* »

« Dans un éloge, dit madame de F***, cette phrase

doit être belle; mais, s'il faut l'avouer, je ne l'entends pas bien. Que n'entendez-vous pas, madame? lui demanda le comte, en souriant. — Je n'entends pas quels sont ces titres que le genre humain avait perdus. — Ce sont les titres de ses droits. — Oui; mais quels sont ces droits, et quels en sont les titres? et comment étaient-ils perdus? et comment Montesquieu les a-t-il retrouvés? — Ce que vous me demandez là, vous le sauriez sans moi, madame, si vous vouliez bien prendre la peine d'y penser. — Eh bien! monsieur, faites pour nous ce que font les bons livres; mettez au net ce que chacun de nous a confusément dans l'esprit. Je vais, dit-il avec son air modeste, essayer de vous obéir. »

« Les droits de l'homme sont les droits attribués à l'homme par la loi de nature, et les titres des droits de l'homme sont les articles qui le concernent dans cette loi universelle, qui seule imprime son caractère à tout ce qui est juste et bon. Vous croyez donc bien fermement, lui dit la même, à la réalité de cette loi universelle?. — Oui, madame, comme je crois à la réalité de l'ordre universel; et rien ne m'est plus évident, ni hors de moi, ni en moi-même, que ce dessein d'une première cause, d'une puissance intelligente, d'une volonté prévoyante et d'accord avec elle-même, à laquelle tout est soumis. Que si quelqu'un le nie, s'il se plaît à douter que l'œil soit expressément fait pour recevoir l'impression de la lumière; le poumon, pour respirer l'air; le cœur, pour refouler le sang; les artères, les veines, pour le distribuer; s'il croit que le prodige de l'organisation, le mystère ineffable de la reproduction dans les animaux, dans les plantes, s'opère sans dessein et par un mécanisme aveugle; s'il pense que les sphères, en roulant dans l'espace, chacune invariablement sur la ligne de son orbite, s'attirent, se balancent, et sans cesse accomplissent les mêmes révolutions sans un premier mobile et sans une première loi qui les dirige dans leur cours, ce n'est point à lui que je parle. Je demande sur cet article une pleine persuasion : si vous ne l'avez pas, je n'irai pas plus loin. Pour celle-là, dirent les dames, nous l'avons tous, et vous pouvez poursuivre.

« Ainsi donc, reprit-il, dans le dessein de la nature, c'est son intention qui fait loi, et l'ordre universel n'en est que l'accomplissement. Les corps célestes obéissent à cette loi ordonnatrice; les végétaux l'observent; les animaux la suivent; et l'homme, en ce qui lui est commun avec tous les êtres vivants, y est soumis comme eux par instinct. Enfin, je le répète, la loi universelle, la loi par excellence est l'intention de l'ouvrier suprême manifestée dans son ouvrage et imprimée dans son dessein. Il ne s'agit donc plus que des divers rapports de cette intention première à toutes les parties de l'ordre universel, et de ses relations aux espèces diverses. Ceci va, je l'espère, vous paraître encore assez clair.

« La nature a voulu que les sphères célestes, en se balançant dans l'espace, fussent les unes par les autres contenues dans leur orbite; elle a pesé leurs masses, mesuré leurs distances et réglé leurs vîtesses dans des rapports invariables, par les sommes du mouvement qu'elle leur a distribué : c'est la loi de l'attraction. Elle a voulu que les éléments eussent leurs régions diverses en raison de leur densité, et qu'après s'être confondus dans leur choc et dans leur mêlée, chacun reprit sa place : c'est la loi de la pesanteur; ce sont les lois de l'équilibre. Elle a voulu que sur la terre les espèces presque infinies d'êtres vivants eussent en elles-mêmes et dans le sein de leur mère commune, les moyens de se conserver, de se renouveler et de se reproduire : ce sont les lois de la végétation pour les plantes, les lois de l'instinct pour les bêtes, et pour l'homme les lois de l'instinct et de la raison.

« Ici, mesdames, observez, s'il vous plaît, qu'à l'égard des êtres vivants, l'intention la plus marquée de la nature a été la conservation, le renouvellement, la perpétuité des espèces; car autant elle semble avoir négligé les périssables individus, autant elle a pris soin de rendre les espèces indestructibles. Elle a si bien donné aux plantes les moyens de se régénérer sous la dent même des animaux dont elles seraient la pâture, qu'au milieu de tant de ruines l'espèce n'en périt jamais. En destinant les animaux à servir d'aliment, non pas à leurs pareils, mais une espèce à l'autre, elle a si bien économisé cette destruction, qu'il ne périt que des individus, et que les espèces subsistent. Ceux qu'elle a comme dévoués à la voracité des autres, ou qui, par leur fragilité, ne doivent vivre que des instants, elle les a doués d'une fécondité qui compense et répare leur dépopulation ou leur mortalité rapide. Le hareng, destiné à nourrir le requin, se multiplie à l'infini; l'insecte qui ne vit qu'un jour, le consume à se reproduire; le papillon le plus éphémère ne meurt pas sans postérité; il ne verra point ses petits; mais il laisse des œufs que l'air et la lumière sont chargés de couver, d'animer et de faire éclore : le nid de la chenille est recommandé au soleil.

« Mais ce qu'il y a de plus sensible et de plus étonnant dans les précautions que la nature a prises pour sauver les espèces dans le règne animal, c'est la défense qu'elle a faite à chacune d'elles, et même aux plus voraces, d'attenter à leur existence. A moins des dernières extrémités de la détresse et du besoin, toutes observent cette loi : l'ours et le tigre y sont fidèles, tant que l'aveugle rage d'une faim dévorante ne les a pas dénaturés. Elle a fait plus, elle a pris soin d'adoucir, d'attendrir le caractère des plus sauvages, lorsqu'il s'agit de mettre au jour ou d'élever leur famille naissante. Le tigre flatte la tigresse; la louve et la panthère sont aussi bonnes mères que la biche et que la gazelle. Vous savez quel courage est donné à l'oiseau timide pour couver et garder ses œufs, ou pour défenfendre ses petits. Pardon, mesdames, si j'insiste sur des détails qui vous sont connus; ils sont ici de grande conséquence, et je regarde cette merveille de l'instinct comme une preuve si manifeste de l'intention de la nature, qu'il me semble impossible qu'en y réfléchissant, on n'en soit pas aussi persuadé que moi. En effet, dirent-elles, rien n'est plus évident.

« Eh bien! reprit le comte, je m'en tiens là; et, sans me prévaloir des priviléges que la nature a pu vouloir accorder à l'homme, sans m'amuser à faire voir qu'il est celui des animaux qu'elle a le plus favorisé, je me réduis modestement à poser en principe cette vérité simple, que la nature a voulu pour l'homme ce qu'elle a voulu pour l'insecte, et que l'intention qu'elle a eue d'assurer la conservation et la perpétuité des espèces, s'est étendue jusqu'à l'espèce humaine.

« C'est de ce principe évident que je conclus qu'il y a expressément pour l'homme une loi naturelle; car la nature n'a pu vouloir que l'espèce humaine se conservât sans vouloir, sans prescrire à l'homme ce qui devait la conserver, et sans lui interdire ce qui l'aurait détruite. Ainsi la loi naturelle est pour l'homme ce qu'a été la loi de l'instinct pour le reste des animaux, le développement d'une intention première commune à leurs genres divers, mais appropriée aux espèces.

« A-présent, mesdames, il vous est aisé de bien entendre quels sont ces droits dont on dit que le genre humain avait perdu les titres quand Montesquieu les lui a rendus.

« Quelqu'un a dit, *le droit n'est pas une faculté*; il a dit vrai. Le droit, sans force et sans pouvoir, n'en existe pas moins, quoique la faculté de s'exercer lui manque. Qu'est-ce donc que le droit? C'est ce que la nature a concédé, permis, attribué à l'homme, soit à l'égard de l'homme, soit à l'égard des animaux et de tous les êtres vivants. A l'égard de ceux-ci, la puissance de l'homme, ses besoins, son utilité, peuvent avoir été la seule règle de ses droits; mais de l'homme à l'égard de l'homme, le droit est réciproque; il doit être réglé, légitimé par une loi qui l'attribue et qui le fonde; et si cette loi primitive était une chimère, non-seulement le droit naturel, mais tous les droits humains en seraient une aussi. La volonté individuelle, l'amour de soi, la force, l'intérêt personnel, l'égoïsme absolu, exclusif et impitoyable, serait l'unique règle des actions des hommes; le bien moral serait l'utile, et l'utile individuel; le juste serait inconnu. C'est donc la loi, et la loi seule qui donne à l'existence, à l'action, à la possession un caractère de justice; et la loi elle-même ne l'a ce caractère, que lorsqu'elle dérive de cette intention première, de cette suprême raison qui a réglé l'ordre universel. Il y a donc pour les hommes des droits réciproques et naturels, parce qu'il y a pour eux une loi naturelle ; et c'est à ce principe que Montesquieu s'est élevé pour observer, comme d'une éminence, quel avait dû être dans tous les temps l'esprit, l'objet, le but des institutions humaines et l'intention des bonnes lois (1). »

« Eh! monsieur, lui dit-on, comment de ce principe universel et vague, de cette première intention de conserver, de renouveler, de perpétuer les espèces, ferez-vous dériver toutes ces lois si variées, ce système si compliqué, si vaste et si divers des institutions et des transactions sociales? Les rapports de l'homme avec l'homme n'ont-ils pas dû, en se multipliant, ajouter mille autres intérêts au premier vœu de la nature, et souvent le croiser et le contrarier? La division des peuplades, leurs rivalités, leurs querelles, l'esprit patriotique et la raison d'état, les jalousies de puissance entre les peuplades voisines, le commerce, la guerre, les dissensions intes-

---

(1) *Il y a*, dit-il lui-même, *une raison primitive, et les lois sont les rapports qui se trouvent entre elle et les différents êtres.*

tines, les partages, les propriétés, l'inégalité de fortune et de conditions, toutes ces causes et mille autres n'ont-elles pas dû faire oublier à nos législateurs ce principe de droit primitif et commun qui convenait à l'homme dans l'état de nature, mais qui, dans l'état social, a reçu tant d'atteintes et d'altérations? »

« D'abord, reprit le comte, sans s'émouvoir de ces instances, ce qu'on appelle communément l'état de nature n'a jamais existé pour l'homme. — Quoi! monsieur! et l'homme sauvage? — Il n'y a point d'hommes absolument sauvages; il n'y en eut jamais. La famille est la moindre des sociétés humaines, et rarement en aucun lieu du monde est-elle long-temps isolée. Par-tout, dans tous les temps, les hommes associés par le besoin ont dû avoir pour but leur sûreté commune, leur défense et leur subsistance. Ainsi par-tout ce premier soin, ce premier vœu de la nature a été la base des lois. Et en effet, comment l'espèce humaine, dont la débile et longue enfance est sujette à tant d'accidents, exposée à tant de périls, eût-elle pu subsister errante et dispersée en individus solitaires?

« Pline a dit avec vérité : « L'homme est le seul
« des animaux que la nature n'a point vêtu...; il
« est le seul qu'au jour de sa naissance elle jette
« nu sur la terre nue, livré dès ce moment aux
« larmes et aux cris......, Les autres, avertis par
« le seul instinct, courent, volent ou nagent.

« L'homme ne sait rien de lui-même, ni parler,
« ni marcher, ni se nourrir; en un mot, la na-
« ture ne lui enseigne qu'à pleurer. »

« Mais, en supposant même que la nature eût donné à l'homme l'instinct le plus exquis, et qu'il eût en naissant toute l'intelligence qui lui vient avec l'âge, en serait-ce assez? Non, mesdames : sa timidité, sa faiblesse, sa lenteur, en comparaison de l'agilité, de la force, du courage des ennemis qu'il aurait eu à éviter ou à combattre, l'auraient infailliblement rendu la proie des animaux au milieu desquels il serait né; car la nature, qui a inspiré une horreur salutaire au tigre pour le sang du tigre, et au loup pour le sang du loup, ne leur a pas inspiré de même de l'horreur pour le sang humain; elle leur a dévoué l'homme comme le daim et la brebis, et le leur a livré nu, faible et désarmé.

« Qu'aura-t-elle donc fait pour en sauver l'espèce? Elle l'a rendu social, c'est-à-dire volontairement disposé à vivre en communauté de périls, de travaux, de forces, d'assistance, de devoirs et de bons offices; d'abord avec la mère de ses enfants, et avec ses enfants eux-mêmes, ensuite avec les hommes qui, par le même instinct, se réuniraient avec lui. Ainsi au moyen du mariage institué par la nature, comme un lien indissoluble, la société domestique, formée en petits groupes successivement réunis, a été comme le noyau de la grande société. »

« Un moment, s'il vous plaît, interrompit madame D**, vons nous glissez là un article de la loi naturelle qui mérite quelque attention. Le mariage indissoluble! — Oui, madame, quoi qu'on en dise, il l'est pour l'homme, il l'est dans l'intention de la nature; et c'est une licence que se donne la société, lorsqu'elle altère cette loi. Voyez l'homme naissant dans les forêts, son premier asyle : n'est-il pas vrai qu'il a besoin de sa mère pour l'allaiter, de son père pour le garder, le défendre, et nourrir sa mère? Après l'allaitement, n'est-il pas encore long-temps faible, imbécille, incapable de se passer de leurs soins et de leurs secours? Et si, durant sa longue enfance, il est abandonné, n'est-il pas le plus misérable des animaux et le plus infailliblement exposé à périr? Cependant il est de la classe de ceux que la nature suppose le moins périssables; car il ne vient au monde que comme le taureau, le lion, l'éléphant; seul, rarement par couple, à de longs intervalles, et il atteint plus lentement qu'aucun de ces grands quadrupèdes l'âge d'être père à son tour. Comment donc la nature se serait-elle accordée avec elle-même, si, en voulant perpétuer l'espèce humaine, elle l'avait rendue à-la-fois si faible pour se conserver et si lente à se reproduire? Ici, mesdames, il faut se prosterner devant l'ordonnateur suprême : c'est la longue enfance de l'homme, c'est sa longue imbécillité, c'est cette cause de destruction si prochaine et si menaçante, oui, c'est elle-même qui rend l'espèce humaine indestructible, et qui porte à un si haut degré la supériorité de l'homme sur tous les autres animaux.

« L'homme a long-temps besoin de l'assistance de ses parents. De-là cette douce habitude de la société domestique, cette tendresse prolongée des père et mère pour leurs enfants, des enfants pour leurs père et mère; de-là l'éducation, les leçons de l'exemple, l'expérience héréditaire, l'industrie développée, les signes inventés pour se transmettre la pensée, la formation des langues, l'instruction progressive, les sciences, les arts; de-là, pour tout dire en un mot, ces moyens infinis de perfectibilité qui ont élevé l'espèce humaine jusqu'au point de produire les Platons et les Archimèdes, les Hippocrates et les Newtons.

« Si l'enfance de l'homme n'avait été que de quelques mois, et si, à ce terme, l'homme isolé avait pu, comme le cheval, le taureau, le lion, se suffire à lui-même, l'homme, inutilement doué d'une langue flexible et d'une voix sonore, du merveilleux instrument de la main, et du don bien plus merveilleux de la mémoire et de la prévoyance, l'homme isolé presque en naissant, effrayé de sa solitude, effarouché par ses périls, et tout absorbé dans les soins de sa vie et de sa défense, serait encore au rang des brutes. Le grand moyen de la nature pour lui enseigner l'usage des facultés dont il était pourvu, a donc été de lui attacher long-temps ses père et mère par l'instinct de l'amour, et de le leur soumettre et attacher lui-même par le sentiment du besoin et par le doux lien de la reconnaissance.

« Ils se trompent donc bien ceux qui, pour légitimer le divorce, en appellent à la nature, et citent pour exemple le mariage primitif. Ah! loin d'avoir été fragile et passager, qu'ils apprennent que sa durée fut, dans le plan de la nature, la sauve-garde de l'espèce humaine, le fondement de sa puissance, et l'unique moyen que l'homme ait eu d'atteindre à la domination sur tous les êtres animés. »

« Mais au moins, répliqua madame D**, lorsque l'enfant parvient à l'âge d'homme, les deux époux sont-ils licenciés par la nature, et libres l'un et l'autre d'aller former d'autres liens? Eh! ne voyez-vous pas, madame, reprit le comte, que l'enfance de l'homme est de dix à douze ans, et que, tandis que le père et la mère auront vaqué au soin de leur premier enfant, il en sera né un second, et un troisième, et cinq ou six encore, grâces à l'instinct de l'amour? Or, chaque nouvelle naissance devient, pour les époux, comme un nouvel anneau de cette chaîne sociale qui les étreint des mêmes nœuds dont elle les attache à leur nouvel enfant; car ils ne se doivent pas moins à celui-ci qu'à ses aînés; la loi de la nature est égale et invariable; nul homme n'est par elle déshérité des droits du sang. Voilà donc l'union conjugale indissoluble au moins jusques au terme où elle cesse d'être féconde, et encore douze ans au-delà. Alors, n'ayant plus qu'à vieillir, quel intérêt ont les époux de s'isoler eux-mêmes, en rompant les liens qui les attachent l'un et l'autre aux doux appuis de leur vieillesse, et de démentir la nature au moment qu'à leur tour elle les recommande aux soins et à l'amour de leurs enfants? »

« Comte, dirent les dames, votre doctrine est aussi claire à l'esprit qu'elle est douce au cœur; il n'y a pas moyen d'en douter. »

« Après avoir donc reconnu, poursuivit-il, l'intention de la nature et la plus sainte de ses lois dans la société primitive, passons à ces aggrégations plus nombreuses, plus composées, qui ont formé successivement les peuplades, les républiques, les empires; par-tout la même intention indiquera le même but; et, entre ces deux points, la ligne la plus droite sera toujours la meilleure règle des formes sociales, des institutions et des lois. »

Ici l'attention des dames eut besoin de se reposer.

QUATRIÈME PARTIE.

« Vous avez vu, mesdames, poursuivit le comte de C***, après quelques moments de promenade et de silence, vous avez vu que l'état social a été nécessaire à l'homme, et que la nature elle-même lui en a fait un premier besoin; vous avez vu aussi que, dans toutes les classes d'êtres vivants, le soin le plus marqué de la nature a été de pourvoir à la conservation, à la perpétuité des espèces. Eh bien! de ces deux vérités la conséquence immédiate est qu'il y a pour l'homme une loi de nature qui contient en essence tout l'esprit des lois sociales, et qui fait de l'instinct moral la base et la règle des mœurs.

« Par la loi de l'instinct physique, il est défendu aux animaux de la même espèce de se détruire entre eux; la raison en est simple; la société où les engage le désir de se reproduire, la cohabitation qu'exige le soin d'élever leurs petits, toute passagère qu'elle est, le même antre, le même nid, serait pour eux une occasion trop fréquente et trop dangereuse de s'attaquer et de se nuire : ennemis l'un de l'autre, altérés de leur sang, ils se seraient détruits avant de se régénérer. Et que serait-ce donc pour l'homme, si, destiné par la nature à une société constante, assidue et perpétuelle, il n'avait pas eu par instinct le même sentiment d'inviolabilité pour les êtres de son espèce? L'homme, ennemi de l'homme, et cruel envers son semblable, aurait été mille fois pire que le tigre et que le vautour; car, non-seulement il aurait sans cesse l'occasion d'être malfaisant, mais il en aurait les moyens et souvent la funeste envie.

«L'homme est naturellement industrieux, adroit, capable d'inventer mille façons d'agir, sur-tout mille façons de nuire; en même temps il porte dans son sein un orgueil irascible, un amour-propre ardent, inquiet, facile à blesser; enfin, ce qu'il y aurait de plus insociable au monde, ce seraient les passions et les vices du cœur humain, si aucun instinct moral ne les eût tempérés. Personnel, envieux, colère, violent, furieux dans ses jalousies, dans ses haines, dans ses vengeances, l'homme a de plus que les animaux, même les plus farouches, la dissimulation profonde, la perfidie insidieuse, et la longueur terrible de ses ressentiments.

« Quelle aurait donc été l'inconséquence de la nature en composant des êtres si redoutables l'un à l'autre, et en leur faisant un besoin indispensable de vivre ensemble? N'eût-ce pas été réunir dans les individus les moyens les plus infaillibles et les plus prompts de détruire l'espèce? Eh bien! mesdames, c'est pourtant du mélange de ces éléments si divers, si tumultueux, si discords, qu'elle a fait résulter un ordre social par lequel l'espèce subsiste; mais il a fallu pour cela qu'aux éléments de ce monde moral, comme à ceux du monde physique, elle ait fait une loi d'harmonie et de paix qui en modérât les mouvements, et ne permît jamais à leur discorde de troubler l'ordre universel. Or, cette loi modératrice est celle de l'instinct moral, et avec cette loi doivent agir ensemble et de concert les lois humaines. Leur esprit, leur tâche commune, fut et sera toujours de captiver dans l'homme la volonté, la liberté, toutes les facultés de nuire à ses semblables, de l'engager par l'intérêt de son repos, de son bien-être, de sa sûreté personnelle, à se rendre envers eux équitable, paisible, officieux, compatissant, fidèle au pacte de concorde et de société qu'ils auraient fait ensemble; enfin, de diriger vers leur utilité commune les mouvements de l'amour de soi-même, et de ne lui laisser en propre que les biens dont il peut jouir, sans rien usurper sur autrui.

« Tel a été d'abord le but de la loi naturelle; tel a été depuis l'office des lois sociales; car, je le dis encore, la nature n'a pu vouloir que l'état social fût nécessairement la condition de l'homme, sans vouloir que l'homme y jouît d'une existence paisible et sûre dans l'usage innocemment libre de ses facultés personnelles, et dans la possession des biens que son travail lui aurait acquis. Ainsi tout ce qui porte le caractère de cette volonté primitive est juste et légitime; et c'est sur cette base que le droit naturel dont elle est la règle et le titre a fondé tous les droits humains.

« Supposez en effet que, dans l'ordre social, tout conspire, tout corresponde à cette première intention, le droit des gens, les droits des républiques, des empires, de l'un à l'autre, seront-ils autre chose que les droits naturels et individuels d'homme à homme, sûreté, propriété, liberté innocente, usage de la force pour repousser la violence, résistance à l'injure et à l'oppression? Les droits de la patrie ne vont-ils pas de même s'assimiler aux droits des pères et des mères sur leurs enfants, et les droits des enfants ne deviennent-ils pas ceux des citoyens protégés et défendus par la patrie? Imaginez, s'il est possible, une bonne loi sociale, une institution politique tant soit peu raisonnable et juste, qui ne s'accorde pas avec le vœu de la nature et avec l'esprit de sa loi? »

« Je ne vois pas, monsieur le comte, lui objecta le docteur G**, que le droit naturel, par exemple, celui de la propriété, de la sûreté personnelle, ni celui de la liberté, ait besoin d'une loi antérieure qui l'autorise : ce sont pour moi, comme pour mes semblables, les attributs de l'existence, et, en qualité d'homme, j'ai le droit d'en jouir. »

« Et si, pour en jouir pleinement et plus à votre aise, lui répondit le comte, il vous convient de m'ôter à moi ou la vie ou la liberté, si vous avez la force d'usurper ou de nuire, comme vous pouvez en avoir l'intérêt et l'envie, qui vous a commandé de vous en abstenir?

« S'il vous est loisible et permis de soumettre au joug le taureau et le cheval au frein, pourquoi vous croirez-vous plus défendu d'asservir et d'enchaîner l'homme qui sera plus faible que vous? Pourquoi trouverez-vous plus licite et plus juste de tuer un ours pour vous vêtir de sa dépouille, que de tuer un homme pour vous loger dans sa cabane? Et si votre semblable vous opprime vous-même, que lui opposerez-vous lorsque, plein d'un orgueil féroce, il vous dira : Je ne te connais point; et, puisque tu es le plus faible, la nature t'a fait pour moi?

« En organisant l'homme pour être également et carnivore et frugivore; en lui accordant pour nourriture les grains, les légumes, les fruits, le lait, la chair, le sang des animaux; en lui abandonnant et les oiseaux du ciel, et les poissons des fleuves, et ceux des lacs et de la mer, la nature elle-même avoue qu'elle en a fait le plus vorace et le plus destructeur des habitants du globe. Si donc il méconnaît la loi qui lui défend, comme au lion, de déchirer et de dévorer son semblable, où sera le droit du plus faible pour n'être pas la proie et la pâture du plus fort? Les cannibales la méconnaissent cette loi de l'instinct; les tyrans, autre espèce d'anthropophages, la méprisent. Non, monsieur, aucune limite à la rapacité, à la férocité d'un être avide, insatiable et sanguinaire tel que l'homme, si la nature en le formant ne lui avait rien défendu. »

« Ne suffit-il pas, reprit G**, que l'homme sente le besoin d'être humain, social et bon envers les hommes? Sa faiblesse l'en avertit, son indigence l'y oblige, sa sûreté propre en dépend.

Ainsi son intérêt lui a tenu lieu de loi; car il a dû prévoir que, s'il était nuisible, il serait chassé ou détruit, et qu'il n'obtiendrait du secours qu'autant qu'il serait secourable. »

« C'est là, répondit C***, le calcul de l'utile; mais où est la mesure du juste? Et si vous renvoyez les hommes à leur intérêt personnel, voyez ce que devient leur intérêt commun. Sans doute si l'on perd de vue cette première intention qui règle tout dans le monde moral comme dans le monde physique, les droits, les devoirs, les rapports d'obligation de l'homme à l'homme, et toutes les notions du juste et de l'injuste se réduiront à ce calcul d'utilité que chacun fait pour soi; mais c'est là ce qui rend si nécessaire à l'homme une première loi qui ne soit pas de lui; car en lui ces mêmes calculs de l'utile sont personnels, arbitraires, et variables au gré de cet amour exclusif de soi-même, qui veut que tout lui soit soumis et que tout lui soit immolé; au lieu que la règle du juste, dirigée à un but marqué par l'intention de la nature, est universelle, immuable comme la nature elle-même. C'est donc toujours ce point de vue de l'intention de la nature dans ses rapports avec les circonstances des lieux, des hommes et des temps, qui a dû être la règle et la raison des lois. De-là ces redevances et ces rétributions de l'individu à l'espèce, et toutes les réserves de l'intérêt commun sur les intérêts personnels; de-là ces restrictions, ces exceptions, ces limites, que les lois sociales ont eu le droit de mettre à l'égalité primitive, à la liberté personnelle, à l'usage et aux jouissances des dons de la nature et des fruits du travail; enfin, de-là tout le système des lois conservatrices de l'ouvrage de la nature, et coopératrices de sa première loi. C'est à cette première loi que toutes les autres répondent; c'est elle qui doit éclairer les législateurs dans leur route; elle est leur étoile polaire; et les gouvernements eux-mêmes, pour être bons et sages, ont dû tous consulter ce guide universel. »

« Pourquoi donc, demanda madame T***, si la règle est si simple et le but si marqué, l'intention de la nature a-t-elle été si souvent méconnue? Pourquoi tant de lois opposées, tant de formes diverses dans les gouvernements, et si peu de stabilité? Sur tout cela, madame, lui répondit le comte, Montesquieu en sait plus que moi. C'est à lui que je vous renvoie. J'observe seulement que, par le choc des intérêts et des passions qui l'agitent, une grande société est une mer très-orageuse; que le courant des habitudes et des opinions contraires la traverse dans tous les sens, et que le plus sage pilote est obligé de décliner souvent de la route qu'il veut tenir, et de ne présenter que des voiles obliques aux vents qui lui sont opposés; mais enfin le navire ne laisse pas d'être encore à flot; et les lois, en luttant contre les passions, le sauvent du naufrage où bien certainement, sans les lois, il aurait péri. »

Alors adressant la parole au jeune baron de Flozen : « Eh bien ! lui demanda Mairan, que vous semble de ce système, de ce principe unique et simple d'où dérivent les droits de l'homme, de cette intention première, de cette loi universelle où remontent toutes les lois ? »

« Je voudrais, répondit Flozen, qu'il ne m'en restât aucun doute; mais ce système, si séduisant par sa simplicité, me laisse encore quelques nuages, et singulièrement une difficulté que je souhaiterais qu'on voulût m'éclaircir. »

Ici l'attention redoubla: C*** pria le jeune homme de s'expliquer; les dames, favorablement prévenues par l'air noble et modeste de l'étranger, s'invitèrent des yeux mutuellement à l'écouter; et lui, en rougissant et en baissant la vue, proposa son doute en ces mots :

« L'instinct dans l'animal est sûr, invariable, exactement fidèle à l'intention de la nature; j'y reconnais sans peine l'empire d'une loi ponctuellement observée. Je suis persuadé de même que, dans l'homme physique, réduit à l'instinct qui lui est propre, la même loi serait fidèlement suivie; mais au moral, dans l'homme social et civilisé, j'ai de la peine, je l'avoue, à retrouver les traces d'une loi qui réponde à l'intention générale que la nature a eue de conserver l'espèce; car ici l'amour de soi-même, l'intérêt personnel est tout; le soin de l'espèce n'est rien. »

« Il n'est rien non plus, répondit C***, dans la conduite des animaux; et cependant à leur insu leurs mœurs, leurs inclinations, leurs affections, leurs plaisirs mêmes ne laissent pas de s'accorder avec le vœu de la nature, et de coopérer involontairement à l'exécution de sa loi. Si l'oiseau, si l'abeille pense, il est probable que l'un et l'autre ne pense qu'à soi-même, l'un en faisant son nid, et l'autre son rayon. Cependant c'est par-là que l'espèce subsiste. Ainsi, parmi les hommes, quand même l'intérêt personnel anime seul et fait agir l'artisan, le cultivateur, le commerçant qui va monter sur son navire, et l'ouvrier qui le construit; la société, l'espèce humaine ne laisse pas de profiter des fruits de la culture, des produits du commerce et des travaux de l'industrie. Il serait donc possible que l'amour de soi-même dans les individus remplît ou secondât le vœu de la nature en faveur de l'espèce, si, absolument libre tant qu'il est innocent, il n'était réprimé que lorsqu'il se rendrait nuisible; et c'est par-là sur-tout que les lois sociales sont les auxiliaires de la loi naturelle, et les gardiennes du bien commun contre l'intérêt personnel. »

« Et pourquoi des auxiliaires à une loi absolue et suprême ? demanda le jeune homme. En a-t-elle besoin pour empêcher le tigre de déchirer le tigre, ou pour faire épargner au vautour le nid du vautour ? S'il y avait dans l'homme un instinct moral bien décidé, bien sûr comme l'instinct physique, lui aurait-il fallu d'autres lois? Et, s'il est vrai que les lois humaines ne soient qu'un supplément, qu'un développement de la loi naturelle, pourquoi celle-ci n'a-t-elle pas été assez claire, assez ponctuelle, assez complète, pour se passer et de glose et de supplément? »

« Que ne demandez-vous plutôt, lui répondit le comte, pourquoi, dans le nombre infini de ses productions, la nature a formé un être tel que l'homme; pourquoi elle l'a si singulièrement doué d'attention, de discernement, de réflexion sur lui-même, d'observation, d'invention, et de toutes les facultés d'un entendement perfectible? Que ne demandez-vous pourquoi il est le seul des êtres animés à qui elle ait donné la mémoire et la prévoyance pour compagnes à la raison, pour conseils à la volonté? Tout cela lui était inutile, s'il était asservi comme les animaux à l'exacte loi de l'instinct. Il n'y a point à délibérer, lorsqu'il n'y a point à choisir. Je me garderai bien d'entrer dans le mystère de la destination de l'homme; mais je crois voir qu'en le formant, la nature a bien su pourquoi elle lui laissait à lui-même le mérite d'avoir rempli le dessein qu'elle aurait tracé. Pour les animaux mêmes, elle n'a pas tout fait; elle a donné de l'exercice à l'industrie, à la sagacité, à l'activité de l'instinct; elle a voulu en donner de même à la raison de l'homme, à son intelligence, à sa volonté réfléchie : c'était pour elle un assez beau phénomène à produire que celui de l'esprit humain, travaillant sur lui-même à perfectionner les dons qu'il aurait reçus d'elle; et puisqu'elle a organisé des Minos, des Solons, des Numas, des Confucius, il est à croire qu'elle a daigné vouloir associer la sagesse humaine à l'ouvrage immortel de sa législation.

« L'homme a seul, entre les animaux, la faculté d'agir volontairement sur lui-même; et cette action, il l'exerce sur son esprit et sur son ame, tantôt à se donner des lumières et des vertus, tantôt des erreurs et des vices. Ainsi, selon que ses vertus l'élèvent ou que ses vices le dégradent, il s'assimile aux esprits célestes ou aux plus vils des animaux; intervalle prodigieux que la nature a laissé libre à l'action de sa volonté. Mais, sans nous fatiguer en vain à mesurer cet intervalle, ni à vouloir expliquer ce prodige, ne considérons l'homme que dans l'état moyen où le plus grand nombre est placé. Sa raison n'est pas infaillible; elle a ses faux calculs, ses illusions, ses erreurs; l'instinct moral dont elle émane s'altère et devient comme l'instinct physique; mais, malgré ces altérations, ne reconnaît-on pas, dans cet instinct moral, l'intention de la nature et les premiers traits de sa loi? N'a-t-il au dedans de lui-même rien qui l'afflige et qui l'oppresse lorsqu'il voit souffrir son semblable; rien qui l'accuse lorsqu'il lui a fait du mal, rien qui l'excite à le secourir s'il le voit en péril, ou à le soulager s'il le voit dans la peine; rien qui l'attache à lui, s'il en a reçu un bienfait? Parmi les peuples même les plus incultes, ne trouve-t-on aucune trace d'humanité, de bonne foi, de justice, de bienfaisance, aucun exemple de bonté généreuse et naïve, aucun trait ingénu de magnanimité? Et quel autre législateur que la nature même a dicté ces devoirs à l'homme et lui a prescrit ces vertus dans des climats où l'on ignore jusqu'au nom de *vertus* de *devoirs* et de *lois?*

« Ah! jeune étranger, ce n'est pas dans une ame comme la vôtre que je ferai remarquer l'empreinte de la loi naturelle et les traits de l'instinct moral : en vous l'éducation, l'exemple, l'habitude, ont trop contribué à la bonté du caractère, et il dépend de vous de disputer à la nature ce qu'elle peut avoir mis du sien dans vos mœurs. Mais ce sauvage hospitalier, qui quelquefois à jeun depuis trois jours, voyant au retour de sa chasse, et au moment de son repas, entrer dans sa cabane l'étranger, l'inconnu qui lui dit, *Mon frère, j'ai faim*, lui cède sa pâture et lui répond, *Tiens, mon frère, mange; j'ai faim aussi, mais je sais l'endurer, et tu ne le sais pas.* Eh bien! ce Miamis, cet Illinois, ce Huron, dans quel livre, à quelle école ont-ils pris des leçons de cette humanité sublime et si commune parmi eux? C'est sur les bords glacés des lacs de l'Amérique;

c'est là que la nature a mis ce caractère, comme l'empreinte de sa loi, pour montrer qu'elle sait faire seule de la vertu, comme elle fait de l'or, des perles et des diamants. »

Flozen aurait peut-être encore proposé quelque nouveau doute; car, c'est le faible de la jeunesse de vouloir qu'on lui explique tout; mais madame Geoffrin fit lever la séance. Nous remontâmes en carrosse; et là, ce que nous venions d'entendre nous ramena tout naturellement à notre premier entretien.

CINQUIÈME PARTIE.

« Je sais bon gré à C***, dit madame Geoffrin, de m'avoir mis au clair cette pensée que j'ai depuis long-temps, que les principes de la morale sont dans l'homme des notions d'instinct, des vérités de sentiment. Et moi, madame, reprit Mairan, j'en dis autant des éléments de la politique. Je crois qu'il y a dans les peuples une espèce d'instinct public, un sentiment d'eux-mêmes et de leurs convenances qui leur fait préférer, dans leurs conditions, le mieux ou le moins mal possible. Cet instinct n'est pas sûr; il peut être altéré par mille causes accidentelles; et ce n'est guère qu'à l'épreuve des évènements et des siècles que l'on juge de sa bonté; car, en fait d'institutions, la prévoyance est vague, difficile et trompeuse; l'expérience est périlleuse et lente; le succès long-temps incertain. Mais lorsque, d'âge en âge, un peuple s'accorde avec lui-même pour croire avoir trouvé ce qui lui est bon, il faut s'en rapporter à lui; car le résultat le plus sûr de l'expérience des siècles, c'est la perpétuité de l'opinion commune et sa longue stabilité.

« En général, plus l'opinion vieillit, plus elle a droit d'être imposante; et, quoiqu'en disent les novateurs, le crédit qui lui est dû tient beaucoup à son âge. Jeune, elle est (passez-moi, madame, ce petit mot d'allégorie) jeune, elle est naturellement étourdie, inconsidérée, capricieuse et vaine, inconstante et légère; il faut la ménager; lui complaire avec bienséance, et lui céder comme on cède à la mode sans s'y livrer imprudemment. Dans sa maturité, son caractère acquiert plus de force et de consistance; elle n'a plus l'éclat ni l'attrait de la nouveauté, mais aussi n'en a-t-elle pas la séduction dangereuse. Elle mérite une estime sincère et une sérieuse attention. Dans sa vieillesse, elle est grave et solide : semblable à ces cailloux long-temps roulés et broyés par les flots, elle a subi le froissement et la collision des esprits; c'est alors qu'elle a tout son poids. »

« Nous voici revenus, dit madame Geoffrin, au point où nous sommes restés en arrivant à

Châtillon. Il est vrai, dit Mairan; car, en dernière instance, M. le baron demandait si, en politique, je faisais cas du vieux bon sens des nations; et c'est à quoi je vais répondre.

« En politique je n'ai pas, je l'avoue, la bonhomie d'un optimiste; mais je n'ai pas non plus la témérité d'un frondeur; et, lorsqu'un peuple a pris une situation et qu'il s'y tient depuis des siècles malgré l'inquiétude qui lui est naturelle, je suis tenté de croire que, dans son caractère, dans sa position, dans ses relations, il y a quelque puissante cause de cette longue persévérance.

« Presque par-tout l'esprit, ou, si l'on veut, l'instinct des nations a décidé leurs lois; presque par-tout, de même, la forme des gouvernements s'est accommodée au naturel des peuples, à celui des climats, à la situation des lieux, à leur population et à leur étendue; et mon ami d'Anville me rend cela sensible, lorsqu'en lisant l'histoire du monde politique, j'en ai la carte sous les yeux. J'y vois non-seulement quelle constitution a pu convenir à tel peuple, mais que celle en effet qui lui était le plus analogue est celle qu'il a préférée et à laquelle il s'est tenu. Par exemple, il m'est démontré que la Grèce a dû être divisée en petits états, et que l'Asie a dû former un vaste empire. »

« Oui, mais Rome! objecta Flozen. Tant que Rome, lui répondit Mairan, n'a possédé que l'Italie, elle a pu comporter la liberté républicaine ; mais elle a eu besoin de toute l'énergie de l'autorité monarchique, lorsque, maîtresse de l'univers, il lui a fallu embrasser sa conquête et la contenir sous ses lois ; encore a-t-elle enfin croulé sous sa propre grandeur, parce qu'il n'y avait plus de lien assez fort pour étreindre tant de puissance.

«C'est donc, pour les institutions et les transactions politiques, un préjugé bien respectable qu'une stabilité à l'épreuve des siècles. Les révolutions qui les changent peuvent avoir des causes accidentelles et diverses ; mais leur durée ne peut avoir pour fondement que leur bonté. Les convulsions mêmes et les ébranlements qu'elles ont éprouvés sans être renversées, prouvent que leur base est solide ; et la forme à laquelle un peuple revient involontairement, comme un amant à la maîtresse dont il ne cesse de se plaindre et qu'il ne peut cesser d'aimer, n'a pas pour lui sans cause cette force d'attraction.

« Rien d'humain ne peut être exempt de défauts et de vices ; le mieux est ce qui en a le moins. Si donc je considère un gouvernement, quel qu'il soit, comme un ouvrage mécanique non-seulement fabriqué de main d'homme, mais dont les hommes sont eux-mêmes les rouages et les ressorts, comment puis-je en attendre une exacte et constante égalité de mouvements, une invariable harmonie? Et si, malgré l'irrégularité, la variété, la multitude des pièces qui composent cette machine immense, malgré leurs froissements et les chocs du dehors, elle ne laisse pas d'aller depuis mille ans sans se briser, n'est-ce pas encore un prodige ? Qui oserait, en la démontant, promettre de la reconstruire avec plus d'ensemble et d'accord ? »

« Comme vous admirez ce mécanisme, dit Flozen, j'admire celui de ma montre; mais quand je m'aperçois que ma montre va mal, je l'envoie à mon horloger. »

« Je conviens, dit Mairan, que, si la montre est dérangée, il faut examiner quel est l'accident ou l'obstacle qui en altère le mouvement. Mais je m'arrête encore à cette idée que nulle montre n'est parfaite, et que, si celle de l'astronome a besoin d'être exacte à la seconde, cette précision est inutile à celui qui n'a pas les mouvements célestes à calculer et à prédire. Le laboureur règle assez bien tous ses travaux sur l'horloge de sa paroisse; au défaut même de l'horloge, il a le chant du coq et le cours du soleil. Le monde politique ne peut jamais aller comme une pendule marine; et le peuple qui cherchera un gouvernement accompli où il n'éprouve aucun malaise, et dans lequel tout soit constamment à son gré, n'en gardera jamais aucun. Au surplus, ce que je demande, c'est que le soin de rectifier le mécanisme politique soit confié, soit réservé à des mains habiles et sûres, et qu'au moins tout venant n'ait pas droit d'y toucher ; car il vaut encore mieux, je crois, y laisser quelques vieux défauts peut-être inévitables ou de peu d'importance, que de courir les risques d'en briser les ressorts. »

« Je ne vois en effet, dit madame Geoffrin, que des gens maladroits qui détraquent leur montre à force de la tracasser. »

« Dans l'organisation d'un état, dit Flozen, on remarque souvent des vices que l'habitude seule fait croire inévitables, et qui, le plus souvent, ne tiennent qu'à de vieilles opinions. Voyez combien de préjugés injustes et nuisibles n'ont pas laissé que de vieillir! »

« Par exemple? demanda le sage. Mais, par exemple dit Flozen, le préjugé de la naissance, celui de l'inégalité, celui......... En voilà bien assez, dit Mairan, pour notre journée. Eprouvons, sur ces deux articles, si la nouvelle philosophie en sait plus que le vieux bon sens.

« On vous dit que les hommes naissent égaux; cela n'est vrai ni dans les bois ni dans les villes. Les hommes naissent tous avec le même droit de se servir innocemment de leurs facultés naturelles, et de faire tout pour le bien, à la réserve du mal d'autrui. Ce droit-là est inné, et il doit être inviolable. Mais les facultés naturelles sont-elles les mêmes dans tous les hommes? L'activité, l'adresse, la force, l'industrie, l'intelligence et le courage leur ont-ils été, en naissant, également accordés à tous? et le faible est-il libre d'exercer dans les bois les facultés qu'il a reçues, si le fort n'a pas la bonté de lui en permettre l'usage?

« Ce ne fut donc jamais dans l'état de nature que les hommes furent égaux ; ce n'est pas non plus dans l'état social qu'ils peuvent jamais l'être ; car les hommes ne sont pas tous également utiles à la société ; tous les talents utiles ne sont pas également rares ni également précieux. L'homme dont le génie invente ce que l'homme inepte exécute, l'homme dont la sagesse est la lumière de tout un peuple, l'homme dont la valeur en est la garde et la défense, doit nécessairement trouver à le servir des avantages que n'a pas droit d'attendre l'homme qui, dans la foule, ne rend à la société qu'un service obscur et commun. De même, l'homme actif, intelligent, habile, économe des biens produits par son travail, acquis par ses talents, et ménagés par sa prudence, a sur ces biens un droit de possession, de jouissance, de propriété, que n'a pas le fainéant qui les lui envie, ou le dissipateur qui a consumé les siens ; et ce principe incontestable de justice distributive et d'inégalité sociale est le pivot sur lequel roulent les républiques et les empires. C'est par cette loi que les hommes sont tous également protégés dans la possession de leurs biens comme dans celle de leur personne ; c'est sous l'empire de cette loi commune à tous, que le timide n'a rien à craindre, que le hardi n'a rien à usurper, et que la force qui, dans les bois, aurait opprimé la faiblesse, la respecte et la laisse en paix. Ainsi la seule égalité qui jamais ait pu s'établir et subsister entre les hommes, l'égalité de garantie et de protection sous la loi, est un bienfait, non pas de la nature, mais de la société qui nous a réunis.

« Et, entre nous, quelle démence de se figurer que jamais, dans l'ordre social, le lâche, l'imbécille, l'homme réduit aux facultés les plus communes d'une ame sans ressort, d'un esprit sans lumières, puisse rester l'égal de l'homme doué par la nature, de courage et d'intelligence, et marqué des grands caractères du génie et de la vertu? Dans quel pays et dans quel temps l'homme qui, par état, doit obéir, a-t-il été l'égal de l'homme qui, par état, doit commander? sur les flottes, dans les armées, dans les ateliers même et les manufactures, quel désordre et quelle licence, si le matelot, le soldat, le simple ouvrier, méconnaissaient la supériorité du chef qui les conduit? Et, au sein des familles, quelle révolte impie, quelle dissolution des nœuds les plus sacrés, si la majesté paternelle perdait ses droits sur les enfants?

« N'y eût-il même que l'ascendant que donne la fortune au riche sur le pauvre, voyez quelle disparité entre l'homme obligé de travailler pour vivre et l'homme opulent qui l'emploie, et qui, en le payant, le nourrit! La nature et la loi auront beau s'accorder pour rendre ou plus rare ou plus lente l'accumulation des richesses : dans un vaste et puissant empire, le génie de l'industrie et celui du commerce; l'ardeur d'acquérir, d'amasser; le succès, le produit des entreprises vastes, des spéculations hardies; la réunion des héritages; et, dans les mains d'un habile économe, mille moyens d'accroître la puissance de l'or, ne formeront-ils pas inévitablement, au milieu d'un peuple appauvri par sa propre fécondité, une classe de riches possesseurs jouissants dont il attendra ses salaires? L'homme qui, autour de lui, fera subsister vingt familles, n'en sera-t-il pas honoré? Il n'y a qu'un couvent comme Sparte, qui, à force de pauvreté, d'austérité, d'oisiveté, et au moyen d'un peuple esclave par lequel il était servi, ait pu conserver dans son sein une égalité permanente; encore est-il prouvé, par l'exemple de Sparte même, que l'égalité cesse dès que l'or s'introduit. A présent, dites-moi laquelle de ces deux supériorités vous répugne le moins, ou de celle de l'or, ou de celle de la vertu? Celle de la vertu sans doute, dit Flozen; mais de la vertu personnelle : par-tout celle-là doit primer; mais ce droit qui lui est naturel, et que les sauvages eux-mêmes ne lui disputent pas, peut-il être transmis? a-t-il jamais dû l'être?»

«Vous voulez donc, dit Mairan, que je passe

à l'article de la naissance ? Eh bien! pour vous répondre, j'observerai d'abord que, quoiqu'il ne soit pas aussi constamment vrai parmi les hommes qu'il l'est parmi les animaux, qu'avec le sang le naturel se transmette et se perpétue, quoiqu'il arrive même fréquemment qu'il éprouve de grandes altérations, cependant comme dans la nature tous les êtres vivants, et l'animal comme la plante, conservent plus ou moins les qualités héréditaires non-seulement de leur espèce, mais des individus qui les ont mis au jour, il est au moins à présumer que l'homme, organisé selon la loi commune, aura aussi quelque ressemblance individuelle et sensible avec le caractère de ceux dont il est né. Cette présomption est dans la tête des laboureurs comme dans celle des monarques : chacun, dans le choix de son gendre ou de sa bru, regarde au naturel, aux mœurs de ceux dont ils ont pris naissance ; la fille d'une brave femme n'a presque pas besoin de dot ; le fils d'un honnête homme est tout recommandé. En un mot, je défie le plus intrépide aggresseur du préjugé de la naissance, de voir du même œil au berceau le fils de Ravaillac et celui de Sully ; et, soit qu'on dise avec Horace, *que les forts engendrent les forts*, ou, dans le langage du peuple, *que les bons chiens chassent de race*, l'induction est assez fondée et sur l'analogie et sur la vraisemblance, pour établir entre les hommes des distinctions sociales ; à moins que ces distinctions n'aient plus d'inconvénients qu'elles n'ont d'avantages ; et c'est ce qui me semble mériter un mûr examen. »

« M. Cléanthe, dit le jeune homme, croit la question bien décidée. « Qu'est-ce en effet, dit-
« il, que ces honneurs, ces dignités, ces titres,
« devant lesquels tout l'éclat du mérite person-
« nel se voit effacé, et auquel il ne peut attein-
« dre? Qu'est-ce que ces emplois où l'on est élevé
« par le seul nom de ses aïeux, et auxquels, sans
« aïeux, on ne peut parvenir? Qu'est-ce que ces
« respects souvent prostitués à des hommes dé-
« générés et indignes de leur naissance? Qu'est-
« ce enfin que ces préférences exclusivement ac-
« cordées à une classe d'hommes, sans savoir s'ils
« ne seront point, par leurs vices et leur bas-
« sesse, le rebut de la société et la lie du genre
« humain? Pouvait-on rien imaginer de plus
« propre à faire avorter le mérite, à décourager
« la vertu? Et quelle émulation peut-il y avoir
« parmi un peuple rebuté par tant de mépris,
« flétri par tant d'iniquités? »

« Voilà de l'éloquence, dit Mairan; voici, je crois, de la raison.

« Il y a dans la société des fonctions que le commun des hommes peut remplir sans aucuns frais d'éducation : celles-là sont nombreuses; la foule y est employée, et le sera toujours, à moins que la cité ne tienne, comme Sparte et Rome, un peuple esclave à son service; et ce n'est pas, je crois, ce que vous désirez. Non, certes, dit Flozen. Il y a, reprit Mairan, d'autres fonctions qui demandent des talents distingués, cultivés avec soin, et des qualités éminentes, une instruction qui leur est propre, des lumières acquises, des sentiments, des mœurs au-dessus de l'ordre commun; il y en a même qui supposent dans l'opinion publique une distinction habituelle, une prévention d'estime et de respect pour celui qui en est revêtu; car il faut honorer d'avance l'homme à qui l'on doit obéir.

« Or, on avait le choix, pour remplir ces fonctions, ou de laisser à la nature et aux heureux hasards de l'éducation produire et indiquer spontanément ceux qui en seraient les plus dignes, ou d'attribuer à des familles dont les auteurs s'y seraient distingués, je ne dis pas le privilége exclusif (Dieu m'en garde), mais l'avantage spécial d'y être admis par préférence, si on n'avait point dégénéré.

« Dans de petites républiques, où l'éducation est commune et à-peu-près la même pour tous les citoyens, où l'on se connaît dès l'enfance assez distinctement pour ne se tromper guère dans les degrés d'estime qu'on accorde à chacun, le premier de ces deux moyens a paru préférable; je n'en suis point surpris. Mais le second, pour de grands empires, a paru plus sage et meilleur; et je ne m'en étonne pas davantage. Quand Rome ne formait qu'une peuplade, elle allait prendre ses généraux et ses consuls à la charrue; mais lorsqu'elle fut agrandie, elle les prit dans le sénat. Toutes les grandes nations ont de même classé les hommes. On a pensé que leur destination indiquée dès leur naissance, leur première éducation, les instructions, les souvenirs et les exemples domestiques conservés et transmis des pères aux enfants, contribueraient plus sûrement à former des hommes capables des grandes fonctions publiques, et à perpétuer dans leur race l'esprit, le caractère, les mœurs de leur état.

« Je suis loin de croire infaillible ce moyen de se procurer d'excellents magistrats, d'excellents capitaines, et autres rares personnages; mais je vois que, par ce moyen, on a de bons chevaux de trait, de course ou de bataille, comme de riches pépinières d'arbres à fruit de toute espèce; je vois que Rome a dû à ce calcul les races des Fabius, des Métellus, des Émiles, des Scipions; je vois enfin que, malgré les altérations dont mille accidents sont la cause, l'origine individuelle a été de tout temps de quelque estime parmi les hommes; et une institution qui fit partout la gloire et la puissance des empires, ne doit pas être mise légèrement au nombre des erreurs de l'opinion. »

« Vous trouvez donc bien raisonnable, lui dit Flozen, que la noblesse soit attachée à la naissance? Pourquoi non? dit Mairan. La richesse l'est bien. Assurément, ce n'est pas la nature qui donne celle-ci; car le fils d'un millionnaire est venu au monde aussi nu que moi, et l'une comme l'autre de ces hérédités est de convention sociale. Que mon père ait acquis de l'or dans son commerce, ou de la gloire dans les combats, l'un n'est pas plus à moi que l'autre; mais pour encourager mon père à s'enrichir, à s'honorer, en faisant prospérer et fleurir sa patrie, on lui a promis que ses enfants seraient riches de ses richesses, et décorés du souvenir et des marques de ses vertus. C'est sans doute un beau droit que celui de transmettre ses biens à ses enfants; c'en est un plus beau que celui de leur transmettre sa noblesse; mais croyez que l'on a bien su ce qu'on faisait en accordant l'un comme l'autre, et peut-être n'a-t-on jamais plus savamment calculé l'intérêt public. L'ambition de se survivre honorablement dans sa postérité, est de toutes les passions celle qui exalte le plus les ames. On fait pour ses enfants ce qu'on ne fait pas pour soi-même; et la noblesse héréditaire fut et sera toujours la plus belle monnaie que l'on ait inventée, pourvu que, réservée à des vertus publiques, elle ne soit que le salaire d'un mérite recommandable et que la solde des héros.

« Je sais bien que c'est une chose révoltante au premier coup-d'œil que les honneurs, les titres, les dignités, les emplois même soient accordés à la naissance; mais, à l'exception des emplois, qui supposent le vrai mérite, le reste n'a pas à mes yeux l'importance qu'on y attache, et l'on ne réduit pas assez les décorations à leur juste valeur.

« Jusqu'à ce qu'un noble ait montré ce qu'il est personnellement, son nom, ses titres, ses dignités, ne sont qu'un souvenir de ce que l'on doit à ses pères; on les honore en lui comme dans leurs statues, et, en le saluant avec les marques du respect, c'est à leurs vertus que l'on pense. Jusque-là il n'y a rien que de juste dans cet homme, et il ne peut être pénible que pour une envieuse et basse vanité.

« Il est bien vrai qu'à ce sentiment rétrogressif dont le noble jouit comme d'un héritage, se mêle aisément l'espérance de le voir ressembler aux grands hommes qu'il nous rappelle; et vous venez de voir que cette prévention et cette estime anticipée a son motif dans la nature. Mais, s'il arrive qu'il démente son origine et se dégrade par l'inertie de son ame et la bassesse de ses mœurs, voyez, sous ces formules de respect et de révérence que nous prescrit à son égard le souvenir des vertus de ses pères, avec quel dégoût, quel mépris, quelle indignation secrète et souvent mal dissimulée, nous regardons les vices de cet être dégénéré, et combien nous trouvons souillés tous les honneurs qui le décorent! Rappelez-vous, madame, de quel œil on voyait le fils de l'un de nos héros. C'est une chose remarquable que ce discernement du peuple même à démêler ce qu'on accorde au nom et ce qu'on doit à la personne. De tous les hommes méprisables le plus durement châtié par l'opinion publique, c'est un grand qui s'est avili. La médiocrité qui, dans l'ordre commun, obtient tant d'indulgence, se pardonne à peine aux enfants, aux descendants d'un homme illustre : on les mesure, pour ainsi dire, à l'échelle de leur famille, et on leur retranche en estime tout ce qui leur manque en mérite, pour légitimer leur naissance et pour justifier leur élévation.

« Je conviens cependant que la faveur, le crédit, le faste, et sur-tout les richesses qui accompagnent la naissance, peuvent rendre imposant encore le personnage vil, puissant et orgueilleux qui menace de nuire ou promet de servir; mais la faveur et le crédit prodigués et prostitués sont comme le gui parasite, qui, retranché de l'arbre, ne le rend que plus sain. On peut brûler le gui en laissant subsister le chêne.

« Quant au pouvoir de la richesse et du faste qui la répand, il ne tient point à la naissance; et que ce soit un d'Épernon ou un Zamet dont le luxe alimente les arts et l'industrie, il faut s'attendre que ce sera un personnage considéré. Soyons de bonne foi : c'est à cette influence qu'est attachée la plus réelle des distinctions et la plus dominante. Les titres, sans l'or, ne sont rien. Le riche parvenu fait semblant de les croire offensants pour le peuple; nous savons son secret : c'est pour lui qu'ils sont importuns, et le peuple n'est point la dupe de cette vanité bourgeoise. Il n'a ni la sottise, ni le loisir d'être jaloux des livrées qu'il a tissues et des écussons qu'il a peints. Que lui importe à lui, artisan, laboureur, homme de peine ou de négoce, que celui qui l'emploie et qui lui donne à vivre s'appelle Antoine Lisimon, ou se fasse appeler le comte de Tufière? Sa simple bonhomie n'a rien à démêler avec l'orgueil du comte et la fatuité du marquis; pourvu que leurs écus soient *des bons*, il ne leur conteste ni leur nom, ni leurs armoiries. Ce qui lui importe, c'est d'être leur égal devant la loi et sous la loi; c'est de n'avoir à craindre d'eux ni l'usurpation, ni l'oppression, ni l'insulte; et rien n'est plus aisé que de l'en garantir. Je ne saurais donc voir dans ces distinctions l'odieux qu'on y veut répandre.

« Il n'en est pas de même des emplois, je l'avoue : loin d'en exclure le mérite, ce serait au mérite seul qu'on devrait les accorder; et, s'il en est auxquels une classe parvienne plus lentement, plus rarement, plus difficilement qu'une autre, au moins ne lui en doit-on jamais ni interdire l'espérance, ni limiter la perspective; et, aussi loin que le mérite peut s'étendre, l'ambition doit pouvoir s'élever. »

« Espérance inutile ! perspective trompeuse ! s'écria le jeune homme, si, sur la route, mille obstacles, mille lenteurs décourageantes font que l'enfant du peuple est presque toujours devancé. »

« Oui, c'est là sans doute un grand mal, reprit Mairan; mais, voyez quelle en est la cause. N'est-il pas impossible que, dans un grand État, l'éducation présumée soit la même pour tous les hommes? Les premières institutions de l'enfance et de la jeunesse font-elles augurer la même espèce de mérite dans le fils d'un jurisconsulte et dans celui d'un commerçant? Chacun des deux n'aura-t-il pas, dans la profession de ses pères, l'avantage du préjugé et comme une dispense d'âge? Voilà, sans autre cause, un motif de faveur, une raison de préférence pour le fils d'un bon militaire sur le fils d'un bon laboureur, quand l'un et l'autre ils courent la carrière des armes : l'un y trouve une estime attachée à son nom, au sang dont il est né, aux exemples qu'il a reçus, au souvenir de la valeur, de la gloire de ses ancêtres; et ce sont pour lui des avances; l'autre a besoin d'y commencer sa renommée; il y fera bientôt ses preuves de bonne volonté; il sera mis au nombre des soldats courageux et soumis à la discipline; mais, à moins de quelque aventure qui fasse remarquer en lui des talents singuliers, des qualités brillantes, il vieillira peut-être avant d'avoir percé la foule; et, pour lui, le plus difficile sera de dépasser la ligne de ses compagnons d'armes sans les humilier, de leur faire oublier et perdre l'habitude d'égalité qu'ils ont contractée avec lui, et de changer en eux l'esprit de familiarité et de liberté mutuelle en un esprit de dépendance, d'obéissance et de respect. Ils sont fiers de servir sous le fils d'un vieux capitaine : son nom seul les anime; il leur remplit la tête de souvenirs encourageants; et si, dans le champ de bataille où le père, à leur tête, aura vaillamment combattu, le fils, tout jeune encore, vient les commander, il leur semble voir l'ombre du vieillard qui marche devant lui. Au contraire, s'ils ont pour chef l'un de leurs camarades, ils le suivent, mais sans ardeur; l'estime est raisonnée, l'obéissance est froide, l'imagination n'y est pour rien.

« Le peuple, en général, ressemble à ce bon Padouan qui, ayant vu prendre dans son jardin le poirier dont on avait fait une statue de saint Antoine, riait de la voir révérée, et qui, lorsqu'on lui demandait pourquoi il n'avait pas la même dévotion pour le saint, répondait : *Je l'ai vu poirier*.

« C'est donc pour le peuple un besoin que cette prévention d'estime et de respect envers les hommes que leurs fonctions élèvent au-dessus de lui; et ce n'est pas lui qui se plaint de ces gradations sociales; il sait mieux ce qui lui appartient que vos modernes philosophes; et si jamais son bon sens se déprave, si son naturel se corrompt, s'il s'égare en courant après de trompeuses chimères, ce sera pour avoir prêté l'oreille à leur système d'égalité, de liberté originelle; mots séduisants, mais captieux et perfidement équivoques, qu'il n'entend et ne peut entendre que dans un sens pernicieux. »

« Ah! pour la liberté, dit Flozen, je demande grâce : c'est le plus bel attribut de l'homme, c'est son vrai titre de noblesse, le principe de son courage, l'ame de toutes ses vertus. »

« La liberté, répondit Mairan, est comme une liqueur salutaire, mais enivrante, qui réjouit le cœur de l'homme, qui l'élève et qui l'affermit lorsqu'elle est prise modérément, mais qui, dans ses excès, le rend insensé, furieux, et trop souvent cruel jusqu'à l'atrocité. Le sophisme perpétuel de vos Cléanthes est de nous replacer dans l'état de nature, et de décider là ce que nous devons être dans l'état de société; mais, en supposant même que l'état de nature ait existé comme ils l'entendent, il y a loin des forêts où l'homme livré à lui-même, indépendant et libre comme les animaux, mais dénué comme eux, comme eux errant et solitaire, n'était exempt de tous devoirs que parce qu'il était privé de tous secours; il y a loin de là, dis-je, à ces cités, à ces campagnes où, rassemblés par le besoin, mais divisés par l'amour-propre et par l'intérêt personnel, les hommes, justement effrayés de se voir au milieu de leurs passions, ont été obligés, pour en prévenir la discorde ou en arrêter les ravages, de les enchaîner par des lois. »

« Et qui ne sait pas, dit Flozen, que, dans l'homme en société, la liberté n'est plus une liberté de sauvage; et qu'obligée à obéir dans tout ce que la loi commande, elle est bornée à pouvoir faire ce que la loi ne défend pas? Tout le monde en convient; mais la différence qu'il y a d'un peuple libre à un peuple esclave, c'est que l'un se donne ses lois et qu'il n'obéit qu'à lui-même, au lieu que l'autre est soumis à des lois que lui imposent la force et la nécessité. »

« La force et la nécessité, reprit le sage, ont pu faire de bonnes lois, et cela n'est pas sans exemple. La brigue, la séduction, l'erreur, la passion, l'ivresse populaire, en ont souvent fait de mauvaises. Le vrai problême de la liberté consiste donc à voir non pas qui a fait les lois, mais quelles sont les lois; car elles nous viennent du ciel, si elles sont justes et sages : et un peuple n'est point esclave qui n'obéit qu'à de bonnes lois. »

« De bonnes lois, dit Flozen, sont celles qui rendent le plus grand nombre le plus heureux qu'il est possible. Le moins malheureux, reprit Mairan, c'est là ce qui est juste et vrai; car cela seul est dans la nature; le surplus n'est qu'un faux appât; et le plus perfide ennemi du peuple sera celui qui lui offrira, pour leurre, l'envie et l'espérance d'un degré de bonheur auquel il n'atteindra jamais. Par-tout, dans tous les temps, la condition du plus grand nombre sera le travail et la peine ; et, à la louange du peuple, je dirai qu'il le sent et qu'il ne s'en plaint pas lorsqu'on ne va pas l'irriter. Il sait bien qu'il est né pour mener une vie laborieuse, frugale et simple ; il s'y accoutume dès l'enfance ; et, pourvu qu'elle soit paisible et sûre, il est content. Mais allez lui persuader que l'inégalité des conditions et celle des fortunes lui est injurieuse, et que toutes les lois sociales furent iniques envers lui ; de cet état où il est né, faites-lui porter ses regards sur l'état de nature où, libre dans les bois, jouissant en commun de la terre comme du ciel, exempt de toute dépendance et de toute domination, il n'aurait eu que des égaux ; avec cette philosophie que vous pouvez rendre éloquente, vous ferez d'un peuple soumis aux lois de l'ordre social et content de sa destinée, un peuple jaloux, inquiet, chagrin de ses privations, envieux de vos jouissances, impatient de ses travaux, et malheureux dans son état, dont il aura perdu les mœurs. Alors si, à une fausse idée d'égalité qu'il aura saisie avidement, se joint une idée de liberté indéfinie, qui ne sera pour lui que l'idée de la licence, attendez-vous à voir vos villes, vos campagnes inondées de vagabonds et de brigands. J'admire, ajouta-t-il, l'audacieuse sécurité de cette philosophie aventureuse qui, sur la foi de ses maximes ambiguës et sophistiques, nous fait courir les risques de tels événements. »

« Mais enfin qu'un peuple soit sage ou qu'il soit insensé, qu'il soit dans sa condition plus ou moins fondé à se plaindre, si sa situation lui déplaît, dit Flozen, n'a-t-il pas le droit de la changer à ses périls et de disposer de lui-même? »

« De lui-même? Oui, sans doute, il l'aurait, dit Mairan, si, après s'être bien consulté, il en était d'accord; mais, en disposant de lui-même, disposera-t-il de lui seul? »

« Je le suppose, dit le jeune homme; et la réserve du droit d'autrui est une règle inviolable. Voyez-donc, poursuivit Mairan, jusqu'où s'étend cette réserve.

« L'existence physique d'un peuple n'est qu'un moment. Son existence politique est non-seulement collective, mais successive. Elle a le cours d'un fleuve, dont chaque génération n'est qu'un flot, que chasse le flot qui le suit. Le mode de cette existence n'est donc pas uniquement propre à la génération présente. Il est pour elle un usufruit, un héritage que le passé lègue et transmet à l'avenir; chaque peuple actuel à son tour peut en jouir; il a le droit de le rendre meilleur encore, mais il n'a pas le droit de le détériorer, au préjudice de ses neveux ; le bien public n'est dans ses mains qu'une substitution qu'il lui est défendu de détériorer, et envers la race future il n'a pas plus la liberté du mal que je n'ai envers vous la liberté du crime. Ainsi, pour savoir ce qu'un peuple est libre de changer dans le gouvernement, dans les lois, dans les institutions, que lui ont transmis ses pères, il faut examiner en quoi le changement peut être utile à ses neveux ; car, s'il usait de la liberté d'un individu isolé, solitaire et indépendant, il pourrait, dans quelque moment d'une existence passagère et funeste, détruire les plus beaux monuments du passé, et ruiner un long avenir. »

« Voilà, dit madame Geoffrin, qui me paraît sensible et frappant de clarté. Mais cependant le bien public sera toujours à la merci de la génération présente, et lorsqu'elle aura la folie de tout changer, de tout détruire, qui l'en empêchera ? — Qui ? madame ; les curateurs de la substitution publique. Elle en aura peut-être un jour ; et bien heureusement pour les peuples eux-mêmes. Car il ne faut pas qu'ils se flattent : ils ont besoin d'être conduits ; ils l'ont toujours été ; et cette liberté dont on les berce, ne consiste qu'à changer de conducteurs et de moteurs. Quelquefois le mérite, la vertu, la sagesse, la supériorité des lumières et des talents, dans des hommes de bien, gagnent sa confiance ; et c'est là son bon temps ; mais le plus souvent c'est la brigue, l'artifice, la séduction, le prestige d'une éloquence artificieuse, et la corruption à prix d'argent, ou à force d'adulation, de complaisance et de bassesse, qui s'emparent de sa faveur ; et lorsqu'il se croit le plus libre, il l'est moins que jamais : ses ligues, ses révoltes, ses haines, ses vengeances, servent, sans le savoir, des passions étrangères; ses crimes lui sont commandés. On parle des lois qu'il se donne! et quel peuple jamais fut en état de se donner des lois? De bonnes lois sont celles qui concilient autant qu'il est possible le bien commun de tous, et le bien de chacun. Or, quelle est dans la multitude la pensée qui les embrasse, l'intelligence qui les accorde, et la volonté collective qui les réunit à son but? Le laboureur, le commerçant, l'homme de la campagne, et celui de la ville, oublieront-ils le bien qui leur est propre, ou le subordonneront-ils à ce bien général qui les touche si peu, et qu'ils connaissent encore moins? L'ouvrier à son atelier, le commerçant à son comptoir, ou le villageois dans sa ferme, a-t-il jamais songé à ces rapports sans nombre que les lois doivent embrasser? chacun n'y voit que ce qui lui en coûte, ou de sa liberté, ou de sa propriété, pour contribuer au bien public, et à la sûreté commune. De là cette facilité qu'on trouve à séduire le peuple, lorsqu'on l'invite au changement. Ah! monsieur, qu'il redoute comme autant d'ennemis, ceux qui l'enivrent des vapeurs d'une fausse philosophie. Voyez un homme dans le vin, plus sa tête est troublée, plus il chancelle et va tombant et se heurtant à chaque pas, plus il s'impatiente qu'un ami secourable veuille le relever, le soutenir et le conduire. Il en est de même du peuple : plus il est étourdi, éperdu, égaré, plus il outre la prétention d'être abandonné à lui-même. Dans cet état, l'amour de la domination et celui de l'indépendance sont ses passions effrénées. C'est peu de n'être point esclave, il veut être maître et tyran. Son premier mouvement est de tout renverser, de tout rompre, et de tout détruire. Mais en brisant l'ouvrage de ses pères, il doit savoir que son ouvrage sera brisé par ses enfants. Ainsi aucune institution, aucune convention, rien de lui sera durable. Son édifice politique sera fondé sur un sable mouvant, que bouleversera sans cesse le vent des passions contraires; et, réduit à la condition d'un être éphémère et fragile, il doit s'attendre que l'avenir lui rendra le mépris qu'il a pour le passé. »

«Vous ne voulez pourtant pas, dit Flozen, que les peuples soient tous asservis comme les Chinois, à leurs anciennes institutions. Je ne veux rien d'extrême, dit Mairan, mais je redoute infiniment plus l'attrait de l'inconstance, que l'ascendant de l'habitude; et je dirai toujours au peuple que pour lui le moment de la défiance, le moment du péril pour sa crédulité, le moment où à chaque pas il doit redouter quelque piége, est celui où en le flattant par son endroit faible et sensible, en lui exaltant ses droits, son pouvoir sur lui-même, en lui exagérant ses griefs et ses malheurs, en l'enivrant d'orgueil, d'ambition, de vaines espérances, on vient, au nom de la liberté, lui proposer de rompre ses liens, et de changer sa destinée; car, si tel a été, dans l'espace des siècles, le langage de quelques hommes véritablement vertueux, sincèrement amis du peuple, telle a été mille fois plus souvent l'éloquence des imposteurs et des fourbes ambitieux.»

Comme il disait ces mots, nous arrivâmes à la porte de madame Geoffrin. «Mon vieil et sage ami, grand merci, lui dit-elle, d'avoir parlé raison à ce jeune homme. Je voudrais bien savoir ce que M. Cléanthe et ses pareils opposeraient à ce que nous venons d'entendre. — Hélas! madame, ils vous diraient que ce sont de vieux contes; et que le conteur n'est lui-même que le vieil esclave des habitudes et des opinions de son temps. »

La femme tenait dans ses bras un enfant qu'elle nourissait
l'homme avait les yeux attachés sur un tombeau &c.ᵃ

Promenade de Platon en Sicile.

LES PROMENADES
DE PLATON EN SICILE.

PREMIÈRE PARTIE.

Dans le voyage de Platon en Sicile, à la cour de Denys le jeune, avant que le mauvais génie du tyran se fût déclaré, les plus doux moments de loisir du sage Athénien se passaient en promenades solitaires. Un char lui abrégeait les distances; et il n'en descendait que pour voir plus à son aise les lieux qu'il voulait parcourir. Des bords de cette île célèbre par sa riche fécondité, et plus fameuse encore par les éruptions du volcan qu'elle renferme dans son sein, au milieu des plus belles et des plus riantes campagnes, il le voyait fumer cet Ethna, ce gouffre terrible, qui peut-être dans quelques heures ébranlerait l'île de ses tonnerres et l'inonderait de ses feux; il méditait avec étonnement sur ce mélange des bontés et des rigueurs de la nature, gémissant de voir à quel prix elle vendait aux humains ses bienfaits.

Un jour qu'en s'avançant du côté de Messine,

il parcourait le bord de l'île d'où l'on découvre l'Italie, il aperçut, au bout d'un village voisin, un jeune homme et une jeune femme assis et tristement appuyés au pied d'un cyprès. La femme tenait dans ses bras un enfant qu'elle nourrissait; l'homme avait les yeux attachés sur un tombeau simple et rustique, mais construit avec soin, d'une lave noire et luisante, taillé en pyramide, et ceint d'un jeune lierre qui semblait l'embrasser. A cette vue intéressante, le sage dirigeait ses pas vers le cyprès. Le jeune homme se lève, comme pour l'éviter, et s'éloigne de son passage. La jeune femme, dont l'enfant dormait sur ses genoux, se tenant immobile, lui donna le temps d'approcher.

« Sensible mère, lui dit-il (car ce beau caractère est peint dans tous vos traits, et sur-tout dans l'œil doux et tendre dont vous regardez cet enfant), c'est apparemment votre époux qui semble éviter mon approche? Ai-je donc un air si sauvage? ou lui-même l'est-il assez pour appréhender la rencontre d'un inconnu paisible et désarmé qui vient à lui? »

« Étranger, lui répondit-elle, ne vous offensez point d'un mouvement involontaire. Mon époux n'est rien moins que timide et sauvage; mais il est triste, et vous savez que la tristesse aime la solitude. Hélas! c'est à la joie à vouloir des témoins, et la joie est loin de nos cœurs. Et quelle est, demanda Platon, la cause de votre tristesse?

Si jeunes, si beaux l'un et l'autre, avec un si joli enfant, pouvez-vous être malheureux? Vous vous aimez sans doute? — Oh! oui, nous nous aimons. — A vous voir, vous ne semblez pas être dans l'infortune. — Dans l'infortune! ah! plût aux dieux que ce fût là notre malheur. — Quel est-il donc? Lisez, dit-elle, en lui montrant le tombeau sur lequel étaient gravés ces mots : *Ici repose Pythias, ici reposera Damon.* — Quoi! Damon! Pythias! ces deux héros de l'amitié! Oui, l'un est mon époux, l'autre, dit-elle, était mon frère. Il n'est plus. C'est dans ce tombeau qu'il attend son ami, son malheureux ami, que cet enfant et moi retenons seuls encore attaché à la vie, et qui tous les jours se consume en regrets, hélas! superflus. »

« J'ai quelquefois, lui dit le sage, trouvé des consolations à de grandes douleurs; et, si ce jeune homme voulait m'entendre, peut-être offrirais-je à la sienne au moins quelque soulagement. »

Platon, avec l'air grave et doux que lui avait donné la nature, et que l'élévation de ses pensées ennoblissait encore, n'eut pas de peine à inspirer à Déliane (c'était le nom de la jeune femme), cette confiance à laquelle les malheureux sont disposés, pour peu que l'on daigne les plaindre. « Ah! si vous saviez, lui dit-elle, quel fut le caractère de l'amitié dans l'ame de mon frère et dans l'ame de mon époux.... On m'en a dit assez, lui répondit Platon, pour m'en donner une haute idée; mais c'est de votre bouche que je voudrais entendre ce que la renommée en a raconté vaguement. »

Durant cet entretien, Damon s'était assis assez loin d'eux, sur le rivage, le regard fixé sur la mer, qui semblait gémir avec lui. « Le voilà, dit-elle, occupé de sa chère douleur : n'allons pas l'en distraire; et, pour juger combien l'atteinte en est profonde, écoutez-moi, sensible et généreux mortel, que je vois touché de nos peines. Puissent les dieux vous inspirer le moyen de les adoucir!

« Mon frère, jeune encore, était à Syracuse un commerçant déjà considéré dans son état. Mon père avait mis en ses mains une partie de sa fortune, et il la faisait prospérer; en même temps il fréquentait les écoles de la sagesse; et ce fut là que Damon et lui se prirent l'un pour l'autre de cette amitié sainte, qui a fait leur gloire et mon malheur. Imbus de la même doctrine, faisant tous les deux leur étude et leurs délices de la vertu, ils étaient si intimement unis de volonté, de sentiment et de pensée, qu'ils semblaient n'avoir plus qu'une ame, lorsque, dans un mouvement populaire en faveur de la liberté, mon frère fut accusé d'être l'un des moteurs de la sédition. Il se défendit mal d'une action qu'il croyait louable, et fut condamné à la mort. Amené devant le tyran : Je ne daigne pas, lui dit-il, te demander la vie, mais seulement le temps d'aller, non loin d'ici, voir mes parents, régler avec eux mes affaires, recevoir leurs derniers adieux. Pour cela trois jours me suffisent; le quatrième, avant le coucher du soleil, je viendrai me livrer à toi; et je t'en donne ma parole. Ce langage froid et tranquille étonna le tyran. Et ta parole, lui dit-il, quel en serait le garant? moi, s'écria Damon, qui n'avait pas quitté mon frère; et s'il y manque, je te reste en ôtage pour mourir à sa place. C'est un autre lui-même, sur qui tu pourras te venger.

« Le tyran voulut voir si la confiance de l'amitié et sa fidélité soutiendraient cette épreuve; il laissa partir l'un, et retint l'autre dans les fers, en lui annonçant qu'il le ferait mourir, si le quatrième jour, avant l'heure marquée, son ami ne revenait pas.

« Damon et Pythias, en se séparant, s'embrassèrent, mais sans aucune ostentation de courage. Pour eux, ce qu'avaient peine à croire le tyran et ses satellites, n'était que simple et naturel.

« Pythias vint donc au village, où, plus sage que lui, son père vaquait aux soins de la culture de ses champs et de ses vergers. Il furent deux jours occupés à mettre l'ordre dans leurs affaires; et le troisième jour enfin se passait entre nous en propos intimes et tendres, où mon frère dissimulait la tristesse de ses adieux. Hélas! sa mère et moi, nous les aurions reçus sans nous douter de son malheur; mais le tyran, qui se faisait un jeu de livrer ce jeune homme aux plus rudes combats de l'honneur avec la nature, eut l'ingénieuse malice de nous faire avertir du sort qui l'attendait, et de l'engagement qu'avait pris son ami de mourir à sa place, s'il manquait de parole.

« A cet avis funeste, je restai, je l'avoue, comme frappée du coup mortel, et dans une irrésolution stupide entre le crime et le malheur. Ma mère, plus déterminée, trouva dans la nature le courage du désespoir. D'abord elle crut impossible que Denys fût assez atroce pour venger sur l'homme innocent la délivrance du coupable; et, se faisant illusion sur le péril de l'un, elle ne s'occupa que des moyens de sauver l'autre; mais, pour le retenir, elle se défiait du pouvoir même de ses larmes.

« Elle dissimula ce qu'elle avait appris, dévora sa douleur, m'ordonna d'étouffer la mienne, et déguisant sous un calme apparent ce qui se passait dans son ame, elle invita son fils à profiter le soir de la tranquillité qui régnait sur la mer, pour s'y promener avec nous. La barque nous était vendue, les nochers, le pilote nous étaient affidés. Que ne peut l'amour d'une mère? La mienne se sentait la force d'enchaîner son fils dans ses bras, sitôt que nous serions éloignés du rivage : il aurait beau se plaindre, menacer, se débattre; elle serait sans cesse attachée à lui; ses efforts seraient vains pour se dégager; et, s'il se jetait dans les flots, il l'y entraînerait elle-même. Ainsi elle espérait le forcer malgré lui de se dérober à la mort et de passer en Italie.

« Mon père, accablé de tristesse (car il avait le secret de son fils), regardait d'un œil morne cet appareil d'amusement, sans en soupçonner l'artifice. Ma mère connaissait trop bien l'austérité de sa vertu pour lui avoir confié sa résolution; mais soit qu'au trouble de nos sens, à la pâleur de nos visages, à l'impatience où était ma mère de monter sur la barque et de l'y attirer, mon frère en pénétrât la cause, soit que, ses heures étant comptées, il ne voulût courir sur la mer aucun risque qui pût retarder son retour : Allez, ma mère, allez, ma sœur, nous dit-il, respirer ensemble un air calme et pur sur les eaux : quelque soin nous retient encore mon père et moi sur le rivage. Et, en disant ces mots, il nous embrassait tendrement.

« Ma mère, après avoir inutilement redoublé ses instances pour l'engager à s'embarquer, reconnut qu'il voulait la tromper elle-même; et sa douleur rompant tout-à-coup le silence : Ah! cruel, lui dit-elle, tu veux m'échapper! tu le veux, et pourquoi? pour aller mourir. Une vaine menace, qui, sans l'iniquité la plus aveugle et la plus noire, ne peut s'accomplir sur un homme dont tout le crime est l'amitié, la bonne foi, la vertu même; cette menace t'épouvante, au point d'aller t'offrir à une mort certaine, à un supplice inévitable! non, ton ami, crois-moi, ne sera point puni de ton évasion : Denys a dans sa politique trop de prudence; il ne veut point se rendre gratuitement odieux; et quant à la parole que tu lui as donnée, tu sais bien qu'un engagement pris sous le glaive et dans les fers n'est sacré qu'autant qu'il est juste. A ces motifs, elle ajouta tout ce que la douleur et le désespoir d'une mère ont de plus déchirant pour l'âme d'un fils vertueux.

« Mon frère l'écoutait, les yeux baissés et pleins de larmes. Ma mère, lui dit-il, épargnez votre fils, et n'empoisonnez pas les derniers moments d'une vie que je veux rendre aux dieux innocente et sans tache comme je l'ai reçue. Non, je ne suis pas né de vous pour être ingrat, perfide et sacrilége. Un lâche, un parjure, un infâme serait trop indigne du jour que vous m'avez donné. J'ai promis sur la tête de mon ami d'aller me remettre à sa place. D'autres calculeront le danger où l'exposerait mon infidélité; je ne calcule point, je sais qu'il ne doit courir aucun risque. Il répond de ma foi, il est garant de ma parole; c'est à moi de l'en dégager; et rien sous le ciel, non, ma mère, rien ne peut m'empêcher de remplir ce devoir. Laissez-moi mériter vos larmes et les regrets de ma patrie. Si je meurs honoré de son estime, j'aurai assez vécu.

« Mon père, assis auprès de nos dieux domestiques, et la tête appuyée sur ses deux mains, avait gardé jusque-là le silence. Tout-à-coup il se lève, et, serrant son fils dans ses bras, va, lui dit-il, par pitié, va-t'en; nous n'avons pas la force d'être aussi vertueux que toi. Il partit, et ma mère, en jetant un cri qui nous perça le cœur, tomba dans mes bras éperdue, sans couleur et bientôt sans voix. La nuit, le jour d'après, sa douleur fut une agonie. A tout moment elle croyait voir tomber sous le glaive homicide la tête de son fils, et les convulsions que lui causait cette pensée n'étaient interrompues que par des défaillances où je croyais la voir expirer dans mes bras. Mon fils! mon cher fils!..... Ces deux mots, dont l'accent perçait jusques au ciel, et qui sans doute le fléchirent, étaient le cri de sa douleur.

« Cependant le quatrième jour, ce jour fatal, marqué pour le retour de Pythias à Syracuse, penchait déja de son midi vers son couchant. L'échafaud était préparé. Tout le monde était dans l'attente; ce peuple sensible et cruel, à qui le besoin d'être ému fait chérir de sanglants spectacles, assiégeait la prison où Damon était dans les fers. Le soleil baissé, il va disparaître sous l'horizon, et Pythias ne revient point. Alors Denys ordonne que Damon lui soit amené. Eh bien! lui dit-il, ton ami, ce sage, ce vertueux homme, dont tu as répondu sur ta tête, ne paraît point, et le soleil... Le soleil s'éteindra avant que la vertu de mon ami s'altère, lui répondit Damon. Ne te presse donc pas de ne pas croire aux gens de bien. — Cependant, s'il ne revient point, que diras-tu? — Je dirai qu'il est mort, et moi-même dès ce moment je ne tiendrai plus à la vie. Va donc sur l'échafaud l'attendre, ou va le remplacer, lui dit le vieux tyran.

« Alors on vit Damon chargé de chaînes, environné de gardes, sortir du palais de Denys, et d'un front calme, et d'un pas ferme marcher vers le lieu du supplice. Déjà la foule impatiente blasphémait l'amitié et la vertu de Pythias; quand tout-à-coup un bruit confus l'annonce; il arrive, il s'avance, il fend la foule, il voit Damon sur l'échafaud. Me voilà, s'écria-t-il! le soleil luit encore. Mon ami ne répond plus de moi : qu'on le dégage, et qu'on me rende ces fers qui m'appartiennent, et cet échafaud qui est à moi. En disant ces mots, il s'y élance; les deux amis s'embrassent; mais le seul des deux qui ressent de la joie, c'est Pythias; Damon est abattu et paraît condamné.

« Le peuple est attendri; les larmes coulent de tous les yeux; et malgré la terreur qu'imprime l'appareil de la tyrannie, un cri de mille voix s'élève pour demander la vie de celui qui de si bon cœur vient se présenter à la mort.

« Averti de ce qui se passe, Denys les fait descendre l'un et l'autre de l'échafaud, et ordonne qu'on les lui amène. Amis généreux, leur dit-il, vivez, et consentez que, dans cette amitié si rare et si digne d'envie, je sois en troisième avec vous. Ils répondirent que leur ami ne pouvait être que leur égal; que pour lui la douceur de cette égalité était incompatible avec sa fortune présente; mais que, si jamais il était assez sage, assez modéré pour ne plus vouloir être que ce qu'il était né, un libre et simple citoyen, sa place était marquée entre eux par la reconnaissance; et qu'ils allaient l'attendre dans l'humble et sûr asyle de l'heureuse médiocrité.

« Mon frère et son ami ne perdirent pas un instant à venir nous rendre la vie; et tel avait été dans le cœur de ma mère l'excès de la douleur au départ de son fils, tel fut à son retour l'excès et l'égarement de sa joie.

« Hélas! dès ce moment où mon père et ma mère, au lieu d'un fils, en eurent deux, notre félicité fut trop pleine et trop pure pour que la jalouse fortune pût souffrir qu'elle fût durable; et, trois ans à peine écoulés dans cette intimité paisible, mon frère étant tombé malade, ni les secours de l'art, ni tous les soins de notre amour ne purent le sauver; la mort nous le ravit. Je n'ai pas besoin de vous dire quelle fut notre désolation. Mais ce que je n'oublierai jamais, c'est le caractère étonnant que prit l'affliction de ma mère, pour une mort qui ne venait plus que de la nature et des dieux. Sa douleur que vous avez vue si violente et si éperdue, lorsque son fils allait livrer sa tête au glaive d'un tyran, cette douleur cruelle encore, et toujours maternelle, fut soumise et respectueuse lorsqu'elle fut en présence du Ciel, et ne put accuser que lui. Celle de mon père, non moins religieuse, ne se permit que des larmes muettes. La mienne fut plus vive; mais leur piété la modéra. Damon, au milieu de ce deuil et de ce lugubre silence, ne laissa échapper ni plaintes, ni gémissements; son cœur flétri ne fut pas même soulagé par des larmes. Ces faibles signes d'une douleur commune n'étaient pas dignes de la sienne. J'ai su depuis qu'une heure avant que son ami fût porté au tombeau, se trouvant seul auprès du lit où reposait son corps, il s'était donné la consolation de l'embrasser, de presser long-temps de ses lèvres tantôt ses yeux éteints, et tantôt sa bouche livide, et d'appuyer son cœur contre ce cœur glacé, qui ne répondait plus au sien. Mais devant nous, il retint sa douleur renfermée au fond de son ame. Hélas! qu'avec moins de courage ne la laissait-il s'exhaler! La nôtre, avec le temps s'est affaiblie; la sienne est fixe, inaltérable, et il ressent la perte de son ami dans ce moment, tout comme il la sentait au moment de ses funérailles. C'est lui qui, dans un coin de l'héritage de nos pères, lui a fait élever ce tombeau; et depuis trois ans, tous les jours, à la même heure où son ami a rendu le dernier soupir, il vient gémir dans ce triste lieu. Je l'y accompagne en silence; et, pour ne pas l'affliger encore plus, il faut que je lui laisse méditer son malheur. »

« Quoi! dit Platon, l'amour, les charmes de l'hymen, les tendres soins de la nature, cet intérêt si doux de la paternité, n'ont pu faire diversion à cette affligeante pensée! »

« Nous espérions, dit-elle, en adoucir au moins l'amertume par ce mélange de nouvelles affections; et c'est pour cela que mon père l'a invité lui-même à s'unir avec moi. Sensible à cette marque de bonté, il y a répondu au gré de nos souhaits; et au sentiment de bienveillance dont nous étions prévenus l'un pour l'autre, a succédé sans peine cette inclination qui est le présage de l'amour. Enfin, l'amour lui-même, et l'amour le plus tendre a rempli les vœux de l'hymen; et dans le monde aucun destin ne serait plus doux que le nôtre, sans cet affligeant souvenir qui obsède l'ame de mon époux. »

« Je vais le joindre, dit Platon, et vous le ramener; j'espère que, s'il veut m'entendre, il sera moins à plaindre, et plus reconnaissant des biens que les dieux lui ont laissés. » A ces mots, Platon s'avança vers le rivage où le jeune homme était encore assis; et en l'abordant : « Vrai disciple d'un sage, lui dit-il, vous dont le seul nom fait tressaillir le cœur de tous les gens de bien, vous dont la mémoire à jamais unie à celle de votre ami, sera le plus beau titre de gloire de l'école de Pythagore où vous avez été formés, ne vous étonnez pas de vous voir poursuivi par un ami de la vertu; je suis Platon, disciple de Socrate, avec qui j'ai vécu, et que j'ai vu mourir. Aux noms de Platon, de Socrate, Damon, saisi de respect, se lève, et, confus des éloges qu'il a reçus d'une bouche aussi révérée, il y répond avec la modestie qui sert de voile à la vertu.

« Illustre ami du plus vertueux des mortels, plaignez, lui dit-il, ma patrie, d'être réduite à vanter comme rare le juste et simple office d'une véritable amitié. Si jamais le monde reprend les saintes lois de la nature, Damon, et Pythias lui-même, n'aura que le mérite d'avoir fait son devoir. Mais ce qui sera toujours rare, divin Platon, c'est cette amitié sainte dont nous étions liés : c'est ce vrai don du Ciel que la mort m'a ravi dans un autre moi-même. Oui, dit Platon, je viens d'apprendre que vous l'avez perdu et que vous en êtes inconsolable. —Comment ne le serais-je pas de cette mort prématurée qui me l'enlève à la fleur de son âge, et me déchire l'ame, pour ne plus m'en laisser que la plus faible, la plus triste, la plus douloureuse moitié? Non, jamais deux êtres sensibles n'ont été plus intimement ni plus fidèlement unis. Le Ciel ne lisait pas plus clairement que moi au fond du cœur de mon ami; je ne savais pas mieux que lui ce qui se passait en moi-même. Nos peines, nos plaisirs, tout nous était commun; et, s'il nous venait dans l'esprit quelque folie de notre âge, ou dans l'ame quelque faiblesse; que ce fût lui, que ce fût moi qui en fût atteint, la pudeur en était la même pour tous les deux; et au plus vite toute notre raison s'employait à nous en guérir. »

« Combien de temps avez-vous joui, lui demanda Platon, de cette union vertueuse? Neuf ans bienheureux, lui dit-il. — Neuf ans d'un bonheur pur, et vous vous plaignez du destin! Dites-moi donc, au nom des dieux, quel est l'homme qui dans sa vie a eu neuf ans de bonheur sans mélange? N'avez-vous donc appris à l'école de la sagesse qu'à être injuste envers le Ciel et la nature? A peine auriez-vous à vous plaindre, si le reste de vos années se passait dans l'humiliation, dans l'indigence et dans l'exil. Et voyez après cette longue et paisible félicité, dont vous avez si pleinement joui, voyez ce qui vous reste: de la fortune, de la gloire, et une gloire impérissable; une épouse aimable et sensible qui vous aime et que vous aimez; un enfant qui, pour vous, vient renouer le fil des espérances de la vie; un père, une mère adoptifs, aussi bons, aussi tendres, que si la nature elle-même vous les avait donnés; et au sein de cette famille la concorde, la paix, les consolations d'une amitié si douce encore, les délices d'un chaste hymen; enfin, la perspective d'une vieillesse honorée et tranquille, et au bout l'assurance d'aller rejoindre votre ami. Ah! dit Damon, où est-il? Où le retrouverai-je? C'est cette incertitude, il faut vous l'avouer, qui fait le tourment de mon cœur. L'avenir, il est vrai, lui dit Platon, est enveloppé d'un nuage au travers duquel, ni votre maître, ni le mien, ni aucun des sages, n'a rien vu que confusément; mais s'il est vrai, comme nous le croyons, que cet esprit qui nous anime, se dégage, pour nous survivre, de la poussière du tombeau, croyons aussi, Damon, que l'ame du méchant et celle de l'homme de bien n'ont pas la même destinée. L'une, après le trépas, doit éprouver la peine d'une dure captivité; mais l'autre est certainement libre de diriger son vol, et de se reposer où elle se plaît davantage; et dans quel lieu du monde l'ame de votre ami, et ce qu'on appelle ses mânes, doivent-ils mieux se plaire qu'autour de ces foyers où vous tenez sa place, qu'autour de ce tombeau que vous lui avez élevé? Invisible et présent, c'est là qu'il vient voir son ami, sa sœur, ses père et mère assis au pied de ce cyprès : leur piété le touche, il aime à se survivre dans leur souvenir; il entend avec plaisir son nom se mêler à leurs entretiens; et, s'ils ne lui donnaient que de tendres regrets, il se plairait à voir sa cendre arrosée de douces larmes. Mais, Damon, faites-vous à votre ami l'injure de penser qu'il jouisse d'une douleur qui vous consume, d'une tristesse qui éternise dans vos cœurs le deuil de sa mort? Ah! s'il peut être malheureux, il l'est du chagrin qu'il vous cause; il l'est de l'amertume que vous versez vous-même sur les vieux jours de ses parents. Il vous les a légués pour qu'ils fussent heureux encore; il leur a inspiré l'idée de vous donner leur fille pour vous associer aux soins de son amour pour eux. Que faites-vous, ingrat? Vous trahissez les vœux, l'espérance de votre ami. Vous affligez tout ce qu'il aime; vous attristez encore, dans ses bons père et mère, cette vieillesse intéressante dont il eût charmé les langueurs. Ah! s'il pouvait se faire entendre, il vous dirait : Je ne veux point d'une douleur immodérée, d'une douleur qui n'est qu'une faiblesse lorsqu'elle est portée à l'excès; souviens-toi, Damon, souviens-toi que ton ami était mortel, et qu'avec toi il a joui des plus doux charmes de la vie. Sois assez modeste, assez sage pour ne pas croire que le Ciel te dût tous les biens à-la-fois; sens le prix de ceux qu'il te laisse; vis content d'être aimé de tout ce qui m'est cher; rends-les heureux, sois-le toi-même, et ne trouble plus mon repos. »

L'impression que fit ce langage sur l'esprit de Damon se conçoit aisément. Son ame se saisit avidement de la pensée que son ami, présent encore, le voyait, l'entendait; son imagination s'exalta même au point de croire le voir et l'entendre; et dès qu'il put penser que sa douleur l'affligeait, il cessa de la chérir, s'en accusa, et sentit tout-à-coup son cœur à demi soulagé du poids qui l'avait oppressé. « Allons, dit-il, retrouver ma femme, je veux, divin Platon, qu'elle vous rende grâce du changement prodigieux que vous venez d'opérer en moi.

« Déliane, dit-il, en l'abordant, voilà un sage qui nous enseigne qu'un excès d'affliction peut n'être qu'un excès d'amour de soi-même. Pardonnez-moi d'avoir trop oublié que je ne vivais pas pour moi. J'abjure un sentiment trop long-temps personnel; et mon ame entière se rend aux saints devoirs de la reconnaissance, de l'amour et de la nature. Celui à qui les biens que le destin me laisse ne suffisent pas pour se croire l'un des mortels les plus heureux, ne mérite pas d'en jouir. »

SECONDE PARTIE.

Un autre jour, en parcourant les belles campagnes de Léonte, Platon vit au bord du Simæte, sur le chemin qui mène au mont Hybla, un jeune enfant qui gardait un troupeau, et qui essayait sur sa petite flûte un air languissant et plaintif. Il s'avança. L'enfant ne parut point effarouché de son approche; et en le regardant d'un œil aussi doux que l'étaient ses accents, il continua l'air qu'il avait commencé. Platon l'écoutait en silence; et lui, flatté qu'un inconnu prît plaisir à l'entendre, se mit à lui jouer un air non moins mélodieux que le premier, mais encore plus mélancolique.

Ce caractère de langueur exprimé par les sons et peint sur le visage de ce bel enfant, l'attendrit. « Mon petit ami, lui dit-il, les airs que vous jouez sont bien touchants, mais ils sont tristes; n'en savez-vous aucun de ceux qui respirent la joie? Je ne sais pas ce que c'est que la joie, répondit Calatis (c'était le nom du petit berger); et je ne sais jouer que les airs que chante ma mère. — Où est-elle, votre mère? — Elle est dans le hameau que vous voyez parmi les saules : c'est là qu'est notre bergerie. — Et c'est là que vous êtes né? — Hélas! oui, j'y suis né. — Et que fait votre père? Est-il laboureur ou pasteur? — Ah! mon père! il est bien cruel! c'est tout ce que je sais de lui. » En prononçant ces mots avec un accent douloureux, l'enfant laissa tomber sa flûte; et un moment après apercevant un homme qui descendait de la montagne, « C'est lui, s'écria-t-il avec frayeur, c'est lui, je m'enfuis vers ma mère. » Aussitôt laissant son troupeau dans la prairie, il prit sa course vers le hameau.

Platon étonné s'arrêta, et il attendit au passage ce père dont l'approche effrayait son enfant.

C'était un homme agreste, jeune encore, assez beau, et d'une taille peu commune : vêtu en bûcheron, la hache sur l'épaule, le compas et l'équerre pendus à sa ceinture, il descendait de la montagne, et suivait le chemin qui mène au golfe de Catane. En passant auprès du troupeau il le regarda d'un œil morne, et ralentit son pas, comme pour découvrir le berger parmi ses moutons; mais l'ayant aperçu, qui s'en allait par le sentier qui menait à la bergerie, il poussa un profond soupir. Puis, s'adressant à l'inconnu : « Ce petit berger, lui dit-il, n'était-il pas ici à garder ce troupeau, lorsque je traversais la plaine? Oui, répondit Platon; paisiblement assis à l'ombre de ce hêtre, il jouait de la flûte, et moi je l'écoutais. Nous avons eu bientôt fait connaissance : et déja nous causions ensemble d'assez bonne amitié, quand tout-à-coup il s'est épouvanté comme s'il avait vu sortir des bois quelque bête farouche; et il a quitté son troupeau. — Comme s'il avait vu quelque bête farouche! on lui fait donc bien peur de moi! — Votre air un peu sauvage a pu l'intimider : sa frayeur est de celles dont, sans cause, à son âge, on est souvent frappé : il est si naturel au faible de redouter ce qu'il ne connaît pas! Il ne me connaît que trop bien, dit tristement le bûcheron; et ce n'est pas ici la première fois qu'il m'évite.

Platon, après avoir engagé l'entretien, s'était mis au pas de cet homme, il cheminait avec lui. « Vous êtes étranger, lui dit le Sicilien : votre accent, votre habit l'annonce; mais vous me semblez bon, le seriez-vous assez pour vouloir me rendre un service? Oui, de tout mon cœur; dit Platon. — Où demeurez-vous? — A présent mon séjour est à Syracuse; mais je fais dans ces plaines de longues promenades; et pour me rendre utile j'irais beaucoup plus loin. — Venez donc me voir à Catane, où je conduis les travaux d'une flotte ; et, si vous voulez m'obliger, revoyez cet enfant, tâchez, en causant avec lui, de savoir ce qu'il a dans l'ame, et s'il ne serait pas possible de me l'apprivoiser. Je m'intéresse à lui. Je m'appelle Néandre, autrefois bûcheron dans les bois de l'Hybla, aujourd'hui constructeur de navires dans cette rade.

Platon, en raisonnant avec lui sur son art, vit qu'en effet l'observation, éclairant la pratique, avait formé en lui ce talent qui l'avait tiré de la classe des bûcherons. Il lui promit de l'aller voir ; et poursuivant sa promenade après l'avoir quitté, il retourna vers le hameau.

« Je veux savoir, se dit-il à lui-même, où peuvent aboutir les deux rencontres que j'ai faites. C'est plus qu'un jeu du sort, et j'y crois reconnaître quelque bonne intention des dieux : car, on a beau dire, les dieux ne dédaignent point les cabanes; et l'homme est bien follement vain, d'imaginer que quelque chose au monde soit grande ou petite à leurs yeux.» Il vint donc à la bergerie où l'enfant s'était retiré.

« Ah! le voilà, dit Calatis, qui parlait de lui à sa mère : voyez comme il est bon! j'avais laissé tomber ma flûte, il me l'a ramassée ; il se donne la peine de me la rapporter. Ne vous étonnez pas, dit Platon à deux villageoises qu'il trouvait occupées à façonner, l'une au fuseau, et l'autre à la navette, une laine aussi douce que la plus belle soie ; ne vous étonnez pas si je viens m'informer quelle frayeur a saisi cet enfant, et par quel accident a été si troublée cette ame innocente et craintive. Il ne m'en a dit en fuyant que deux mots qui m'ont affligé. Qu'avez-vous dit, mon fils, lui demanda sa mère avec inquiétude?» et l'enfant répéta les mots qui lui étaient échappés en parlant de son père.

La jeune femme baissant les yeux sur le métier où courait sa navette, rougit et garda le silence. Sa mère qui filait auprès d'elle, prit la parole. «De quoi rougissez-vous, ma fille, lui dit-elle? Est-ce donc vous qui avez séduit et abusé une ame honnête et simple, qui avez surpris sa bonne foi, et qui l'avez trahie après l'avoir trompée? Que les dieux perdent les parjures, nous ne le sommes pas. Vous fûtes crédule et trop faible, c'est un malheur, ce n'est pas un crime ; et l'on n'est pas toute sa vie condamnée à rougir pour s'être oubliée un moment. Etranger, ajouta la bonne femme, cet enfant vous en a trop dit, et vous en voyez trop vous-même, pour qu'il me reste rien à vous dissimuler.

«Cet homme qui sortait des bois, et avec qui je vous ai vu de loin suivre le chemin de Catane, le connaissez-vous? — Non, je sais seulement qu'il préside à la construction d'une flotte, et qu'il a été bûcheron dans les bois de l'Hybla. — Ne vous a-t-il rien dit de nous? — Il m'a parlé de cet enfant. — Et de sa mère? — Non, il ne m'en a rien dit; mais je l'ai vu tristement affecté de la frayeur dont le petit berger était saisi à son approche. — Ah! l'inhumain, peut-il être surpris du sentiment qu'il lui inspire! Ma mère, dit la jeune femme, oubliez-vous encore que vous parlez devant cet enfant, et que vous parlez de son père? Eloignez-vous, mon fils, retournez à votre troupeau.

«Notre malheur n'est pas un secret, poursuivit Mélite (c'était le nom de la bonne mère); il est connu dans nos hameaux; et je veux qu'il le soit par-tout, s'il est possible, pour déshonorer le trompeur. Bûcheron, comme il vous l'a dit, dans la forêt voisine, il avait vu ma fille, il s'était pris pour elle d'une inclination si forte, et qui nous semblait si durable, que nous disions, mon mari et moi : si Néosine l'aime comme elle en est aimée, ils seront bien heureux! ils vieilliront comme nous en s'aimant.

«Il ne se passait pas un jour qu'il ne lui donnât quelque signe de cette perfide amitié : c'était tantôt un nid de rossignols ou de fauvettes, tantôt une paire de tourterelles ou de palombes qu'il lui apportait de la forêt; et du village, tantôt les fleurs, tantôt les fruits de la saison. La pauvre enfant était sensible à tant de soins; et nous, Damete son père et moi, nous en étions charmés. Néandre était alors un jeune homme estimé et renommé dans le canton; bon ouvrier, grand travailleur : personne dans nos bois ne maniait comme lui la hache; et dans les ateliers du port il était souvent consulté. Quel père, quelle mère, ne lui auraient pas donné leur fille? Leur mariage était accordé, et il allait être conclu dans le moment que, par une mort imprévue et presque soudaine, nous perdîmes, elle un bon père, et moi un excellent époux. Ce long deuil retarda les noces; et dans cet intervalle, si funeste pour nous, Néandre, le cruel Néandre fut notre seule consolation. Avec quelle adresse il abusa de l'abandon où ma douleur laissait ma fille! La pauvre enfant qui croyait voir en lui le plus sensible et le plus vrai des hommes, un ami et presque un époux, lui laissait essuyer ses larmes; et le perfide, profitant de cet oubli de soi-même où l'on tombe dans les grandes afflictions, se rendait tous les jours plus familier, plus caressant. Il brûlait, disait-il, d'atteindre à la fin de ce deuil qui faisait son tourment; et il appelait cruauté la pudeur innocente que lui opposait ma fille. Enfin, la pitié, la faiblesse, la bonne foi, l'amour, l'imprudence de l'âge, lui livrèrent cette innocente; et il l'abandonna après l'avoir séduite. »

A ces mots, Néosine laissant tomber sa tête sur son métier, et se couvrant le visage de son voile, ne put retenir ses sanglots; son voile fut baigné de larmes. « J'appris, continua la mère, qu'il était appelé à la conduite des travaux de la rade; et je ne me sentis que de l'indignation pour un homme à qui la fortune faisait sitôt changer de mœurs; mais la douleur de Néosine prit tout un autre caractère: elle se crut tombée dans l'humiliation; et de la honte elle passa au plus horrible désespoir, lorsqu'elle s'aperçut qu'elle allait être mère. D'abord un silence effrayant me déroba la cause du chagrin qui la dévorait. Je ne l'attribuais qu'à l'amour; et je donnais à ce cœur tendre et vivement blessé, le temps de se guérir. Il n'est pas possible, ma fille, lui disais-je en tâchant de la consoler, qu'un cœur aussi bon que le tien garde long-temps de l'amitié pour un homme qui en est indigne. C'est à lui seul d'être malheureux, puisque c'est lui seul qui est coupable. Elle, sans me répondre, levait les yeux au ciel, et soupirait en les baissant. Mais ce chagrin qu'elle tenait renfermé au fond de son ame, fut suivi d'une fièvre ardente dont le délire la trahit.

« Pauvre enfant, disait-elle dans le fort de l'accès, ton père t'abandonne!...... Non, il ne naîtra point, non, méchant, non, parjure, il ne te devra point la vie..... Pour tant d'amour, tant de mépris, tant de cruauté! Non, cela n'est pas

vrai..... Non, ma mère, il n'est pas possible.....
Qu'il vienne donc, qu'il vienne.... Ah! ma mère!
est-ce vous qui l'éloignez de la cabane? Oh! non.
Vous m'aimez tant!... C'est donc lui qui veut que
je meure? Eh bien!... l'abyme de la mer, l'abyme
du volcan, tout m'est égal... Mais, mon enfant!...

« Ces funestes paroles, échappées par intervalle, et comme des éclairs au milieu d'une nuit horrible, m'instruisaient assez cependant pour voir le précipice sur le bord duquel nous étions. Je m'armai de courage, je pris soin de ma fille, je lui calmai le sang par des breuvages salutaires, qu'un vieux berger de ce canton composait avec des racines dont il connaissait la vertu; et l'ayant ramenée enfin à un état de convalescence, ou plutôt de langueur, je saisis l'un des plus doux moments de nos effusions de tendresse, pour lui faire avouer ce qu'il y aurait de vrai dans ce que j'avais entendu.

«Il n'est pas naturel, lui dis-je, que, dans une ame aussi paisible que la tienne, l'amour seul, un amour indignement trahi, ait fait tant de ravages; il y a dans ta douleur quelqu'autre sentiment caché. Ta mère est ton amie; il faut lui ouvrir ton cœur. Je crois déja savoir que tu as été faible et crédule. Et moi, dans ma douleur, j'ai été négligente; je n'ai pas assez vu le péril où je t'exposais. Tu vois que je m'accuse; imite-moi. Dans ton délire tu croyais être mère, et tu parlais de ton enfant. Si dans ces paroles, ma fille, il y avait quelque vérité, tu ne serais impardonnable que de me le cacher. Parle-moi, je veux tout savoir; et mon amour pour toi te fait un devoir de ne me rien taire. Ah! ma mère, s'écria-t-elle en se jetant à mes genoux et en les arrosant de larmes, comment puis-je vous avouer que je suis indigne de vous? Laissez-moi me cacher, et laissez-moi mourir avant de vous déshonorer.

« Non, lui dis-je, ma fille, non, ce n'est pas nous que ta faiblesse déshonore. Elle aura pour excuse la simplicité de ton ame, ta candeur et ta bonne foi. Tu as cru que les serments d'un homme, pour être inviolables, n'avaient pas besoin d'être proférés à l'autel : ta confiance a été imprudente, mais elle n'est point criminelle; et j'espère t'apprendre à mériter dans ton malheur l'indulgence, l'estime et la pitié des gens de bien.

« Alors son cœur soulagé s'ouvrit, et quand elle m'eut fait sa confidence entière : Ne perdons pas, ma fille, le courage de la vertu; il n'y a rien de honteux, lui dis-je, que le vice; et l'ame la plus pure peut être susceptible d'un moment de fragilité. Il faut ne rien cacher de ta faute et de ton malheur, dire modestement que tu as été séduite, annoncer que tu te dévoues au saint devoir de mère, allaiter ton enfant, l'élever; et si c'est un fils, lui apprendre à lui-même quel a été son père, afin qu'il s'en éloigne et ne lui ressemble jamais.

« C'est là, ma mère, dit Néosine, le seul de vos conseils auquel je n'aurais point dû céder : mon enfant aurait assez tôt senti sa disgrâce et la mienne; et dans son innocence il aurait mieux valu lui laisser ignorer son père que de lui apprendre à le haïr. Je ne veux pas qu'il le haïsse, mais je veux qu'il l'évite, reprit la bonne mère; car il serait peut-être encore assez cruel pour nous ravir notre seule consolation. »

« Et si lui-même, leur demanda Platon après les avoir entendues, si lui-même, cédant aux mouvements de la nature et au repentir de l'amour (car l'amour peut encore n'être pas éteint dans son ame), il venait implorer sa grâce et offrir de tout réparer ?..... Non, dit Néosine, jamais. Il m'a trompée, il m'a abandonnée, il a voulu mon déshonneur; il ne me sera jamais rien. »

Platon vit bien que ce ressentiment n'était pas de ceux que la raison peut attaquer de vive force : l'ame de Néosine, dans sa résolution, lui avait paru trop affermie; et, à l'exemple de la nature, il ne croyait jamais plus sûrement agir que par des moyens doux et lents.

Le lendemain, au lever de Denys, en parlant de sa promenade : « J'ai entamé, dit-il, une conciliation difficile, mais dont j'espère venir à bout; » et il lui conta l'aventure. « Si vous voulez, lui dit Denys, je vous aiderai à réduire le séducteur, en le faisant mettre à la rame, jusqu'à ce qu'il demande à épouser celle qu'il a séduite.

Si c'est là de votre éloquence, lui dit Platon, je n'en veux point, et Néosine en voudrait encore moins que moi. Vous lui renverriez un esclave indigne de sa chaîne; et moi, c'est un époux charmé de ses liens que j'espère lui ramener. »

Il prit le chemin de Catane; et là, non-seulement le constructeur, mais les pilotes furent étonnés de l'entendre parler en homme instruit par ses voyages, des imperfections de leur art, et leur enseigner les moyens de donner au navire, à la rame, à la voile, plus de mobilité, de force et d'avantage pour maîtriser l'onde et les vents. Dès ce moment il fut regardé dans la rade comme un mortel favorisé des dieux : chacun félicitait Néandre du bonheur d'avoir un tel hôte.

Dans le dîner qu'il lui donna, Platon, en votant l'alliance d'Athènes avec la Sicile, comme une source de puissance, de gloire et de prospérité pour l'un et l'autre peuple, charma tous les convives; et vingt fois, la coupe à la main, on demanda aux dieux cette heureuse alliance. Mais, tandis que les urnes versaient abondamment les espérances et la joie, Néandre lui seul était triste. Le vin attendrissait son ame, mais il ne la dilatait point. Il écoutait le sage avec admiration, frappé de ses lumières et de son éloquence; mais un air confus et timide se démêlait dans ses regards, et un sentiment d'amertume corrompait le plaisir qu'il avait à le posséder.

Platon s'en aperçut, il en tira un bon augure; et au sortir de table, ayant pris congé des convives : « Au revoir, lui dit-il, mon hôte; je retourne vers la prairie où m'attend le petit berger. — Est-ce que vous l'avez revu? — Oui, hier au soir, dans la cabane, avec sa mère? — Avec sa mère! et vous a-t-elle parlé de moi? — Oui, à-propos de son enfant. — Et que vous en a-t-elle dit? — Rien que vous n'eussiez pu entendre. — Oh! je le crois, elle est si bonne! mais sa mère ne l'est pas tant. — Sa mère est une femme de sens et de courage. — Que faisaient-elles dans la cabane? — L'une filait la laine de leurs brebis, et l'autre, Néosine, en tramaït le tissu. — Elle est pleine d'adresse et de grâce dans son travail, n'est-ce pas? — Oui, pleine de grâce, de douceur et de modestie. — Et dans cette cabane avez-vous vu l'air de l'aisance? — Rien n'y annonce la richesse, rien n'y décèle le besoin. — Ah! quand j'étais moins riche, j'étais bien plus heureux moi-même! et l'enfant? quel air avait-il? — L'air caressant avec sa mère. — Il l'aurait avec moi, si on l'avait voulu; et l'on a bien mal fait de me le rendre si farouche! le père a beau avoir des torts, l'enfant n'en doit pas moins amour et respect à son père. — Est-ce que vous êtes le père de cet enfant? — Oui, je le suis. Ne le saviez-vous pas? — Et sa mère est donc votre épouse? — Non, et c'est là mon crime; car je lui avais donné ma foi. Nous allions être unis sans la mort de son père. — Ainsi, en se donnant à vous, elle comptait sur vos promesses? — Vraiment elle y comptait, elle avait bien raison; car jusque-là j'avais été le plus honnête homme du monde. — Et vous avez cessé de l'être! — Oui, c'est là ce qui me tourmente. — Vous ne l'aimiez donc pas? — Je l'adorais; je l'aime encore. — Pourquoi donc l'avez-vous trompée? — Ah! pourquoi! vous, mon hôte, qui savez tant de choses, connaissez-vous le cœur humain? Savez-vous ce que c'est que la jalousie? — Oui, je sais que c'est une triste passion. — Eh bien! je fus jaloux dès que je fus heureux. — Vous aviez donc quelque rival? — Aucun. — De qui donc étiez-vous jaloux? — Que sais-je? de moi-même: mon propre exemple me fit peur; je me dis que, si elle avait été faible avec moi, il était possible qu'elle le fût avec un autre. En même temps la fortune vint m'étourdir, et me faire entendre que je n'étais plus fait pour prendre une femme dans un hameau. Tout cela m'a tourné la tête; et puis, quand je me suis senti malhonnête et cruel d'avoir délaissé mon enfant, d'avoir abandonné sa mère, j'ai eu honte d'aller demander mon pardon. L'enfant me fuit, la mère m'a trop aimé pour ne me point haïr; sa mère, à elle, me déteste. Tout cela m'est bien dû! mais, mon hôte, si l'on savait ce que j'endure, et combien surtout, quand je passe auprès de la cabane, quand je vois mon enfant, quand je songe à sa mère, quand je crois la voir triste, et si belle et si douce, me reprocher mon crime!... j'en suis cruellement puni.

« Je gage, dit Platon, que, si vous étiez sûr qu'il vous fût pardonné, et que Néosine appaisée pût vous aimer encore comme elle vous aimait.... — Ah! j'irais.... mais c'est là ce qui n'est pas possible? Pourquoi, dit Platon, je n'ai vu dans ses yeux que de la tristesse. — Ils sont beaux ses yeux! — Oui, très-beaux, et la pudeur y est encore peinte. — Ah! la pudeur! jamais elle ne l'a perdue. La pauvre enfant! son innocence à seule causé son malheur: Que crains-tu, lui disais-je, en te livrant à mes caresses? ne suis-je pas, dès-à-présent, ton mari? Ne le suis-je pas de l'aveu de tes père et mère? Et puis des larmes, des soupirs, des serments!..... Ah! parjure! non tu ne la méritais pas. En effet, dit Platon, vous avez employé des séductions bien criminelles! — Oh! oui, bien criminelles! je ne le dis qu'à vous, mon hôte, mon ami, mon unique consolateur; j'ai été un perfide, un ingrat, un infâme, un homme indigne de voir le jour, et pourtant je suis un bon homme. »

Platon, qui savait que le vin hâte la confiance et vieillit en un jour les amitiés les plus nouvelles, savait aussi qu'en grossissant les traits du caractère, il ne fait que produire au jour le naturel sans le changer. Il en prit donc plus d'espérance que jamais de faire de son hôte un bon père et un bon époux. « Laissez-moi, lui dit-il, le soin de solliciter votre grâce. Peut-être vous rendrai-je le cœur de Néosine; mais il faut me promettre que vous ne serez plus jaloux! — Jaloux! et de qui le serais-je? Depuis son malheur, on ne parle que de sa modestie et que de sa vertu. »

Platon le lendemain retourne à la prairie où l'enfant gardait son troupeau. Comme la connaissance était faite, il s'assit amicalement près de lui, à l'ombrage du hêtre; et dans l'un des silences où sa flûte se reposait : « Si dans ce moment, lui dit-il, l'homme de la montagne, votre père, venait vers vous, le fuiriez-vous encore? Oui, dit l'enfant, je le fuirais. Soyez tranquille, dit Platon; vous ne le verrez plus, il sait que son approche fait peur à son enfant. Je ne veux pas, m'a-t-il dit l'autre jour, lui causer de la peine; je ne passerai plus où sera son troupeau, j'aime mieux tourner la montagne; j'aurais été bien aise de le voir, de le caresser; on dit qu'il est sage et docile, qu'il aime bien sa mère, qu'il la rend bien heureuse; et moi, son père, moi, qui lui ai donné la vie, moi qui ne lui veux que du bien, je me serais fait une joie de l'embrasser, de lui donner quelque marque de mon amour; mais, puisque son cœur se refuse au mien, et qu'il veut n'avoir point de père, c'en est fait, il n'en aura plus. Ce n'est pas moi, dit l'enfant tout ému, ce n'est pas moi qui n'ai pas voulu avoir un père, c'est lui qui n'a pas voulu que j'en eusse. Le méchant il m'a délaissé. — Eh bien! tout méchant qu'il vous semble, je le crois bon. — Pourquoi, s'il était bon, a-t-il abandonné ma mère? — Mon petit ami, quelquefois les bons ont l'air d'être méchants, mais ils ne le sont pas; car les méchants se plaisent dans le mal qu'ils ont fait, au lieu que les bons s'en affligent, et ils sont mécontents d'eux-mêmes tant qu'ils ne l'ont point réparé. — Non, jamais un bon cœur n'aurait fait ce qu'a fait mon père; mon aïeule me l'a bien dit. — Vous a-t-elle appris, votre aïeule, à respecter les dieux, à les craindre et à les aimer? — Oui, tous les jours à mon réveil, et avant mon sommeil, nous les prions ensemble. — Et lorsque les dieux vous négligent, cessez-vous de les adorer? — Ma mère dit qu'il ne faut jamais cesser d'implorer leur bonté; aussi nos laboureurs ne manquent-ils jamais de couronner d'épis l'image de Cérès, quand même les épis sont rares. Et moi, le même jour que le loup m'avait enlevé l'une de mes brebis, je ne laissai pas de saluer en passant le dieu Faune, et d'attacher une guirlande au pied de sa statue. Et vous fîtes bien, dit le sage. Mais en savez-vous la raison? — Ma mère me l'a dite; c'est qu'il n'appartient pas aux mortels de se fâcher contre les dieux, ni de leur demander pourquoi ils ne leur sont pas favorables. — Apprenez donc qu'un père est pour vous comme un dieu; qu'il faut, même dans ses rigueurs, attendre ses bontés, les demander avec douceur, sur-tout ne jamais le haïr. »

Cet enfant, qui ne manquait pas d'intelligence, entendit ce langage. « Vous m'expliquez, dit-il, pourquoi l'aversion que j'avais pour mon père me pesait sur le cœur. M'en voilà soulagé; et s'il a la bonté de passer encore par ici, et de vouloir me faire quelque amitié, j'y répondrai; j'irai même au-devant de lui, si vous voulez bien me conduire. — Non, laissez-moi vous l'amener; mais jusque-là je vous demande le secret. — Oui, je le garderai. Et quand reviendra-t-il, mon père? — Dès demain. — Dès demain! ah! je l'attendrai avec bien de l'impatience. »

« Je vous ai ménagé, dit Platon à Néandre, un conciliateur dont vous serez content; » et ils se rendirent ensemble au bord de la prairie où paissait le troupeau.

Du plus loin que Néandre entendit le son de la flûte du petit berger, son cœur s'émut et ses larmes coulèrent. Il s'avança vers son enfant avec une sorte de honte; et celui-ci, de son côté, par l'impression de crainte qui lui restait dans l'ame, ne venait vers lui qu'en tremblant; mais, lorsvit son père lui ouvrir ses bras, il s'y précipita avec des pleurs et des sanglots de joie et de tendresse qui lui étouffaient la voix.

Platon, en les voyant l'un dans les bras de l'autre : « Vous voilà bien, dit-il. A-présent, laissez-moi vous devancer dans la cabane, et donnez-moi le temps d'y préparer à mon gré les esprits.

« Je viens, dit-il aux femmes, vous annoncer, je crois, quelque chose d'intéressant. Sage Mélite, et vous, aimable Néosine, rendez grâces aux dieux qui m'ont fait découvrir un homme riche et solitaire, que la fortune a long-temps séduit, mais qui sent qu'elle l'a trompé en lui promettant le bonheur. Les dons qu'elle lui a faits sont empoisonnés d'amertume. Il veut les épurer, il veut les adoucir, en faisant de ses biens un digne et vertueux usage. Il a vu votre enfant; il a été charmé de son bon naturel et de son innocence; il vient vous demander en grâce que ce bel enfant soit le sien. Il veut, si sa mère y consent, l'adopter, lui servir de père. Moi! me priver de mon enfant! s'écria Néosine; et qui serait assez cruel pour me le proposer! Ce n'est pas son dessein, reprit Platon; en adoptant le fils, il sollicite encore la faveur d'épouser la mère. — Il ne sait donc pas mon malheur? — Il le sait, mais il sait aussi que ce ne fut que le malheur de l'innocence, et que ce n'est plus aujourd'hui que le malheur de la vertu. Non, répliqua-t-elle, il se peut qu'un homme honnête me le pardonne; mais il ne l'oublierait jamais. Je ne veux pas avoir à rougir devant mon époux. Que l'homme bienfaisant verse ailleurs ses richesses, notre pauvreté nous suffit. »

« J'aime cette fierté, ma fille, lui dit sa mère,

et comme toi je l'ai dans l'ame; mais pense qu'il y va du bonheur de ton fils. Pense que ce digne étranger ne protégerait pas un homme assez vil ou assez injuste pour épouser la femme qu'il n'estimerait pas, ou pour humilier la femme qu'il estime. » A ces raisons elle ajouta tous les motifs de tendresse et d'amour qui pouvaient engager, décider une mère à se donner pour récompense à celui qui venait adopter son enfant. « De tels événements, dit-elle, enfin, n'arrivent pas sans quelque soin de la bonté des dieux; et c'est la méconnaître que de s'y refuser. » Ce fut de cette ingratitude envers les dieux, qu'avec toute son éloquence Platon voulut lui faire sentir l'impiété; mais elle, après un long silence : « Me voilà, dit-elle, réduite à prouver à ma mère que je ne suis point dénaturée, et à cet étranger qu'il ne doit pas m'accuser d'être impie. Eh bien! apprenez l'un et l'autre un secret qui devait me suivre au tombeau. C'est en moi l'excès du malheur comme l'excès de la faiblesse; mais vous m'en arrachez l'aveu. L'homme injuste, inhumain, parjure, qui m'a trompée, abandonnée..... O ma mère! le croirez-vous?... je l'aime encore, et je ne puis aimer que lui. »

A peine elle achevait ces mots, son fils entre dans la cabane, et court se jeter dans ses bras, en s'écriant : « Grâce! pardon! pardon! ma mère, au nom du sang qui coule dans mes veines, au nom de votre amour pour moi! le Ciel me rend un père, ne le rebutez pas. » Au même instant Néandre fut aux genoux de Néosine. Mélite elle-même, immobile et muette d'étonnement, n'eut pas la force de se plaindre; l'enfant par ses caresses eût adouci des tigres; aussi dans un moment, avec un tel médiateur, la réunion fut-elle consommée; et ses bras furent les liens dont l'hymen, l'amour, et la foi, enchaînèrent les deux époux.

Platon racontant à Denys le succès de ses promenades : « Dix ans de règne, lui dit-il, auront bien de la peine à vous donner trois jours aussi délicieux que ceux-ci l'ont été pour moi. »

TROISIÈME PARTIE.

La réputation de bonté, de sagesse dont Platon commençait à jouir en Sicile croissait de jour en jour et s'étendait dans les campagnes. Ses promenades se passaient à inspirer aux villageois l'amour de leur état et les vertus de la nature, à leur donner le goût de la frugalité, du travail, de la tempérance, et à leur faire sentir le prix de leur paisible obscurité. Il avait composé pour eux un traité des vrais biens, au nombre desquels n'était compris aucun des objets de l'ambition ni de la vanité des villes. Il leur montrait comment l'avarice, l'oisiveté, le luxe, la mollesse, châtiaient leurs esclaves, et les traits dont il leur peignait la maligne fortune se jouant de ses favoris les leur faisait prendre en pitié. Dès qu'il voyait à ses villageois quelque peine d'esprit, quelque mal d'imagination, il allait à la source, et, que ce fût erreur ou vice, il s'appliquait à les en guérir : on l'appelait *le médecin des ames*. C'était le plus souvent à la jeunesse qu'il donnait des leçons de mœurs; mais ces leçons étaient si douces, qu'on les prenait pour les conseils de l'indulgente et sensible amitié. Il leur recommandait la piété filiale presqu'à l'égal de la piété envers les dieux, un saint respect pour la vieillesse, les plus tendres soins de l'enfance, et entre eux la concorde, la bonne foi, la paix; il s'aidait quelquefois de l'innocente ruse de Socrate son maître, pour leur faire penser eux-mêmes ce qu'il voulait leur enseigner; souvent il était consulté sur les affaires domestiques, et voici un exemple des conseils qu'il donnait.

Un riche cultivateur, Euthyme, avait un fils et une fille à marier; tous deux d'une figure aimable, ils étaient connus de Platon pour avoir l'un et l'autre l'amour du vrai, le goût du bien, l'esprit docile, et sur-tout le cœur excellent. « Sage Platon, lui dit leur père; vous voyez dans vos promenades la jeunesse du voisinage, et à vos yeux le naturel se montre librement; vous avez je ne sais quel charme qui l'attire, et mes enfants me disent qu'avec vous on n'a rien à dissimuler. Choisissez-moi de votre main un mari pour ma fille et une femme pour mon fils : l'un et l'autre ils ne veulent se décider que par mon choix, et moi, je ne saurais mieux faire que de m'en rapporter au vôtre. » Platon lui demanda du temps.

A quelques jours de là, dans le même village, le sage Athénien fut invité à une fête de famille. Euthyme et avec lui son fils Ladon et Célène sa fille y furent aussi conviés.

A cette fête on célébrait l'anniversaire de la naissance du vieillard Tlésimène, chef d'une famille nombreuse, qui ce jour-là se rassemblait chez lui pour dîner à la même table sous un berceau de vieux platanes que lui-même il avait plantés. A ses enfants, à ses neveux, Tlésimène avait bien voulu associer quelques voisins, et, par estime pour le disciple de Socrate, il l'avait prié de venir honorer sa fête.

« Ah! s'écria Platon, en voyant ce vieillard environné, chéri, presque adoré de sa famille, et courbé sous le poids des couronnes de fleurs qui s'accumulaient sur sa tête, ceci me retrace les mœurs de la bienheureuse Atlantide. La bonté de ses mœurs tenait de même au sentiment de la piété filiale, à l'éducation domestique et à la longue autorité des pères et des mères sur les enfants. Cette autorité prolongée, et long-temps chérie et révérée, donnait aux bons exemples le temps de se régénérer. Les enfants entendaient les leçons que l'aïeul donnait encore au père, et, dans cette tradition de sagesse et d'honnêteté, il n'y avait point d'intervalle : c'était un héritage qui, sans altération, était comme substitué, perpétué dans les familles. Ah! combien je vous félicite de conserver ces vieux usages qui sont perdus dans ma patrie, et que j'y rappelais en vain! Dans nos villes, dit Tlésimène, les mœurs sont aussi bien changées; mais, dans nos campagnes, elles ont moins perdu de leur antique simplicité. »

Ces propos sérieux firent place aux saillies d'une gaieté vive et décente. Les esprits s'animaient, les cœurs se dilataient; les chants d'allégresse exprimaient l'espèce de ravissement où l'on était de se trouver ensemble autour d'un si bon père; et le vieillard semblait aussi plongé dans une sorte de délire, en jouissant de la tendresse et du bonheur de ses enfants. Mais, comme il est bien difficile à la joie de régler son essor, celle de Théagène, fils aîné du vieillard, passa un moment les limites. Il invitait fréquemment les convives à chanter, la coupe à la main, des hymnes en l'honneur des dieux tutélaires de la maison; tantôt à l'Hyménée, qui avait fait prospérer le lit nuptial dans la famille; tantôt à la Concorde, qui la tenait unie dans ses plus doux liens; puis à Cérès et aux dieux des campagnes, qui l'enrichissaient de leurs dons, et l'instant d'après aux trois Parques, à qui sur-tout l'on devait rendre grâces d'avoir si long-temps épargné des jours qui leur étaient si précieux à tous.

« Mon fils, lui dit enfin le vieillard d'un air imposant, votre piété va trop loin : si vous n'y prenez garde, elle touche à l'ivresse. Vous avez encore bien des dieux à saluer, je vous en avertis; et, si la coupe se remplit et se vide si rapidement dans vos mains, vous donnerez à vos enfants et aux miens un spectacle qui me fera mourir de honte et de douleur. Modérez-vous, et pensez que la joie est la plus étourdie, la plus folle des passions. » Platon, frappé d'étonnement de la sagesse du vieillard, regarda Théagène : il le vit humblement baisser les yeux, rougir et garder le silence. Théagène avait soixante ans, et, réprimandé par son père avec tant de sévérité, il eut, dans son respect pour lui, la timidité d'un enfant. Le reste du festin se passa doucement avec une liberté sage.

Mais, au sortir de table, Tlésimène prenant son fils amicalement par la main, et assemblant autour de lui un cercle de convives, parmi lesquels il affecta d'appeler Euthyme et Platon : « Théagène, dit-il, mon fils, je vous ai trop sévèrement repris; je le sens, et je m'en accuse. Vous m'en voyez affligé jusqu'aux larmes. Mais vous, dans ce moment, vous avez donné à la famille une leçon dont je vous saurai gré le reste de mes jours. Ces jeunes gens ont appris de vous avec quel sentiment religieux un fils doit recevoir à tout âge les réprimandes et les corrections d'un père, quand même il y a trop de rigueur. Ne vous affligez point d'avoir été mis à cette douloureuse épreuve; elle aura fait sur vos enfants une impression durable, et ils auront pour vous tout le respect que vous avez gardé pour moi. » La seule réponse de Théagène fut de tomber aux genoux de son père, et de les embrasser avec un sentiment profond de vénération et d'amour.

Lorsque Platon se trouva seul avec Euthyme : « Avez-vous remarqué, lui dit-il, que, tandis que ce bon vieillard réprimandait son fils devant nous, devant sa famille, ce fils avait à ses côtés un jeune homme et une jeune fille qui, sans doute, sont ses enfants, et qui, les yeux mouillés de larmes, lui serraient tendrement la main, comme pour consoler leur père de la sévérité du sien? C'est là, si j'avais une bru et un gendre à choisir, c'est là que je voudrais les prendre. » Euthyme ne balança point à suivre ce conseil : à quelques jours de là, les deux noces n'en firent qu'une; et la plus riche dot fut celle des mœurs héréditaires que, dans l'un et l'autre ménage, apportèrent les deux époux.

En réfléchissant au bonheur dont il venait d'être témoin : « Je conçois bien, disait Platon, qu'un ruisseau qui serpente dans un vallon solitaire et paisible, conserve dans son cours la limpidité de sa source, tandis que celui qui traverse ou quelque route fréquentée, ou quelque ville populeuse, est continuellement souillé; mais le ruisseau même le plus pur est troublé quelquefois dans des moments d'orage : ici, l'égalité de mœurs que l'on dit être inaltérable, doit donc apparemment tenir à quelque singularité que je ne connais point. » Et, pour s'en éclaircir, il eut un entretien avec le vieillard Tlésimène, qu'il venait revoir quelquefois.

« Je crois avoir assez étudié le cœur de l'homme pour savoir, lui dit-il, combien d'intérêts et de jalousies se glissent au sein des familles et y sèment la division. Dites-moi, vertueux mortel, comment vous avez su en préserver la vôtre? Par un moyen bien simple, répondit Tlésimène : c'est de vouloir que, dans ma famille, tout le monde soit occupé, chacun diversement autant qu'il est possible, avec émulation et sans rivalité. J'ai donné, par exemple, à l'un de mes enfants, une prairie et des troupeaux; à l'autre, une vigne, un verger riche en fruits, plus riche en abeilles; à l'aîné, des champs, une ferme, des taureaux, tout ce qui concerne les travaux de l'agriculture. J'ai recherché de même, dans mes gendres, la diversité de fortune et d'occupation. L'un cultive du lin, et possède sur la montagne des pâturages d'où ses troupeaux lui apportent de riches toisons; l'autre, avec cette laine et ce lin que filent nos femmes, forme de précieux tissus. Celui que vous m'avez choisi, Ladon, le fils d'Euthyme, fait ses délices des jardins; personne mieux que lui ne greffe et ne taille les arbres; personne ne sait mieux donner à chaque plante le sol et l'aliment qu'elle aime. J'ai en vue à-présent, pour l'une de nos filles, un jeune marinier que vous seriez tenté de prendre, à sa taille et à sa figure, pour l'un des enfants de Neptune, et qui, sur une barque dont le dote son père, trafiquera pour la famille du surabondant de nos biens. Si cependant, malgré cette variété d'industrie et cet accord d'utilité commune dans les offices mutuels, il s'élevait dans la famille quelque dissension, mes enfants ont promis de n'avoir que moi pour arbitre, et qu'on serait d'accord quand j'aurais prononcé. Après moi, ce sera le plus âgé d'entre eux qui exercera cette sainte magistrature, et j'espère qu'il y sera aussi équitable que moi. »

« Vraiment ce fut là, dit Platon, la société primitive; mais elle ne peut subsister que dans les mœurs de votre état. Aussi, dit le vieillard, avons-nous vu chez mon voisin Myrène, ses frères qui s'étaient dispersés dans le monde, venir bientôt se rallier au foyer paternel, et ne trouver que là l'égalité, l'indépendance et le repos de l'âme dans les travaux du corps.

« Ægon leur père avait laissé quatre enfants tous jeunes encore : l'aîné, Myrène, fut le seul qui s'en tint à la condition de laboureur; les autres, pour ne pas se faire ombrage et se porter envie, prirent, ainsi que mes enfants, des professions différentes; mais au lieu que, dans des travaux mutuellement secourables, mes enfants sont restés unis, ceux-là se divisèrent : l'un mit son patrimoine dans le commerce maritime; l'autre, voyant Syracuse et Messine se livrer à tous les caprices du luxe et de la vanité, fonda sur des frivolités les spéculations d'un négoce qu'il croyait devoir l'enrichir; le troisième, habile économe et grand calculateur, sut se concilier la bienveillance et puis l'estime d'un jeune homme qu'un père avare laissait dans l'opulence, et qui fit de lui l'intendant et le régisseur de ses biens. Les voilà tous les trois sur le chemin de la fortune : le précipice était au bout. Le commerçant sur mer essuya des naufrages, et les pirates achevèrent de lui ravir le peu que lui laissait la mer. Le marchand de frivolités en eut quelque temps le débit, et il s'en était fait un magasin considérable; mais la mode changea, et il fut ruiné. L'économe eut beau mettre tous ses soins à régler les affaires et la dépense de son jeune dissipateur; celui-ci, ne concevant pas qu'avec des courtisanes, des flatteurs, des esclaves, des chars et des chevaux de prix, une table somptueuse et tout le train du luxe, il eût, en aussi peu de temps, épuisé le riche héritage que son père, avec tant de peine, avait lentement amassé, s'en prit, selon l'usage, à son malheureux intendant : il crut

lui faire grâce en ne l'accusant que de négligence ;
et, sans daigner vouloir examiner ses comptes,
il le renvoya brusquement. Ces infortunés, que
le sort semblait avoir voulu désabuser en même
temps, se refugiant l'un vers l'autre, croyaient
trouver au moins quelqu'un de leurs frères plus
à son aise ; mais, au lieu d'un consolateur, c'é-
tait encore un affligé qui leur tendait les bras et
leur racontait sa disgrâce. Après s'être inutilement plaints des hommes et de la fortune : Allons voir, dirent-ils, sous le toit de nos pères,
ce bon Myrène, qui, plus sage que nous, a mis
ses espérances et son ambition à faire prospérer
ses champs et ses troupeaux. S'il y a pour nous
encore quelque refuge, c'est là que nous le trou-
verons.

« Venez, leur dit Myrène après les avoir en-
tendus, venez, mes coureurs d'aventures : vous
avez méconnu votre mère nourrice ; mais elle est
assez indulgente pour vous le pardonner. Non,
mes amis, on a beau dire que la terre est ingrate, que la terre est avare ; aucun maître n'est
plus fidèle à récompenser nos travaux. Ici, vous
dépendrez de l'inconstance des saisons ; mais, par
cette inconstance même, le bien succède au mal
et nous en dédommage. Que l'espérance du laboureur soit courageuse et patiente ; elle n'est
pas long-temps abusée et trahie ; et Cérès, *la
bonne déesse*, ne trompera jamais l'homme laborieux qui aura mérité ses bienfaits. Je me suis

fait, en votre absence, un domaine qui nous suffit et qui va nous occuper tous. Le plus faible aura l'intendance et le soin des troupeaux ; il façonnera de sa main les vans, les paniers, les corbeilles. Les plus robustes auront bientôt appris à tailler aussi-bien que moi le frêne et l'orme, en instruments nécessaires au labourage ; ou, sur l'enclume, ils forgeront le soc, la faulx, la bêche, la hache, et les dents de la herse, et celles du rateau, et le croissant de la faucille. J'aurais dix frères comme vous, aucun d'eux ne serait oisif, aucun ne serait inutile ; vous rendez grâce au Ciel de ne pas être mariés ; vous le serez ; je veux que vous le soyez tous, et vos nombreux enfants, mêlés avec les miens, ne feront que nous enrichir.

« Ce fut ainsi que ce bon laboureur rendit le courage à ses frères ; et, devenus à son école d'utiles compagnons de ses travaux, ils forment aujourd'hui une famille comparable à la mienne pour la richesse et pour les mœurs. Myrène en est le chef, et, quoique jeune encore, il n'en est ni moins obéi, ni moins tendrement révéré. »

QUATRIÈME PARTIE.

Platon, après cet entretien, ayant repris sa promenade vers un village voisin de l'Aréthuse, où une nombreuse jeunesse avait coutume de s'assembler pour l'entendre et pour recueillir ses leçons, fut surpris de ne pas y voir ses trois disciples favoris, deux garçons et une jeune fille du même lieu, tous les trois distingués par les charmes de la figure, tous les trois presque du même âge, tous les trois élevés ensemble. Mais bientôt il apprit ce qui leur était arrivé.

Lygdus et Cléomède, amis dès leur enfance, sans être absolument deux ames de la même trempe, avaient pourtant assez de ces rapports de caractère d'où naît la sympathie ; vaillants, pleins d'audace et d'ardeur à courir dans les bois les dangers de la chasse, en attendant ceux de la guerre, mais bons, sensibles, généreux, on les citait parmi la fleur de la jeunesse du pays comme l'exemple et le modèle d'une vertueuse amitié. Dans l'âge où ils étaient encore, leur force n'avait pas acquis tout son accroissement : la Sicile pouvait avoir des lutteurs plus robustes ; mais, dans les exercices où l'adresse domine, rien ne leur était comparé : la pierre qui partait de leur fronde atteignait au but aussi juste que le regard ; l'oiseau, même au plus haut des airs, ne pouvait éviter la flèche qu'ils avaient lancée.

Liriope (c'était le nom de leur jeune compagne) était si belle, que Diane et Cérès se seraient disputé la gloire de lui voir servir leurs autels. Entre ses deux jeunes voisins, elle croissait, sous les yeux de sa mère, comme le peuplier croît et s'élève entre deux ormeaux; et jamais liaison n'avait été plus innocente ni plus paisible que la leur jusqu'à l'âge où le cœur est averti par la nature qu'il est susceptible d'un sentiment plus vif que la simple amitié. Mais à cet âge où le désir confus, la vague inquiétude, le trouble involontaire des sens et des esprits, annoncent les orages de la jeunesse, ils avaient tous les trois, et presque en même temps, senti dans le fond de leur ame cette heureuse paix s'altérer.

Cléomède et Lygdus avaient les premiers reconnu au feu qui jaillissait des yeux de Liriope et qui se glissait dans leurs veines, les signes d'un amour naissant. Mais ces signes, chacun des deux les ayant presque aussitôt aperçus dans l'autre qu'en lui-même, un sentiment confus, soit la crainte de s'affliger mutuellement, soit dès-lors de cette jalousie qui naît avec l'amour pour être inséparable de la rivalité, leur faisait taire l'un à l'autre ce qu'ils croyaient dissimuler.

Liriope, plus innocente, avait senti l'amour avant de le connaître : ce furent ses amants qui lui apprirent à le nommer. Chacun, à l'insu l'un de l'autre, lui confia, sous le sceau du silence, l'ardeur dont il brûlait pour elle; et, en lui disant leur secret, ils lui révélèrent le sien. La pudeur naturelle à son sexe, à son âge, la rendit réservée et muette envers tous les deux, mais plus timide encore avec celui des deux qu'elle aimait, qu'avec son rival. Ainsi chacun, sans se flatter d'avoir la préférence, semblait content de voir au moins que l'autre ne l'obtenait pas. Mais enfin l'un des deux (et ce fut Cléomède), impatient de cette égalité et de la gêne où le tenait un long et pénible silence, le rompit en ouvrant son cœur à son ami.

« Écoute, Lygdus, lui dit-il, nous nous sommes aimés tendrement dès l'enfance; et, dans ce premier âge, nous avions l'un pour l'autre la sincérité, la franchise qui convient à des hommes, bien mieux encore qu'à des enfants : pourquoi donc ne l'avons-nous plus? Tu as un secret que tu me caches, j'en ai un que je t'ai caché. Cette dissimulation me fatigue; il faut qu'elle cesse. Tu me confieras, si tu veux, ton secret, mais voici le mien. Dès que les premiers feux de l'amour ont pu s'allumer dans mon cœur, je me suis senti enflammé pour les charmes de Liriope; je lui en ai fait l'aveu; elle ne l'a reçu ni avec plaisir, ni avec peine; mais, lorsque je n'avais pour elle que de l'amitié, elle en avait pour moi; j'espère qu'elle répondra de même à mon amour; et, dès demain, si elle y consent, ou si elle ne me le défend pas, je la demande en mariage. Je t'en préviens, afin que tu n'y penses plus. »

Lygdus, après l'avoir écouté en silence, lui répondit avec une douce fierté : « Cléomède, crois-tu qu'en te dissimulant ce qui se passait dans mon ame, je ne me sois pas fait aussi une pénible violence? Ah! sans doute, il m'en a coûté;

mais c'était par respect pour la sainte amitié que je faisais taire l'amour; tu craignais comme moi de l'offenser cette amitié sensible; pourquoi t'es-tu lassé plutôt que moi d'épargner un chagrin mortel à ton ami? Tu savais le secret de son cœur; il croyait bien savoir aussi celui que tu t'efforçais de lui taire : que ne l'avons-nous tous les deux également gardé, puisqu'il était le même, et qu'en le déclarant, nous allions l'un à l'autre nous faire tant de mal? Tu as de l'amour pour Liriope; et moi qui, dès l'enfance, respire, comme toi, l'air que Liriope respire, comme toi, n'ai-je pas des yeux? n'ai-je pas un cœur comme toi? et ne sais-tu pas que ce cœur est aussi fier, aussi sensible, aussi facile à blesser que le tien? De quel droit as-tu prétendu que je te céderais dès que tu aurais parlé? Me suis-je aussi flatté que tu me céderais toi-même? Certes! répondit Cléomède, tu te serais flatté en vain. C'est donc aussi en vain que tu te flattes, répliqua Lygdus vivement. » Ainsi s'engagea la querelle; Cléomède y mêla le défi et jusqu'aux menaces; et, dès ce moment-là, l'orgueil et la colère s'étant saisis de ces deux jeunes ames parurent pour jamais en avoir banni l'amitié.

Ce fut très-peu de temps après cette rupture qu'au sortir du village, Platon, en s'avançant vers la source de l'Aréthuse, rencontra Liriope, tristement appuyée sur le bord du rocher d'où tombaient en cascade les eaux de la fontaine avec un murmure plaintif. Belle comme l'aurait été Aréthuse elle-même, comme elle pâle, échevelée et les yeux pleins de larmes, elle lui ressemblait si bien, que l'imagination poétique de Platon la lui eût fait prendre pour elle, s'il ne l'avait pas reconnue.

« Que faites-vous là seule, aimable Liriope ? lui demanda-t-il : vous pleurez ; la douleur est peinte dans vos yeux et dans tous vos traits. Qui peut vous la causer cette vive douleur ? O sage mortel ! lui dit-elle, connaissez-vous cette fontaine ? c'est celle d'une nymphe que son destin condamne à fuir sans cesse un amant aimé. Malheureuse comme elle, et par la même cause, je mêle mes pleurs à ses eaux. Hélas ! j'avais prévu le malheur qui m'arrive ; et, en voyant Lygdus et Cléomède, ces deux amis si tendres, si chéris l'un de l'autre, s'enflammer tous les deux pour moi, j'avais dit : Ce violent amour va bientôt les rendre ennemis. Je connaissais leurs fières ames ; je leur cachais avec le plus grand soin cette funeste rivalité ; et, sous l'air d'une amitié simple, que je tenais égale entre eux, je leur dissimulais le choix involontaire qu'avait fait mon cœur à l'insu de celui que je préférais ; mais enfin leur amour vient d'éclater, et tous les deux, avec la même ardeur, ils me demandent à mon père. Ce bon père, incertain et vivement pressé, veut que ce soit moi qui prononce. M'en préservent les dieux ! je sais quelles menaces ont échappé à l'un d'eux (et ce n'est pas le plus aimé); je sais de quel ton celui-ci a répondu à ces menaces; et, si le désespoir venait à se mêler aux fureurs de la jalousie, ce ne serait que dans leur sang que s'en éteindraient les transports. Pensez, sage Platon, que de l'une et de l'autre main leurs flèches sont inévitables; s'ils combattent, s'ils tendent l'arc en même temps, je les vois tous les deux percés du coup mortel, et c'est ce qui m'est annoncé. »

« Qu'avez-vous résolu ? lui demanda le sage. — De les refuser tous les deux. Je leur ai déjà dit que je ne voulais pas qu'ils fussent jaloux l'un de l'autre; je leur ai défendu de me voir, de penser à moi. — Et vous supplierez votre père de vous donner un autre époux ? — Oh ! non, jamais ! C'est bien assez de n'être pas à ce que j'aime, sans y ajouter le tourment d'être à ce que je n'aime pas. »

« Tant que votre main, votre foi ne sera pas donnée, reprit Platon, n'espérez pas que l'amour, que la jalousie, que la rivalité de ces jeunes gens cesse. L'espérance nourrit toutes les passions; elle en est comme la racine, et c'est cette racine qu'il s'agit de couper. Quelqu'un a dit que la colère, en s'exhalant du cœur de l'homme, s'enfle et s'élève comme la fumée qui sort de la fournaise ardente : il a dit vrai. Vos deux amants une fois irrités, s'irriteront encore, et, en vous voyant libre, s'accuseront l'un l'autre d'être le seul obstaclé au succès de leurs vœux. Comment voulez-vous qu'ils renoncent à un bonheur possible qu'ils verront de si près? Entre deux ames aussi vives et dans un âge aussi bouillant, un tel ressentiment ne peut long-temps se modérer: vous l'allez voir bientôt s'enflammer s'il n'est pas éteint; et ce qui seul pourra l'éteindre, c'est que vous les désespériez tous deux en acceptant un autre époux. »

« C'est, répondit-elle, un courage qu'il m'est impossible d'avoir, ou Lygdus, ou personne au monde; voilà le secret de mon cœur; mais, s'il ne faut que me dévouer pour l'amour de lui, j'y consens, j'y suis résolue. Ni l'un ni l'autre n'osera me poursuivre au pied des autels de Cérès, ni prétendre m'en arracher. Eh bien! je me consacre à la déesse; et le jour de sa fête, qui n'est pas éloigné, je m'attache à son culte par des vœux solennels. »

Platon, charmé d'une résolution si généreuse, y reconnut l'amour s'immolant lui-même à lui-même. « Ce serait pourtant bien dommage, disait-il en considérant Liriope, que tant de beauté, de jeunesse, de sensibilité sur-tout, s'ensevelît au fond d'un temple. »

Cependant le dessein de Liriope fut connu; on en parlait dans le village; Lygdus et Cléomède en furent avertis, et Platon se fit une étude d'observer l'impression que cette nouvelle aurait faite sur les ames des deux rivaux. Un soir, près du village, il vit au coin d'un bois un homme debout, immobile, appuyé sur son arc et la tête penchée, comme absorbé dans quelque triste et profonde réflexion, et de plus près reconnaissant Cléomède : « Ah! dit-il, les dieux semblent me l'envoyer. »

« Jeune homme, lui demanda-t-il en l'abordant, votre chasse a-t-elle été bonne? quelque daim, quelque sanglier a-t-il été percé de vos traits? Je ne chasse plus, répondit Cléomède; je venais dans ce bois chercher la solitude; on dit qu'elle convient aux malheureux; mais je soupçonne, moi, qu'on ne la leur conseille que pour se délivrer de l'ennui de les voir. Peu de gens, dit Platon, se plaisent à être seuls avec eux-mêmes, et, dans la solitude, on trouve quelquefois en son ame un fâcheux témoin; mais vous me parlez de malheur! en est-il pour vous à votre âge? La jeunesse, la force, la santé, sont de si grands biens! Oui, de grands biens! dit Cléomède; et qu'il se mêle parmi ces biens de l'amour, de la jalousie, du dépit d'aimer sans espoir, tout le reste est empoisonné. »

« Oh! de l'amour, reprit le sage en souriant; je connais cette maladie : c'est une fièvre de printemps. — Eh! non, par tous les dieux! l'amour ne passe pas de même, et celui dont je suis atteint ne me quittera qu'au tombeau. — Vous comptez donc mourir bien jeune? — J'ai du moins long-temps à souffrir.—J'ai entendu vingt fois tenir ce langage par des amants dont le mal était incurable, et qui, trois mois après, en ont été guéris. Ce n'était pas de Liriope que ceux-là étaient amoureux, s'écria Cléomède; » et, en disant ces mots, il vit la lune se lever. « Tenez, dit-il, voyez-vous ce croissant? Avant qu'il soit rempli, Liriope sera prêtresse de Cérès, et tout sera perdu pour moi. » Ici, le jeune homme laissant tomber sa tête sur la main dont il tenait l'arc, parut accablé de tristesse. « Dans la situation où vous êtes, continua le sage, on a besoin d'un ami consolant, et je m'étonne que Lygdus, que je croyais inséparable de Cléomède, le laisse seul rêver au coin d'un bois. Où est-il donc cet ami fidèle, ce Lygdus qui vous aimait tant? — Il est.... que sais-je? il est peut-être aussi souffrant que moi..... Il y a cinq jours que je ne l'ai vu. Comme moi il est triste, il est accablé comme moi. — Raison de plus pour être ensemble, et pour vous consoler l'un l'autre en bons amis. — En bons amis! ah! nous le fûmes; nous ne le sommes plus. — Et la cause? — La cause? cet amour, dont il brûle comme moi pour le même objet. — Et lequel des deux est aimé? — Tous les deux de bonne amitié; mais d'amour, aucun, je l'espère. Elle nous refuse tous deux, et va renoncer à l'hymen. Je conçois, dit Platon, que l'on soit affligé de perdre la femme qu'on aime et dont on est aimé : un tel accord est rare ; mais de celles qu'on aimerait soi-même en vain, tous les jours on en trouve mille; et, lorsque ce n'est pas un cœur qu'on a perdu, le reste est, ce me semble, assez facile à remplacer. — Ah! le cœur, j'osais me flatter de l'obtenir, si mon rival ne me l'avait pas disputé. Il se flattait aussi sans doute, dit Platon, et il fait de vous même plainte. Mais, puisqu'on vous a mis d'accord en vous refusant tous deux, que ne pardonnez-vous l'un à l'autre cette disgrâce? Quand le tort est égal des deux côtés, il n'y en a plus. Est-ce, dit Cléomède, qu'un violent amour entend ces raisons-là? Le mien est tel, que cet arc que je tiens aurait percé le cœur de mon ami, s'il eût irrité ma colère. Lorsqu'on reconnaît le délire où l'on a été, dit Platon, c'est bon signe; il y a du relâche; et, dès qu'une fois Liriope sera engagée à Cérès, tous deux également à plaindre et rapprochés par le malheur, je veux vous réconcilier. Non, non, dit Cléomède: lorsque deux amis tels que nous deviennent ennemis, ils sont irréconciliables. C'est bien dommage, dit Platon: Cléomède et Lygdus étaient déja cités, dans la Sicile, en parallèle avec Damon et Pythias, et l'on prétendait qu'à la place de Damon, vous, Cléomède, vous auriez répondu de votre ami sur votre tête. — Certainement, je l'aurais fait, je le ferais encore, et sans aucune inquiétude. — On assurait aussi qu'à la place de Pythias, Lygdus aurait été fidèle à sa parole. — N'en doutez pas: Lygdus, plutôt que d'y manquer, aurait affronté mille morts. — Je suis bien aise de vous voir juste encore envers lui. — Je le serai toujours : en se haïssant, l'on s'estime. Avouez, poursuivit Platon, que, pour Damon et Pythias, ce fut une heureuse aventure que cette occasion de signaler leur caractère? Et si Lygdus et vous, avant de vous brouiller, vous aviez été mis comme eux à quelque grande épreuve de force et de courage, vous vous seriez rendus comme eux célèbres dans tout l'avenir. — Cela n'était pas impossible. — Il se fût présenté peut-être quelque action noble et pénible dont vous auriez été capables. — Oui, nous l'étions. — Vous avez mal fait de vous brouiller pour une bagatelle; j'en suis fâché pour tous les deux : j'aurais voulu vous voir dans la carrière de la gloire, attelés comme deux coursiers brillants de jeunesse et d'ardeur. »

Cette image releva l'ame de Cléomède; mais le plus difficile était de l'amollir; et le sage vit bien qu'il fallait pour cela toucher un endroit plus sensible.

En repassant par le village, il apprit que l'autre jeune homme, Lygdus, était tombé malade : il l'alla voir. « Eh bien! lui dit-il, mon disciple, vous ne venez donc plus assister à nos entretiens? Quelle est cette langueur où vous êtes tombé? Ne m'en direz-vous point la cause? La cause en est mortelle, répondit le malade : c'est le chagrin le plus cruel qu'un homme ait jamais ressenti. Je perds en même temps un ami plus cher que le jour et une maîtresse adorée. Mon mauvais destin a voulu que Cléomède et moi nous ayons été pris du plus violent amour pour cette jeune Liriope, dont vous avez vous-même tant de fois admiré la beauté. Nous avons redouté longtemps le moment de nous déclarer l'un à l'autre une passion si funeste à notre amitié; mais enfin il n'a pu s'en taire, et, en me l'annonçant le premier, il a voulu se faire un titre de cette primauté pour exiger que mon amour se tînt dans le silence et respectât le sien. Grâce au Ciel, je n'ai pas un cœur que l'arrogance étonne, ni que la menace intimide. Cependant s'il n'avait fallu, pour ne pas le voir malheureux, que me résoudre à l'être, je lui aurais sacrifié cet amour, ennemi du sien. Mais, Platon, en faisant violence à mon cœur, pouvais-je disposer du cœur de Liriope? elle m'aime, et j'en suis bien sûr. Ce n'est pas aux yeux de l'amour que l'amour peut se déguiser. Vingt fois ses soupirs l'ont trahie; vingt fois ses yeux m'ont dit ce secret qui venait expirer sur ses lèvres. Enfin, voici les mots qui lui sont échappés, lorsqu'elle a reçu mes adieux : Lygdus, je ne puis être à vous; mais soyez sûr que jamais, non, jamais je ne serai à Cléomède. Je n'avais donc rien à céder à mon ami; je n'ai rien voulu lui ravir, et je n'ai demandé moi-même que ce que je savais qu'il n'obtiendrait jamais. »

À peine il achevait ces mots, il sentit courir dans ses veines le frisson qui, vers la même heure, venait tous les soir le glacer. « Pardon, dit-il, sage Platon; voilà mon accès qui commence : je sens tous mes nerfs qui frémissent : allez, épargnez-vous la douleur de me voir souffrir. » Dans ce moment, la mère et les sœurs du malade se rassemblèrent autour de lui; et Platon, qui n'était pas sans quelque espérance de le guérir, promit, en s'en allant, de le revoir le lendemain.

Comme il passait devant un verger à l'extrémité du village, il en vit sortir Liriope. « Je vous attendais, lui dit-elle ; vous venez de le voir : eh bien! comment est-il? bien mal, n'est-ce pas? Ah! de grâce, ne l'abandonnez point; tâchez de le rendre à la vie. Je ferai, moi, pour le sauver, tout ce qu'il lui plaira. Demain matin, lui dit Platon, soyez ici : j'irai le voir; je vous en dirai des nouvelles. »

Mais ce fut elle qui, à son retour, le prévint, et lui apprit ce qui venait de se passer. « L'accès, de cette nuit, lui dit-elle, a été terrible : je l'ai vu ce matin avec ma mère; il est accablé; moi-même je succombe; j'ai le cœur déchiré. » Et, en parlant ainsi, Liriope fondait en larmes; les sanglots lui étouffaient la voix. « Le bon jeune homme, reprit-elle! et savez-vous pourquoi il m'a fait appeler? Liriope, vous me voyez bien faible, m'a-t-il dit : encore quelques accès comme celui de cette nuit, c'est fait de moi. Si je succombe, je vous recommande un ami qui m'est toujours cher. Vous m'auriez préféré, je le crois; et c'est là peut-être ce qui le rend si malheureux : mais, lorsque je ne serai plus, qu'aimeriez-vous plus que lui au monde? Promettez-moi donc, si je meurs, que vous vivrez pour Cléomède. Eh bien! lui demanda Platon, que ferez-vous? Ce que j'ai résolu, dit elle; j'ai pleuré, je n'ai rien promis; et que Lygdus vive ou qu'il meure, je ne serai jamais qu'à lui. »

Platon alla voir le malade; et, le trouvant assez tranquille : « Seriez-vous bien aise, lui demanda-t-il, de voir un moment Cléomède? Oui, répondit Lygdus, et ce serait pour moi un doux soulagement de ne laisser à l'ami de mon cœur aucun ressentiment, aucune inimitié dans l'ame : il n'entendra de ma bouche expirante que des paroles de douceur et de paix, et vous pouvez l'en assurer. »

Platon alla retrouver Cléomède. « Savez-vous, lui dit-il, que votre ami est au plus mal? Oui, je le sais, dit le jeune homme d'un air sombre et farouche; il se meurt, et j'en suis la cause. Il a déclaré ce matin ses volontés dernières, reprit Platon, et c'est à vous qu'il lègue ce qu'il a de plus précieux. Je ne veux rien de lui, s'écria Cléomède; je ne veux qu'un poignard pour me percer le cœur. — Modérez-vous. — Ah? malheureux! vous voulez que je me modère, et j'assassine mon ami! C'est lui qui était aimé, je le sens, cela devait être; il est doux, indulgent, aimable, et moi, violent, inflexible : je n'ai de sensibilité que pour être injuste et cruel. Vous êtes bien meilleur que vous ne dites, reprit le sage : si vous n'aviez pas eu avec lui plus de ressemblance, il ne vous eût pas tant aimé. Pour vous remettre en paix avec lui et avec vous-même, sachez donc ce qui s'est passé. » Et il lui raconta ce que lui avait dit Liriope.

« Venez, dit avec violence le bouillant Cléomède, après l'avoir entendu, venez voir faire à un ami pour son ami ce que Damon et Pythias auraient eu de la peine à faire l'un pour l'autre. » Et aussitôt allant chercher Liriope et sa mère : « Suivez-moi, leur dit-il; il s'agit de sauver Lygdus. »

«Je te l'amène, lui dit-il : l'amour te l'a donnée, l'amitié te la cède; et je veux qu'à l'instant, dans les mains de sa mère, le ciel reçoive vos serments. J'ai besoin, pour calmer le trouble de mes esprits et de mes sens, de m'éloigner de vous et de me fuir moi-même. Le temps, l'absence et la raison ramèneront le calme dans ce cœur que j'aurai dompté : alors je reviendrai plus digne que jamais du nom de ton ami, et Platon me sera témoin que je n'ai pas cessé de l'être. » Dans cet heureux moment, Lygdus et Cléomède se tendant les bras l'un à l'autre, le cœur du malade parut se dilater, se ranimer; et le plus merveilleux des baumes, le calme du bonheur, lui rendit dès ce jour la vie et en peu de temps la santé.

CINQUIÈME PARTIE.

Il y avait auprès de la ville à qui le fleuve Hélore avait donné son nom, un petit temple qui, de loin, attirait les regards par son éclatante blancheur. Platon, en parcourant le vallon que ce fleuve arrose, et qu'on appelait le *Tempé de Sicile*, à cause de sa riante aménité, fut curieux de voir de près ce petit temple. Il semble qu'un instinct conduise les ames bienfaisantes aux lieux où doit s'offrir l'occasion de faire le bien. D'abord, en approchant du péristyle de ce temple, le sage en admira l'élégante simplicité; mais il fut encore plus ravi de la beauté de la statue du jeune dieu qu'on y adorait. Jamais la tendre modestie et la douce ingénuité qui caractérisent le chaste hymen, n'avaient été si délicatement, si naïvement exprimées. Les yeux et l'ame de Platon ne se rassasiaient point du plaisir d'observer à quel point la pensée et le sentiment de l'artiste s'étaient communiqués au marbre. « Je gage, dit-il enfin à haute voix, que ce statuaire est un heureux époux. Vous ne vous trompez pas, divin Platon, lui répondit un homme qui l'écoutait, appuyé contre une colonne : je suis ce statuaire. Il y a un quart-d'heure que je jouis de l'attention que vous donnez à mon ouvrage, vous qui,

dans la Grèce, avez vu ce que l'art que j'exerce
a produit de plus beau. Je n'y ai rien vu, lui
dit Platon, qui m'ait plus vivement ému. La
piété, reprit modestement l'artiste, m'aura tenu
lieu de génie. Que ne devais-je pas au dieu dont
j'exprimais l'image! Il m'a fait ses dons les plus
rares dans ma femme et dans mes enfants.» Platon fut curieux de connaître cette famille. «Je
vois bien, dit-il au sculpteur, que vous n'êtes
pas seulement un homme de talent et du nombre
de ceux dont il n'y a rien de bon, d'estimable
et d'intéressant à connaître que leurs ouvrages:
ou je suis bien trompé, ou une ame excellente
est le génie qui vous inspire. Vous m'avez appelé par mon nom : dites-moi le vôtre. Je rougirais d'avoir à vous le demander, si j'étais moins
nouveau dans un pays où vous devez être célèbre. Mon nom est Policlès, lui répondit l'artiste. Pour vous, Platon, ne vous étonnez pas
que l'on vous nomme en vous voyant : vous
êtes si connu! vous êtes si digne de l'être! J'ai
plus d'une fois assisté aux leçons qu'à l'académie
allait prendre de vous l'élite de la jeunesse athénienne. Depuis, j'ai parcouru la Grèce ; j'ai su
que vous faisiez un voyage dans ma patrie ; j'avais un extrême désir de vous y retrouver, et
c'est pour moi une faveur des dieux de vous
rencontrer dans ce temple, où je venais moi-même pour la première fois ; car c'est en mon
absence que ma ville l'a fait bâtir pour y consa-

crer mon ouvrage; et cet honneur, tout flatteur qu'il est, ne m'a pas été plus sensible que l'est dans ce moment le suffrage et l'estime d'un homme tel que vous. Mais, puisque vous daignez estimer mon chef-d'œuvre, ne me ferez-vous pas l'honneur de venir voir l'atelier où je l'ai formé, et le modèle intéressant qui m'en a donné la pensée? Très-volontiers, lui dit Platon. » Et ils se rendirent ensemble dans la ville d'Hélore, à la maison de Policlès.

Platon y fut reçu par une femme d'une beauté divine; plus ressemblante cependant à celle de Minerve qu'à celle de Vénus, calme, paisible, un peu sévère, mais avec une teinte de sensibilité. Elle était occupée du soin de sa maison, tandis que sa fille, auprès d'elle, brodait des guirlandes de fleurs et des bouquets d'épis sur un voile de lin qu'elle devait offrir à Cérès le jour de sa fête. A côté de leur sœur deux beaux garçons plus jeunes qu'elle, ayant devant les yeux un bas-relief modélé par leur père, s'appliquaient à le dessiner. Platon, en saluant cette famille intéressante, passa dans l'atelier où le conduisait Policlès.

« Vous voyez, lui dit celui-ci, en lui faisant parcourir des yeux ses études et ses esquisses, combien j'ai travaillé pour me mettre en état d'élever mes enfants, et de leur assurer une existence honnête, si je venais à leur manquer; car à tout âge on peut mourir. Je leur avais déja ménagé quelque bien, qui, joint à la dot de leur mère, n'attendait qu'un emploi solide; mais, par un accident qu'on aura peine à croire, je me trouve avoir tout perdu. » Platon lui demanda quel était ce malheur. « Hélas! dit-il, c'est encore un secret que ma femme elle-même ignore; mais ce n'est pas à vous que je veux le cacher, et, tout incroyable qu'il est, j'espère que sur ma parole vous voudrez bien y ajouter foi. Vous pouvez reconnaître mon respect pour les dieux aux traits que ma pensée imprime à leurs images. Mes trois divinités chéries, la Bonne-Foi, l'Amitié, l'Hymen, ont été singulièrement l'objet de mes travaux ainsi que de mon culte; et l'extrême difficulté de bien saisir leur caractère m'a fait plus d'une fois tomber le ciseau de la main. A la fin cependant j'ai eu la satisfaction d'entendre dire que j'avais réussi. Ma ville a fait construire, pour la statue de l'Hymen, le petit temple que vous venez de voir, et le prix qu'elle y a mis, en me la demandant, a passé de loin mon attente. En même temps l'un de nos plus riches citoyens et des plus estimés, Lycaste, s'est fait une gloire de mettre au nombre de ses dieux domestiques la Bonne-Foi et l'Amitié : les deux statues lui en ont été livrées pour une assez modique somme, mais dont je me suis contenté. J'entre dans ce détail pour vous faire sentir combien devait être sacré le dépôt que j'avais confié à Lycaste, et que l'infidèle aujourd'hui ne craint pas de me dénier.

« Trompé par l'ostentation du culte singulier qu'il affectait de rendre à l'Amitié et à la Bonne-foi, j'étais persuadé que dans l'île il n'y avait pas un plus honnête homme, et l'intérêt qu'il semblait prendre à mes succès me le faisait regarder aussi comme un ami fidèle et sûr, lorsque, me voyant à mon aise, je cédai au désir que j'avais dès long-temps d'aller étudier les derniers secrets de mon art dans la patrie des Phidias, des Lysippes, des Praxitelles, et de tant de grands hommes qui ont décoré la Grèce de leurs ouvrages immortels.

« À mon départ, n'osant laisser mon petit trésor dans les mains d'une femme isolée, timide et sans défense, je conjurai Lycaste d'en être le dépositaire. Il se rendit à mes instances, et il reçut de moi en secret, sans témoins, une cassette pleine d'or. Il vit ce qu'elle contenait; mais j'en gardai la clef; il le voulut ainsi lui-même. Si sur les mers je périssais, ma femme et mes enfants recueilleraient du moins ce petit héritage, et c'en était assez pour être au-dessus du besoin. Je pars, je suis deux ans à parcourir la Grèce, et, après m'être pénétré l'ame des beautés que le génie des arts y a répandues avec une si merveilleuse profusion, je reviens en Sicile; mais quelle est ma surprise, lorsque je crois aller retirer des mains de Lycaste le dépôt que j'y avais laissé! Le fourbe, l'hypocrite me répond froidement que ce dépôt est sans doute un rêve que j'aurai fait dans mes voyages; qu'il n'a jamais été le gardien de la fortune de personne; et qu'il ne le sera jamais.

« Je me suis modéré, pour ne faire aucun bruit et ne pas fermer tout accès au repentir dans l'âme du coupable; mais il a pour conseil, et apparemment pour complice, une femme encore plus avare et plus impudente que lui. Dans cette cruelle aventure, sage Platon, quel parti dois-je prendre, et que feriez-vous à ma place? conseillez-moi : je n'ai ni preuves, ni témoins, ni aucun indice de l'infidélité qui me dépouille de mon bien. »

« Un hypocrite, lui dit Platon, est une espèce de serpent bien souple, bien agile, bien glissant sous la main; j'ai grand peur qu'il ne nous échappe; mais (après y avoir réfléchi quelques moments): Avez-vous, reprit-il, dans votre ville un homme juste et ferme qui préside à l'ordre public? — Oui, Timée en fait la police avec l'estime universelle; il sait se faire aimer et craindre; son caractère est un mélange de douceur, de prudence et de sévérité; mais sans témoins, sans preuves, que ferait-il pour moi? Le serment peut intimider un coupable mal affermi; mais celui qui déjà, pour se jouer des hommes, a pris pour ses divinités symboliques la Bonne-Foi, l'Amitié sainte, et qui les trahit, les insulte, les viole avec tant d'audace, croit-il encore avoir à redouter des dieux ennemis du parjure? Il est vrai, dit Platon, qu'un tel homme a peu de scrupules; mais peut-être y a-t-il encore quelque moyen de faire lâcher prise à sa cupidité. »

Ils allèrent trouver Timée. Celui-ci, quoique persuadé de la sincérité de Polyclès, ne voyait en justice aucune voie de rigueur à employer contre Lycaste; mais les moyens de conviction lui étant permis par la loi : « En voici un, lui dit Platon, que je crois assez doux et qui me semble légitime; car il ne fait à l'accusé aucun mal, s'il est innocent. »

Ce moyen fut admis : Lycaste fut mandé. Il parut avec un front calme, et, du même air tranquille et froid dont il avait dénié le dépôt, il le désavoua en présence du juge. « O vous, dit-il à Policlès, qui avez si bien exprimé la candeur sur le front de la Bonne-Foi et dans les traits de l'Amitié, mes divinités domestiques; vous qui m'êtes témoin du culte que je leur rends dans mes foyers; vous qui, après avoir reçu de moi le prix du travail et du temps que vous aviez employé, disiez-vous, à perfectionner leurs images, m'avez vu les placer avec un saint respect parmi les lares de mes pères, par quel oubli, par quelle espèce de délire dans vos idées me croyez-vous capable d'avoir voulu les abjurer? Sont-ce là les témoins que se serait donnés un dépositaire infidèle? En partant, vous avez confié vos richesses à quelqu'un, je n'en doute pas; peut-être aussi avez-vous eu la pensée et l'envie de les déposer dans mes mains; mais rappelez bien vos esprits; vous avez changé de dessein. Si j'étais inconnu, si j'étais indigent, si j'étais avare et sordide, votre accusation aurait quelque apparence de vérité; mais, grâce au Ciel, je suis connu: ma fortune, ma renommée, ma vie entière, vous démentent. Toute ma ville sait que j'use honorablement de mon bien. Et vous, Policlès, dont je crois avoir bien payé l'industrie, vous ne persuaderez à personne que celui qui vous a si libéralement donné son or ait voulu vous le dérober. Je vous conjure donc, au nom de votre honneur, encore plus que du mien, de laisser à votre mémoire le temps de s'éclaircir, et de vous rappeler en quelles mains votre fortune est réellement déposée: vous ne tarderez pas à vous en souvenir. »

« Lycaste, je n'ai pas votre spécieuse éloquence, répondit Policlès, et je conviens qu'il est inconcevable qu'un homme tel que vous dérobe un homme tel que moi; mais il n'est pas moins vrai que, dans une cassette de bois de cèdre, à filets d'ivoire, et dont voici la clef, je vous ai remis en main propre (oui, Lycaste, en main propre, et ce n'est point un rêve; rien ne m'est plus présent, et mes sens ne sont point troublés), je vous ai moi-même remis cinq mille pièces d'or. Et vous, en la présence de ces divinités que vous osez prendre à témoin, vous m'avez assuré que ce dépôt, inviolable sous leur garde, serait rendu ou à moi-même à mon retour, ou si j'avais péri, à ma femme et à mes enfants. »

Ainsi tous deux, en face l'un de l'autre, soutenaient leur assertion avec une égale constance, lorsqu'à la fin Timée, s'adressant à Lycaste : « Vous avez, lui dit-il, un moyen bien simple et bien sûr de vous justifier. Avez-vous reçu la cassette ? — Non certainement, non, je ne l'ai point reçue. — La connaissez-vous ? — Non, je ne la connais pas. — Vous êtes donc bien sûr qu'elle n'est point chez vous ? — Oui, sûr, autant qu'il est possible. — Vous ne risquez donc rien à écrire vous-même ce que je m'en vais vous dicter. Asseyez-vous à cette table, et, de votre main, tracez-moi fidèlement ces mots : « Ma chère Cléonice..... » — Quoi ! j'écris à ma femme ! — Oui, à votre femme ; écrivez : « Mon « crime est découvert, et je viens de tout avouer. » — Qui ? moi ! — Ceci n'est qu'une fiction ; continuez d'écrire : « Je suis dans les mains de mon « juge, et, s'il n'a pas pitié de moi, je suis perdu. » — Quoi ! Timée, est-ce vous qui, sans le plus léger indice, me croyez, me jugez coupable ? — Je ne crois rien encore, et il dépend de vous que je vous déclare innocent ; mais, pour cela, il faut sans hésiter écrire ce que je vous dicte. — Allons, il faut vous obéir. « C'est à vous, « Cléonice, de me tirer de peine ; vous seule pou- « vez me sauver ; mais ne perdez pas un instant. « Venez vous-même déposer la fatale cassette

« dans les mains de Timée, et qu'elle soit intacte, « car il en a la clef et il sait ce qu'elle contient. » — Ah! Timée, quelle contrainte et quelle violence! Vous me faites écrire à ma femme de vous remettre une cassette qu'elle n'a pas! Si elle ne l'a pas, dit le juge, elle viendra vous dire qu'elle ne sait ce que vous demandez, qu'elle n'a point vu de cassette, et vous serez justifié. — Elle me croira fou. — Oui, pour quelques moments; mais elle sera détrompée. Achevez d'écrire, et signez. — Que je signe ma honte! que je signe l'aveu d'un crime que je n'ai point commis! et que moi-même je m'en accuse! Non, il est trop injuste de l'exiger de moi. Je vous l'ai dit, reprit Timée d'un ton sévère, c'est dans ce léger artifice que je fais consister l'épreuve de votre innocence. Si votre lettre est démentie par la réponse de Cléonice, il n'en restera pas vestige; elle sera brûlée devant vous par vous-même, je vous en donne ma parole. Une plus longue résistance à l'écrire et à la signer ne peut donc avoir qu'un motif, et ce motif serait votre conviction, je vous en avertis. Laissez donc là les vains détours et les faux-fuyants inutiles; vous n'éluderez point l'alternative où je vous mets. Signez, ou je prononce que vous êtes coupable, et je vous fais charger de fers. »

Pâle, troublé, saisi d'effroi, Lycaste espéra que sa femme aurait la prudence de voir que sa lettre lui était dictée, et le courage de nier le dépôt qu'on lui demandait; il signa donc, et la lettre partit.

L'étonnement de Cléonice fut extrême; elle eut peine à croire que son mari eût été assez faible ou assez maladroit pour se laisser convaincre; mais comme il avait eu déja quelques inquiétudes, et qu'elle l'avait elle-même accusé d'irrésolution et de pusillanimité : « Ah! dit-elle, il n'est que trop vrai que le courage et la force d'ame ne se communiquent jamais; ce malheureux n'a point ma tête; il se sera troublé, il se sera trahi; et, si je tarde à rapporter la cassette, je suis perdue. On va venir sans doute la saisir dans mes mains, ou me forcer à dire où je l'aurai cachée. Il vaut mieux de bon gré la rendre. Timée est un bon homme; il nous pardonnera et nous gardera le secret. »

« Tenez, lui dit-elle en entrant, j'aurais voulu faire durer encore quelques jours la malice que je faisais à ce jeune homme, pour lui apprendre à ne plus être deux ans absent de sa maison, et à ne livrer à personne le bien de ses enfants et celui de sa femme; mais, puisque vous prenez au sérieux ce badinage, je quitte la partie, et je lui remets son trésor. »

Policlès et Platon n'en demandaient pas davantage, et ils auraient voulu que Lycaste, sans autre peine que la honte qu'il éprouvait, fût mis en liberté avec sa digne épouse. « Non, non, leur dit Timée, si vous êtes contents, la justice n'est pas contente. Écoutez ce qu'elle prononce :

« Lycaste, vous avez abusé du crédit que vous donnait sur les esprits l'apparence du culte que vous passiez pour rendre à deux divinités que révèrent les gens de bien; vous avouerez vous-même que chez vous l'amitié, la bonne-foi, ne doivent plus se trouver assez bien logées, et qu'elles seront désormais plus dignement placées à côté de l'Hymen, dans le temple qu'on vient d'élever à ce dieu. Faites-y transporter aujourd'hui leurs images : ce ne sera, si vous voulez, aux yeux du public qu'un pur don; mais, entre nous, c'est une peine, un tribut que je vous impose, et, si vous ne voulez pas être publiquement déshonoré, hâtez-vous de vous y soumettre. Le secret vous sera gardé. Vous, Cléonice, renoncez à des jeux qui ressemblent trop à des crimes, et souvenez-vous qu'à ma place un autre juge que moi peut-être aurait été moins indulgent. »

Une sentence si modérée confondit les coupables. Lycaste dès le même jour la subit humblement; et Platon, grâce au bon conseil qu'il avait donné à Timée, eut le plaisir de voir le temple de l'Hymen décoré comme il eût voulu qu'il le fût dans sa république. Il ne se lassait point d'admirer ce beau groupe : « Oui, disait-il, ces trois divinités devaient avoir le même temple; et malheur à l'hymen, s'il n'a pas pour compagnes la bonne-foi et l'amitié. »

Denys lui ayant demandé le soir des nouvelles de sa promenade : « Je vous ai découvert à Hélore, lui dit le sage, l'homme du monde le plus propre à faire en même temps chérir et respecter de bonnes lois. N'en donnez que de telles à maintenir, et dans toutes nos villes ayez, s'il est possible, des magistrats semblables à Timée, je vous réponds que vous serez sincèrement aimé et fidèlement obéi. »

SIXIÈME PARTIE.

Lorsque Platon racontait à Denys le succès de ses promenades, le tyran lui enviait cette facilité de concilier les esprits. « Savez-vous, lui dit-il un jour, d'où vient leur confiance et leur sincérité en communiquant avec vous ? Elle vient de ce qu'ils n'attendent rien de vous, qu'ils n'en espèrent rien, qu'ils n'en ont rien à craindre; et leur sécurité tient à votre impuissance. A votre place, il me serait facile de les apprivoiser de même, et de les conduire à mon gré; mais à la mienne, avec toute votre éloquence, vous auriez de la peine encore à les guérir de cette inquiétude qui les engage à feindre et à dissimuler. Je le crois, dit Platon; et cette différence est l'une des mille raisons que j'aurais de ne pas vouloir troquer de condition avec vous. »

« L'art de régner, reprit Denys, ne serait qu'un jeu, si on pouvait lire dans les cœurs. Le Ciel aurait dû accorder ce privilége aux souverains; et de tous les vœux inutiles que j'ai faits en ma vie, c'est celui, je l'avoue, qui me revient le plus souvent. Vous n'êtes pas le premier, lui dit Platon, qui ayez eu cette envie : un fils du premier Darius, roi de Perse, l'eut avant vous; mais il fut guéri. — Comment? — Je vous le dirais bien, si vous vouliez entendre un conte que l'on me fit à moi quand je voyageais en Asie; mais je vous avertis qu'il y a du merveilleux, et que tout n'en est pas également facile à croire. — Voyons, j'aime le merveilleux, lorsqu'il n'est pas trop insensé. — Voici ce que me conta un philosophe de Lydie, qui me donnait l'hospitalité.

« Vers la fin du règne de Darius-Nothus, trente ans après que dans la Perse on eut exterminé les mages, un philosophe de l'école Ionienne, Aspase, jeune encore, voyageait pour s'instruire; car, dans ce temps-là, pour connaître la nature et les hommes, il fallait se donner la peine de les étudier en eux-mêmes; Sardes n'offrait point comme Athènes une riche bibliothèque où l'on eût la commodité de tout savoir sans avoir rien vu.

« Aspase donc, en voyageant dans l'intérieur de l'Asie, voulut observer à loisir les mœurs, les arts, le luxe, la magnificence, les vices de Persépolis. Il s'y arrêta, mais inconnu; ou du moins espérant l'être; car il ne le fut pas long-temps : sa renommée le trahit; le roi le fit appeler à sa cour. Il y parut, mais simple, modeste, réservé, parlant peu et avec mesure, ni adulateur, ni censeur, respectueusement sincère, et libre sans orgueil et sans témérité. Le fils aîné du roi, Xerxès, fit peu d'attention à lui; il ne fut guère plus remarqué de la foule des courtisans, et il ne s'en affligea point. Il venait à Persépolis pour voir, et non pour être vu.

« Dans cette cour fastueuse et superbe, la seule chose qui l'affecta, qui l'intéressa vivement, ce fut la douce mélancolie, la triste et profonde langueur où était plongé le jeune Achéménès, le second fils du roi. En l'observant, il s'aperçut bientôt que, dans la foule, les yeux du prince le distinguaient, et se reposaient sur les siens.

« L'une des institutions de Cyrus, pour l'éducation des enfants des rois, avait été de les accoutumer à parler avec grâce et avec dignité, non-seulement à leurs favoris, mais au soldat, à l'étranger, quelquefois à l'homme du peuple. Achéménès, dès son enfance, avait pris l'habitude de cette affabilité noble; mais depuis quelque temps il l'avait perdue, même avec ceux qui l'approchaient habituellement et de près; et s'il leur parlait quelquefois encore, on voyait que ce n'était plus qu'à regret et par bienséance.

« Il n'en fut pas de même avec Aspase: dès la première fois qu'il l'aperçut, son cœur parut voler vers lui. Il se contint pour ne pas lui attirer la malveillance des envieux. Mais un jour qu'il avait peu de témoins, il s'avança vers lui, et il lui dit : « Sage disciple de Thalès, vous vous croyez bien étranger ici; non, vous ne l'êtes pas; vous y êtes connu mieux que vous ne pensez; au moins l'êtes-vous bien de moi, qui vous chéris et vous honore. On dit que vous ne faites que passer à Persépolis; cela m'afflige; et je désirerais de vous y voir long-temps, de vous y voir souvent. » Ces mots dits d'un air de candeur, et du fond d'une ame sensible, touchèrent vivement Aspase. Il se prit pour le jeune prince d'une amitié sincère et tendre; et il lui fit assidûment sa cour.

« Bientôt ce ne fut pas seulement en public que le prince voulut le voir; et dans le cabinet d'étude où il avait coutume de se retirer seul, ayant daigné l'admettre, il se trouva si bien de leurs entretiens solitaires, qu'il ne pouvait plus le quitter.

« Le roi, instruit des bontés singulières dont son fils honorait le sage, fit venir celui-ci : « Aspase, lui dit-il, je sais que mon jeune fils Achéménès s'est pris pour vous d'un sentiment de bienveillance qu'il ne témoigne qu'à vous seul; que vous êtes admis dans son intimité, et qu'il ne prend conseil que de votre sagesse. Je n'en ai point d'inquiétude. Sa faveur et sa confiance ne sauraient être mieux placées. Je vous demande seulement d'en faire usage pour savoir de lui d'où peut naître cette mélancolie dont il est attaqué, et dont ni mes prières, ni mon autorité n'ont pu jusqu'ici le résoudre à me confier le secret. Si vous pouvez le découvrir et m'en instruire, je saurai reconnaître ce bon office en père, et le récompenser en roi. »

« Seigneur, lui répondit le sage, si le secret du prince est de nature qu'il ne puisse ou ne veuille le révéler qu'à moi, n'exigez pas de moi de le trahir; je le garderais même au péril de ma vie. Mais si, quelle que soit la cause de sa tristesse, je parviens seulement à l'en guérir, n'en est-ce point assez? et ne serez-vous pas content? C'est là l'essentiel, répondit Darius; cependant n'ai-je pas le droit de connaître le fond de l'ame de mon fils? Aussi le presserai-je vivement, dit Aspase, de ne rien déguiser à son auguste père. Mais les conseils et les instances d'une courageuse amitié sont tout ce que je puis promettre; mon obéissance et mon zèle ne sauraient aller au-delà. Quoi! si je l'exigeais absolument, reprit Darius étonné?..... » Mais le sage baissa les yeux et répondit par son silence. « A la bonne heure, dit enfin le roi; rendez au moins, s'il est possible, à mon fils, sa gaieté, sa santé, sa jeunesse, je ne vous demande plus rien. »

« Autant l'ame du jeune prince était impénétrable à tous les yeux, même aux yeux de son père, autant elle fut libre et prompte à se montrer, à se communiquer à son fidèle Aspase. « Hélas! oui, lui dit-il, je suis triste et chagrin, et n'ai-je pas raison de l'être? O mon unique ami! vous allez en juger. » Et il lui conta son histoire.

« J'étais jeune, heureux, entouré de flatteuses illusions; tous les hommes me semblaient bons, et je les croyais tous sincères; en les aimant je me flattais d'en être aimé. Il me prit fantaisie de voyager pour en connaître et en aimer un plus grand nombre. J'allais dans cet empire en conquérant des cœurs; les vœux et les hommages venaient en foule au devant de moi, et les regrets semblaient me suivre.

« Cependant je fis réflexion que mon nom, ma naissance, le cortége qui m'annonçait, pouvait bien m'attirer au moins une partie de ces hommages. Pour ne rien devoir qu'à moi-même, je résolus de voyager inconnu, presque seul; je renvoyai ma suite; et je n'inspirai plus que cette bienveillance qu'à mon âge un air de bonté, d'affabilité, de franchise, se concilie aisément par-tout. Moins flatté, je fus plus content.

« Mes courses me menèrent jusque vers les montagnes d'Apamie, sur les confins du pays des Parthes. Là s'étaient retirés les malheureux débris de la tribu des mages, que l'on avait exterminée, mais que l'on n'avait pas éteinte. Enfermés dans une vallée, ils adoraient l'Être-Suprême, l'être principe de tous les êtres; ils l'adoraient dans l'élément du feu, et sur-tout dans les corps célestes; et ils lui adressaient des vœux pour le peuple aveugle et féroce qui s'était baigné dans leur sang.

« Le roi mon père, qui vraisemblablement n'ignorait pas leur existence et leur asyle, mais qui se rappelait avec horreur le meurtre sacrilége qu'on avait fait de ce peuple de sages, les laissait vivre en paix dans leur désert; aussi y était-il révéré.

« Ce que j'entendis raconter de cette peuplade isolée, que l'on croyait sauvage, mais qu'on disait paisible, m'inspira le dessein d'aller dans sa retraite demander l'hospitalité. En y abordant, quelle fut ma surprise de m'y voir reconnu, et de m'y entendre nommer. J'y fus reçu avec le respect le plus tendre, et le vénérable vieillard qui présidait la colonie, se prit pour moi d'une amitié qui ressemblait à l'amour paternel.

« Leurs douces mœurs, leur vie laborieuse, frugale et simple, me charmaient. Nous admirions ensemble les prodiges de la nature dans ses productions mêmes les plus communes; et ce fut d'eux que j'appris à voir avec étonnement ce que le vulgaire néglige comme indigne de ses regards. Ce fut d'eux que j'appris à humilier ma pensée devant les ailes d'un insecte et les feuilles d'un arbrisseau.

« Le bon vieillard daignait aussi causer avec moi tête-à-tête, sur cette nature incompréhensible qui nous environnait des merveilles de son auteur. « C'est un mélange, me disait-il, de lumière et d'obscurité fait pour encourager notre faible raison, mais fait aussi pour la confondre, lorsque son inquiète et ambitieuse curiosité va trop loin. Ce qu'il y a d'évident pour nous dans cet harmonieux ensemble, c'est l'étendue, la majesté, la sagesse d'un grand dessein, et la toute-puissance de son ordonnateur; ce qu'il y a d'obscur, ce sont les lois, et les ressorts par le moyen desquels son dessein s'exécute. »

« Il me fit voir dans la création deux caractères manifestes, l'unité et l'immensité. « L'univers, me dit-il, a été formé d'un seul jet, et il n'a eu pour moule qu'une seule pensée. Cette pensée a dû embrasser et le nombre des sphères et celui des atômes; elle a dû contenir distinctement décrites les révolutions des astres, l'économie d'un brin d'herbe, et l'organisation du plus imperceptible et du plus vil des animaux. L'infini en puissance, en prévoyance, en industrie, nous investit de toutes parts. Nous l'apercevons sous nos pas, nous le contemplons sur nos têtes. Le caractère n'en est pas moins empreint dans l'œil du moucheron que sur le disque du soleil. Mais dans les grands et les petits objets l'empreinte n'en est pas la même. Dans les grands, c'est une majesté simple, une permanence immuable, une éternelle égalité; dans les petits, une variété merveilleuse et inépuisable, une succession perpétuelle et rapide de générations et de métamorphoses, une fécondité de productions diverses, où notre faible intelligence se confond et se perd comme dans un immense et profond océan. Ainsi tout dans le ciel est constant et imperturbable; et tout est sur la terre périssable et changeant. A-t-on jamais dans le cours des astres aperçu quelque variation? la source de leur mouvement et la source de leur lumière n'est-elle pas intarissable; tandis qu'ici-bas rien ne reste inaltérable deux instants? La naissance, l'accroissement, la reproduction, la vieillesse et la mort, voilà le cercle de la vie; il est à-peu-près de même pour la plante et pour l'animal. La concrétion et la dissolution des métaux sont un peu plus lentes; mais la même cause qui les produit travaille à les décomposer. L'or se dissout, le diamant s'évapore, l'air ronge le fer et l'airain, ainsi sur notre globe rien n'est impérissable, si ce n'est cet esprit, cette étincelle de lumière dont l'Éternel a doué l'homme pour l'entrevoir et l'adorer. »

« Après cette leçon bien plus développée et plus approfondie que je ne puis vous dire, continua le jeune prince, le vieillard me mena dans la bibliothèque des mages : « Voici, dit-il, le seul trésor échappé à notre ruine. » Il m'y montra les livres de Zoroastre leur fondateur : « Dieu, la vertu, l'espérance ou la crainte de l'immortalité pour l'homme, ce sont là, me dit-il, les dogmes révérés que ces livres renferment. » Je les baisai avec un saint respect. Il m'y fit voir aussi les écrits des Gymnosophistes, et ceux du phénicien Sanchoniaton, et les livres des Brames, et ceux d'un sage qu'il appelait le Zoroastre de la Chine, ceux du divin Confucius, que leur avaient tout récemment transmis les Brames d'au-delà du Gange; et les écrits dont les anciens mages avaient enrichi leurs enfants.

«De là me conduisant à leur observatoire: «Ah! le grand livre de la nature, le voici, me dit-il, en me montrant le ciel où les étoiles commençaient à briller. C'est avec ces lettres de feu que l'éternelle main a tracé ses décrets, et le cours de nos destinées. C'est là que chaque sphère apprend à se mouvoir dans le cercle qui lui est prescrit. C'est là que l'homme lirait son avenir, s'il lui était donné de combiner ensemble tous ces lumineux caractères. Mais le plus savant est celui qui en peut assembler quelques-uns: c'est la grande étude des mages.» Alors il ouvrit sous mes yeux le volume où étaient déposées leurs études astrologiques, mais en lettres mystérieuses, inintelligibles pour moi.

«Je priai le vieillard de m'en expliquer quelques lignes, au moins sur le destin de l'empire des Perses, s'ils en connaissaient l'avenir. «Je vous affligerais inutilement, me dit-il; vous y verriez l'orgueil de ce puissant empire cruellement humilié! Ah, prince! ajouta-t-il, que l'homme est insensé, lorsque, fièrement appuyé sur le frêle roseau de la prospérité, il méprise le faible, ou insulte le misérable! Bientôt, demain peut-être, plus malheureux lui-même, il aura besoin de pitié. Puisse le vainqueur devant qui se prosterneront les vieillards, les enfants, les veuves des Perses, puisse-t-il oublier que les Perses furent cruels et sourds aux cris de l'innocent! » A ces mots il fermait le livre. Ah! l'aurez-vous en vain déployé sous mes yeux ce livre de nos destinées, lui demandai-je avec instance? et de mon père, et de moi-même, ne me direz-vous rien?—Les yeux de votre père se fermeront sans avoir pleuré la ruine de cet empire; un autre que lui doit en voir les débris épars sur les mers, un autre que lui doit laisser ses états, sa famille au pouvoir d'un vainqueur qui ne vieillira point, et qu'ensevelira la poussière de son triomphe. Ainsi tout passe et se succède. Vous, prince, ajouta-t-il, vous devez régner sur un fleuve plus grand que l'Euphrate et le Tigre; soyez bienfaisant comme lui. » En effet, je savais dès-lors que mon père me destinait à porter ses lois sur le Nil : cette prédiction décida ma croyance sur tout le reste.

« Sage vieillard, lui demandai-je encore, est-il bien vrai que vos ancêtres avaient des secrets merveilleux, des talismans, un art magique, qui est enseveli avec eux? Si cet art, me dit-il, avait été nécessaire au monde; si seulement il avait eu plus d'utilité pour les hommes qu'il ne pouvait avoir d'abus et de dangers, nos pères l'auraient publié. Ils l'ont tenu caché; et ce qui nous en reste, nous le cachons de même avec le le plus grand soin. Car la nature a mesuré à l'homme l'intelligence, l'industrie et la force qu'il lui fallait pour son usage et pour son bien; et celui qu'elle daigne initier à ses mystères, l'a trahit en les divulguant. Mais à vous, prince, en qui je vois un esprit juste et sain, un cœur droit et une ame pure, je vais vous faire confidence de quelques-unes des merveilles de l'art que nos pères nous ont transmis. »

« Alors, m'ayant fait passer avec lui dans un pavillon reculé, le laboratoire des mages, il m'y montra ce qu'il appelait de rares inutilités.

« D'abord j'y vis un globe qui tournait sur son axe, sans aucun mobile au dehors. « C'est, me dit-il, le mécanisme d'un mouvement perpétuel, comme celui des corps célestes, et au moyen duquel les arts pénibles n'auraient plus besoin d'ouvriers. »

« Ah! lui dis-je, quel bien vous pouvez faire au monde en lui enseignant ce moyen de simplifier ses travaux! Dites, quel mal! répliqua-t-il. Et sans le besoin qui sans cesse occupe et tient captive l'activité de l'homme, que deviendrait cette multitude de vagabonds livrés à leur pétulance inquiète, et bientôt corrompus par leur oisiveté? Pensez-vous que, si la nature eût trouvé bon de leur épargner de la peine, elle n'eût pas pris soin de les vêtir, de les armer comme l'ours et le léopard, et qu'elle n'eût pas fait naître spontanément les moissons et les fruits destinés à leur subsistance? Le travail est pour eux le préservatif de leurs vices; et ils n'ont même que trop encore le loisir d'être malfaisants. »

« Dans un creuset, il me montra ce qu'il appelait le *grand-œuvre*, ou la pierre philosophale, le secret de changer en or tous les métaux. Je m'écriai que le roi mon père comblerait de faveurs celui qui lui aurait enseigné cet inestimable secret. Vous formez le vœu d'un jeune homme, me dit le mage. Et ne voyez-vous pas que c'est la rareté de l'or qui seule en fait le prix; et qu'en l'avilissant, le roi se ruinerait lui-même? Non pas, lui dis-je, en usant sobrement de la facilité d'en avoir au besoin. De la sobriété, reprit le bon vieillard; de la sobriété dans l'amour des richesses! Ah! prince! en quel lieu de la terre trouvera-t-on cette vertu? Le rocher, le torrent qui roule du haut des montagnes, est plus facile à retenir que la cupidité de l'or. Mais quand l'or, dans les mains d'un roi, pourrait être assez prudemment, assez savamment employé, pour n'accroître que sa puissance, quel souverain mériterait d'avoir cet avantage sur le reste du monde? L'esprit de domination, si immodéré en lui-même, doit au moins trouver des limites dans ses forces et ses moyens. »

« Ici le prince fut averti que le roi son père, au sortir du conseil, allait se mettre à table. « Il faut, dit-il au sage, que je me rende auprès du roi. Nous reprendrons ce soir le récit de mon aventure. C'est aussi pour nous bientôt l'heure d'aller dîner, dit Denys à Platon : à ce soir donc la suite de ce conte, que je trouve en effet d'un merveilleux asiatique, et que je n'en aime pas moins. »

SEPTIÈME PARTIE.

Le soir, lorsque Denys fut seul avec Platon : « Voyons, dit-il, la fin de l'histoire d'Achéménès; » et Platon la reprit où il l'avait laissée.

« Ah! dit le prince en revoyant Aspase, le vieux mage avait bien raison de dire que, dans le cœur de l'homme, l'ambition est incapable de se modérer elle-même. Si vous saviez quelle folle idée Xerxès mon frère a dans la tête, et avec quelle adulation ses complaisants lui persuadent qu'il n'y a rien de plus sensé!.... Heureusement le roi, instruit par ses propres malheurs, ne veut plus que vieillir en paix. Laissons mon frère se repaître de ses orgueilleuses chimères, et retournons au laboratoire où le vieux mage nous attend.

« J'y vis dans un vase une plante qu'il me dit être inconnue au monde, et unique dans son espèce. C'est, me dit-il, cette panacée que l'on cherche inutilement. Sa vertu serait de nous guérir de tous les maux et de prolonger nos années. Ah! j'espère, lui dis-je, que vous ne serez pas assez inhumain pour tenir cachée une plante si salutaire, et ne pas la multiplier. Doutez-vous, me dit-il, que ce n'eût été pour nos pères le plus doux de tous les devoirs, que d'offrir à l'humanité un remède aussi sûr, aussi universel des maux dont elle est affligée, s'il n'eût pas eu l'inconvénient de faire languir la vieillesse et de trop reculer sa fin ? Mais, je vous l'ai dit, sous le ciel tout se succède, tout périt, tout se renouvelle sans cesse. La vieillesse amène la mort, la mort fait place à la naissance ; la jeunesse, en fuyant, transmet et perpétue la succession de la vie ; enfin, la maladie habitue et résigne l'être sensible et périssable à l'affligeante loi de sa destruction. La nécessité de mourir serait trop dure, si la douleur ne commençait par affaiblir les liens de la vie avant de les briser : le chagrin les relâche, la défaillance les dénoue ; les grands maux dissimulent les rigueurs du trépas. Et puis, dans l'ordre universel, la durée a été relative à l'espace et au nombre des êtres qui devaient l'occuper. Si la vie humaine s'allanguissait et se traînait en siècles au lieu de s'écouler en rapides années, la surface du globe serait chargée de vieillards ; les générations se fouleraient, s'entasseraient les unes sur les autres ; une longue suite d'aïeux pèserait sur leurs descendants. Non, prince, il faut savoir de bonne grâce recevoir et transmettre la coupe de la vie, et laisser chacun à son tour en goûter un moment les amertumes et les douceurs. »

« Ainsi, lui dis-je, pour vous-même vous ne faites aucun usage de cette plante merveilleuse? Si pour nous-mêmes, répliqua-t-il, nous nous permettions d'en user, certes ce serait bien pour lors que nous serions cruels d'en priver nos semblables. Mais, grâce au ciel, aucun de nous n'a la tentation de s'excepter de la commune loi. C'est au père de la nature à disposer de ses enfants; une longue vieillesse ne nous fait point envie, et la mort, qui doit tant effrayer l'homme injuste, l'homme malfaisant et cruel; la mort, qui doit désespérer celui qui, au-delà du tombeau, ne voit que le néant, n'a rien pour nous que de paisible, de consolant : c'est un instant de nuit que va suivre une éternelle aurore. »

« Je vis briller sur une table un anneau d'or où étaient gravés des caractères symboliques : je voulus le mettre à mon doigt. Non, laissez, me dit-il, c'est là le talisman du Lydien Gygès, et il vous rendrait invisible. — Vous vous imaginez sans peine qu'elle fut mon envie d'obtenir de lui cet anneau. Vous êtes, me dit le vieillard, trop bien né, je le sais, pour en faire un mauvais usage, tandis que sur vous-même vous auriez quelque empire; mais moi je suis trop votre ami pour ajouter encore aux périls de votre jeunesse celui d'une si séduisante et si vive tentation. C'est à l'Être dont la bonté, la sagesse est inaltérable, qu'il appartient d'être invisible; mais vous, prince, oseriez-vous croire que la nature vous eût fait naître exempt des passions auxquelles ce seul avantage faciliterait tant de maux? Dans le rang où vous êtes, le vice n'a déjà que trop de moyens d'échapper au blâme, et le crime trop de motifs d'audace et de sécurité. Souhaitez au contraire d'être sans cesse en vue à tout le monde, afin que, si jamais vous oubliez que vous avez Dieu pour témoin, il vous reste au moins à redouter le regard vigilant et sévère des hommes. J'atteste le ciel, répondis-je, que ce ne serait pas dans l'intention d'être nuisible ni vicieux impunément que je voudrais pouvoir quelquefois me rendre invisible; mais ce serait pour observer la conduite de ceux que j'entends accuser d'être injustes et malfaisants.»

« Pour cela, me répondit le mage avec sa bonté indulgente, ce n'est pas l'anneau de Gygès qu'il faut avoir; car ce n'est pas assez que d'être invisible pour être soi-même assuré de bien voir dans l'ame d'autrui. L'anneau qui seul prête à nos yeux cette lumière est celui-ci, poursuivit-il, en me montrant un rubis qu'il avait au doigt: c'est le plus rare des prodiges que notre art ait jamais produits. Il n'est permis qu'à moi d'en faire usage, et je me le permets encore bien rarement. Aujourd'hui, par exemple, j'ai voulu m'assurer de l'intention qui vous amenait parmi nous; je l'ai pris. Me voilà tranquille, me voilà sûr que vous n'avez aucun mauvais dessein; je connais qui vous êtes; je vous sais juste et bon;

je le remets dans sa capsule, et je cesse à l'instant d'être plus clairvoyant que vous. »

« Si le simple anneau de Gygès m'avait tenté, continua le prince, quelle fut mon ambition de posséder celui du mage ! Trois jours que je passai auprès de lui, ne furent employés qu'à lui persuader le bien qu'il me ferait et qu'il ferait au monde, s'il daignait me le confier. J'y épuisai, comme vous croyez bien, mes plus éloquentes prières. Un homme destiné à commander aux hommes ne devait-il pas les connaître? et quelle supériorité de sagesse n'aurait-il pas acquise en lisant dans les cœurs? A qui la vérité pouvait-elle jamais être plus nécessaire? Lui-même ne savait-il pas qu'on nous la cachait avec soin? Puisqu'il avait lu dans mon âme, avait-il encore quelque doute sur la droiture, la bonté, la pureté de mes intentions? N'avait-il pas vu clairement que je ne voulais que le bien? Pour l'opérer, n'avais-je pas besoin d'être fidèlement servi et secondé? Et, s'il était possible de m'éclairer dans le choix et l'emploi des hommes, n'était-ce pas un crime que de me refuser ce discernement précieux? Je prévenais toutes ses craintes, je tâchais de les dissiper. Sans doute, en pénétrant le sentiment et la pensée, je serais maître du secret des cœurs; mais je m'engageais par les serments les plus inviolables à ne jamais le révéler, à ne jamais en abuser moi-même. Parmi les vérités que j'y découvrirais, il y en aurait d'affligeantes pour moi et peut-être d'humiliantes; je promettais de n'en garder jamais aucun ressentiment, de n'en punir jamais personne, et, si j'en éprouvais quelque dépit, de l'étouffer. Je ne demandais qu'à connaître les gens de bien pour m'y livrer, les méchants pour m'en garantir, les hommes faibles et variables pour ne jamais compter sur eux : le talisman ne serait pour moi qu'une pierre de touche pour distinguer l'or pur de tous les vils métaux qui en prennent la couleur, ou pour le démêler d'avec son alliage. Mon amour pour le roi mon père, mon respect, mon obéissance, avaient été jusques-là sans bornes ; s'il demandait mon sang, il serait obéi. Le mage pouvait donc penser que, si le roi voulait avoir l'anneau, je n'aurais pas la force de le lui refuser, et qu'il serait dès-lors l'un des fleurons de la couronne. Mais ce qui dépendait de moi, c'était de ne jamais lui dire que j'en fusse dépositaire, et, par les serments les plus saints, je m'engageais à le cacher si bien qu'il n'en eût jamais connaissance. Enfin je ne demandais au vieillard que de me le confier pour trois mois : prenant tout le ciel à témoin de la promesse que je faisais de le lui rendre avant le terme; et, s'il m'accordait ma demande, je l'assurais que sa tribu aurait en moi un ami fidèle, un ferme appui, un défenseur ardent contre la race impie de ses persécuteurs.

« Je ne puis dire auquel de ces motifs le mage

enfin céda; soit bonté, soit faiblesse, soit confiance, il se rendit. Vous le voulez, cher prince, me dit-il, je ne puis plus vous résister; mais vous serez peut-être cruellement puni d'avoir vaincu ma répugnance. Vous allez connaître les hommes : c'est, croyez-moi, pour tous les âges, et sur-tout pour le vôtre, une science qui ne vaut pas les illusions qu'elle détruit. Gardez l'anneau jusqu'au moment que vous aurez trouvé un ami véritable : alors prenez conseil de cet ami, et faites ce qu'il vous dira; sur-tout qu'il soit le seul au monde à qui ce grand secret soit révélé. »

« Je promis; j'ai tenu parole; mais ce qu'il m'avait annoncé des regrets dont mon imprudence allait être suivie, ne s'est que trop bien avéré.

« Impatient de retourner à Persépolis, je ne fis sur ma route qu'une attention légère au peuple des campagnes, et je le vis à-peu-près tel que vous le connaissez, frugal, content de peu, et naturellement paisible; mais défiant, soupçonneux, crédule, facile à s'émouvoir; bon tant qu'il a des gens de bien pour guides, mauvais dès qu'il se livre aux conseils des méchants, et souvent agité comme les flots en sens contraire, au gré des passions qui le soulèvent tour-à-tour.

« J'observai dans Persépolis deux caractères mieux prononcés et plus distincts dans les classes du peuple; de la bonté, de la droiture, de la loyauté dans les uns, et dans les autres tous les vices de la cupidité et de la fainéantise, cette bassesse d'ame, cette vénalité, qui mettent le crime à l'enchère, et tout ce que produisent de plus contagieux la licence et la corruption.

« Jusque-là cependant le talisman ne m'apprit guère que ce que je savais déja vaguement et confusément; mais dans le monde, et sur-tout à la cour, il détruisit bientôt l'enchantement de ma jeunesse et rompit tout le charme de mes illusions. Je croyais avoir des amis sincères, désintéressés, et n'aimant en moi que moi-même : j'ai perdu cette douce erreur. Dans le satrape qui s'incline humblement devant moi, j'aperçois un orgueil secret qui s'indigne de son hommage : je vois l'hameçon du flatteur sous l'appât de la flatterie; le jeu des passions et le manége de l'intrigue sous les apparences du zèle; les calculs de l'ambition et ceux de la cupidité sous les dehors du dévouement; plus aucune sincérité dans les courtisans de mon père; jusque dans les caresses qu'ils se font l'un et l'autre, j'aperçois tous les jours les malins vouloirs de l'envie ou les jaloux dépits de la rivalité; et, s'ils se donnent des louanges, j'y démêle ces réticences, ces mots fins, ces traits ironiques, ces tours légèrement et malignement équivoques qu'ils ont si bien l'art d'y glisser. Dans les conseils, c'est à qui détruira le crédit de ses adversaires et fera prévaloir le sien. Le bien public dans la balance ne pèse pas un grain contre l'intérêt personnel. L'amour lui-même, ce sentiment qui devrait être incorruptible comme l'or, je le vois mêlé d'artifice, empoisonné d'ambition; et, dans la femme qui veut me plaire, rien ne me cache plus le soin de me séduire, le désir de me dominer. Vous le dirai-je enfin? je surprends dans mon frère des mouvements de jalousie, et je vois quelquefois son cœur chagrin et refroidi se refuser au mien. Mon père lui seul n'a jamais cessé de me chérir; mais encore il m'observe avec inquiétude, et craint, s'il m'envoie en Égypte, que l'amour de l'indépendance et de la domination ne me rende infidèle et rebelle à ses lois. Ah! si je pouvais lui prêter un moment l'anneau qui m'éclaire, et qu'il pût lire au fond de mon cœur comme je le lis au fond du sien, il serait bien sûr de ma foi. Mais cet anneau, je ne le dois confier à personne, non pas même à mon père; et, après avoir empoisonné toute la douceur de ma vie, le seul bien qu'il m'ait procuré, c'est de m'avoir fait trouver en vous cet ami véritable que le mage m'avait promis. A-présent, c'est à vous de m'éclairer, de me conduire, et d'adoucir au moins par des consolations l'amertume où nage mon cœur depuis que j'ai connu le monde tel qu'il est. »

« Prince, lui répondit Aspase, il faut que nous allions ensemble retrouver ce vieux mage, et que, sans différer, vous lui rendiez ce talisman. Je trouve bien étrange qu'il vous l'ait confié! Il doit savoir que, dans ce monde, il faut tout voir un peu superficiellement, et ne rien trop analyser. Le zèle a ses froideurs, l'amitié ses caprices, ses inégalités, ses moments de langueur; la vertu même a ses éclipses, ses altérations, ses absences, et la sagesse ses oublis. Tout dans l'homme est intermittent; et nul ne serait réputé ni bon, ni juste, ni honnête, si tout ce qui se passe en lui se manifestait au-dehors; il n'y aurait tout au plus qu'une ame d'une beauté inaltérable qui pût vouloir toujours se montrer toute nue; et, de ces ames, il en est peu : tout le reste a besoin d'un voile, et je ne conçois pas la conduite du mage qui nous en a dépouillés à vos yeux. Je n'ose cependant l'accuser sans l'entendre, et c'est lui qu'il faut consulter sur l'état où il vous a mis. »

« Le philosophe, après cet entretien, alla trouver le roi. « Seigneur, j'ai, lui dit-il, quelque espérance de dissiper les vapeurs dont l'ame du prince est obscurcie; mais, pour cela, je vous supplie de lui permettre de voyager seul avec moi. » Le roi y consentit; et ils prirent leur route vers les montagnes d'Apamie.

« Le mage, en revoyant le prince, fut effrayé de l'état de langueur et de mélancolie où il était tombé. « Je vous ai fait, lui dit-il, bien du mal ! Oui, bien du mal, répondit le prince en lui rendant tristement son anneau; mais je ne m'en plains pas : je l'ai voulu, j'en suis puni. »

« Aspase gardait le silence, et le mage vit bien qu'il était mécontent. « Ce digne ami, dit-il au prince, n'aurait pas eu pour vous la même complaisance, et il a de la peine à me la pardonner. Je conviens, répondit Aspase, qu'elle m'étonne dans un sage; et, s'il m'est permis de le dire, je ne trouve pas moins injuste qu'imprudent ce que vous avez fait pour lui; car l'avantage de lire dans les cœurs est pour un homme, quel qu'il soit, un privilége intolérable. Achéménès n'en a point abusé; mais le droit d'en user, même innocemment, n'appartient à aucun être sous le ciel; en le lui confiant, vous avez fait de lui le plus redoutable des hommes, et moi-même je l'aurais fui, s'il l'avait gardé plus long-temps; car autant il m'est doux d'avoir un Dieu pour témoin et pour juge de mes plus secrètes pensées, autant il me serait pénible et dur que, sans mon propre aveu, un mortel en fût confident. »

« Vous avez bien raison, dit le mage en souriant avec douceur; mais à mon âge on est si faible! au sien l'on est si séduisant! Allons, le mal est fait, il faut tâcher de l'adoucir. Retournons dans mon cabinet remettre l'anneau à sa place; car dans ce moment il m'afflige en me faisant lire à moi-même dans le cœur du fidèle Aspase le juste et sensible reproche d'avoir rendu son ami malheureux. »

Lorsque l'anneau fut enfermé, et tandis qu'en se promenant dans le laboratoire, Aspase en observait les curiosités, le vieillard en fit remarquer une au prince, plus précieuse, disait-il, que toutes celles qu'il avait vues. Ce n'était cependant qu'une fiole d'eau claire, mais plus claire que le crystal. « Je vous conseille, ajouta-t-il, d'en boire un petit coup avant que de nous mettre à table; vous en dînerez plus gaiement. Hélas! répondit Achéménès, il n'y a plus de gaieté pour moi. Buvez, lui dit le mage; » et, dans une coupe de jaspe, il lui versa un trait de cette magique liqueur. Le jeune prince aurait cru l'offenser en hésitant : il but; et dans l'instant fut oublié tout ce que l'anneau lui avait appris.

« O Dieu! s'écria-t-il, quelle révolution soudaine, quel prodige s'opère en moi! Ah! je sors d'un pénible songe! Et qu'avez-vous rêvé? lui demanda le mage. Je n'en sais rien, répondit le prince; mais je sais que j'ai bien souffert. N'ayez aucun regret, poursuivit le vieillard, à ce que l'eau d'oubli vient d'effacer de votre souvenir. Mais que l'impression douloureuse qui vous reste de l'état malheureux où vous avez été, vous apprenne à borner vos vœux aux dons que vous a faits la nature économe; elle a su mesurer à nos besoins la lumière de la sagesse comme la lumière du jour; plus d'éclat nous aurait blessés, et le nuage qu'elle a jeté sur des vérités affligeantes, est lui-même un de ses bienfaits. Étudiez les hommes, mais à l'œil nu de la raison; aux lueurs de l'expérience, vous les connaîtrez assez bien pour les craindre sans les haïr. Le vrai moyen de vous accommoder au naturel du plus grand nombre, autant qu'il est possible et sans plus de lumière, c'est d'être avec eux juste et bon. »

Dès ce moment Achéménès reprit son naturel aimable, accueillant et paisible. Ce qu'il y avait de triste et de sauvage dans son humeur se dissipa. Son père, à son retour, fut enchanté de voir cette métamorphose. Il en attribuait le prodige aux leçons d'Aspase; il voulait le combler de biens; mais celui-ci se refusa aux honneurs et aux récompenses que le roi croyait lui devoir; et la seule de ses faveurs qu'il accepta, fut celle de rester toute sa vie attaché à l'aimable prince, dont il s'était fait un ami.

Denys entendit ce langage; mais on sait comme il profita des sages conseils de Platon.

FIN DU QUATRIÈME ET DERNIER VOLUME DES CONTES MORAUX.

TABLE

DES CONTES CONTENUS DANS CE QUATRIÈME VOLUME.

	Page
Il le Fallait.	1
Les Solitaires de Murcie.	35
Palémon, conte pastoral.	112
Les Souvenirs du coin du feu.	131
La Côte des deux Amants.	202
Le petit Voyage.	218
Les Promenades de Platon en Sicile.	301

www.ingramcontent.com/pod-product-compliance
Lightning Source LLC
Chambersburg PA
CBHW052127230426
43671CB00009B/1150